监察官考试
知识点测试与解析

监察官考试中心／组编

JIANCHAGUAN KAOSHI
ZHISHIDIAN CESHI YU JIEXI

法律出版社
LAW PRESS·CHINA
北京

图书在版编目（CIP）数据

监察官考试知识点测试与解析 / 监察官考试中心组编. -- 北京 ：法律出版社，2022
ISBN 978 - 7 - 5197 - 6111 - 0

Ⅰ. ①监… Ⅱ. ①监… Ⅲ. ①监察－资格考试－中国－题解 Ⅳ. ①D630.9 - 44

中国版本图书馆 CIP 数据核字(2021)第 217143 号

监察官考试知识点测试与解析
JIANCHAGUAN KAOSHI ZHISHIDIAN CESHI YU JIEXI

监察官考试中心 组编

策划编辑 董 昱
责任编辑 董 昱
装帧设计 汪奇峰

出版发行 法律出版社
编辑统筹 法规出版分社
责任校对 张红蕊
责任印制 张建伟
经　　销 新华书店

开本 787 毫米×960 毫米 1/16
印张 19 **字数** 320 千
版本 2022 年 1 月第 1 版
印次 2022 年 1 月第 1 次印刷
印刷 三河市兴达印务有限公司

地址：北京市丰台区莲花池西里 7 号（100073）
网址：www. lawpress. com. cn
投稿邮箱：info@ lawpress. com. cn
举报盗版邮箱：jbwq@ lawpress. com. cn

销售电话：010 - 83938349
客服电话：010 - 83938350
咨询电话：010 - 63939796

书号：ISBN 978 - 7 - 5197 - 6111 - 0　　**定价**：69. 00 元

凡购买本社图书，如有印装错误，我社负责退换。电话：010 - 83938349

编 写 说 明

《中华人民共和国监察官法》第十五条规定，监察官采用考试、考核的办法，从符合监察官条件的人员中择优选用。应广大纪检监察干部对应对考试及日常学习的需求，我们组织资深纪检监察干部组成监察官考试中心，在总结纪检监察核心知识点，研究纪检监察各类考试的基础上，编写了本书。

本书以判断题、单选题、多选题、填空题的形式对《中国共产党章程》《中国共产党纪律处分条例》《中国共产党党内监督条例》《中国共产党问责条例》《中国共产党纪律检查委员会工作条例》《中国共产党纪律检查机关监督执纪工作规则》《中华人民共和国宪法》《中华人民共和国监察法》《中华人民共和国公务员法》《中华人民共和国公职人员政务处分法》《中华人民共和国刑法》《中华人民共和国刑事诉讼法》《中华人民共和国监察法实施条例》等核心法规中的关键知识点进行测试，并附详细的解析。

本书对监察机关有权管辖的 101 个职务犯罪罪名、纪检监察机关（巡视巡察机构）履职期限、纪检监察核心法规关键知识点等知识点进行了梳理。

本书的末尾收录了中央纪委国家监委执纪执法指导性案例，这些案例在纪检监察办案实践中具有参照指导意义，应熟稔于心。

受编者能力水平限制，本书或存在不足之处，欢迎读者提出修改完善建议。

监察官考试中心

2022 年 1 月 1 日

目　录

党章党规党纪知识点测试

宪法法律法规知识点测试

知识点梳理

附录

党章党规党纪知识点测试

判　断　题

□ **1. 诚勉只适用于党员领导干部，不适用于一般党员干部或者非党员公职人员。（　）**

参考答案：________①。

解析：根据《中国共产党党内监督条例》《中国共产党纪律检查机关监督执纪工作规则》《中华人民共和国公职人员政务处分法》等法规的规定，诫勉不仅适用于党员领导干部，也适用于一般党员干部和非党员干部。诫勉体现了抓早抓小的监督执纪执法理念。

诫勉谈话适用于一般党员干部吗？2017 年 11 月 16 日，中央纪委法规室回复：诫勉谈话作为组织处理方式之一，是落实监督执纪“四种形态”、把纪律挺在前面的具体措施，发挥着咬耳扯袖、红脸出汗作用，体现严管就是厚爱、抓早抓小的精神。它不仅适用于党员领导干部，也适用于一般党员干部，根据《中国共产党党内监督条例》等法规，党组织发现党员领导干部有轻微违纪问题的，应当对其进行诫勉谈话，并由本人做出说明或检讨。各级党组织要按照管理权限，加强对所属党员干部的教育、管理和监督，按要求做好诫勉谈话相关工作。

法规依据

《中国共产党党内监督条例》第二十一条　坚持党内谈话制度，认真开展提醒谈话、诫勉谈话。发现领导干部有思想、作风、纪律等方面苗头性、倾向性问题的，有关党组织负责人应当及时对其提醒谈话；发现轻微违纪问题的，上级党组织负责人应当对其诫勉谈话，并由本人作出说明或者检讨，经所在党组织主要负责人签字后报上级纪委和组织部门。

《中国共产党纪律处分条例》第十九条　对于党员违犯党纪应当给予警告或者严重警告处分，但是具有本条例第十七条规定的情形之一或者本条例分则中另有规定的，可以给予批评教育、责令检查、诫勉或者组织处理，免予党纪处分。对违纪党员免予处分，应当作出书面

---

①　错

结论。

《中国共产党纪律检查机关监督执纪工作规则》第三十条第一款第二项 承办部门应当在谈话结束或者收到函询回复后1个月内写出情况报告和处置意见,按程序报批。根据不同情形作出相应处理:

(二)问题轻微,不需要追究纪律责任的,采取谈话提醒、批评教育、责令检查、诫勉谈话等方式处理。

《中华人民共和国监察法》第四十五条第一款第一项 监察机关根据监督、调查结果,依法作出如下处置:

(一)对有职务违法行为但情节较轻的公职人员,按照管理权限,直接或者委托有关机关、人员,进行谈话提醒、批评教育、责令检查,或者予以诫勉;

□ 2. 2018年12月以来,某党员领导干部不履行全面从严治党的主体责任、监督责任,造成严重不良影响,应认定为违反工作纪律。( )

参考答案:________[①]。

解析:根据2018年《中国共产党纪律处分条例》第六十七条的规定,不履行全面从严治党主体责任、监督责任或者履行全面从严治党主体责任、监督责任不力,给党组织造成严重损害或者严重不良影响的,属于违反政治纪律。据此,本题应认定为违反政治纪律,而非工作纪律。

需要说明的是,2015年《中国共产党纪律处分条例》第一百一十四条将党组织不履行全面从严治党主体责任或者履行全面从严治党主体责任不力,造成严重损害或者严重不良影响的,界定为违反工作纪律。

□ 3. 全面从严治党与反腐败、加强党风廉政建设的关系是:党风廉政建设和反腐败斗争是全面从严治党的全部,全面从严治党就是要反腐败。( )

参考答案:________[②]。

解析:2015年9月,时任中共中央政治局常委、中央纪委书记王岐山在福建调研时强调,党要管党、从严治党是党组织的日常工作,批评教育、组织处理、纪律处分都是党章规定的主

① 错
② 错

体责任。党风廉政建设和反腐败斗争是全面从严治党的重要方面,但绝不是全部,不能把全面从严治党等同于反腐败。从严治党要靠纪律管全党,把纪律挺在前面要靠坚强的党性和责任担当。发挥党的领导核心作用,落实管党治党主体责任,严明政治纪律和政治规矩、组织纪律,要运用好监督执纪的"四种形态"。(参见《王岐山在福建调研时强调:全面从严治党　严明党的纪律　把握运用监督执纪"四种形态"》,载中国政府网,http://www.gov.cn/xinwen/2015-09/26/content_2939312.htm)

□ 4.《中国共产党纪律处分条例》第五十六条中"对抗组织审查"中的"组织",仅限于党组织,不包括司法机关、行政执法机关。(　)

参考答案:________[①]。

解析:对被审查人在司法机关、行政执法机关侦查或者调查时有串供、隐匿、销毁证据等行为,干扰或者妨碍司法机关、行政执法机关侦查或者调查活动,但在纪检机关审查时无上述情况的,不宜认定为对抗组织审查。[参见中共中央纪律检查委员会中华人民共和国国家监察委员会案件审理室编写:《纪检监察审理实务研究》(2020年第1辑·总第2辑),中国方正出版社2020年版]

□ 5. 立案审查调查是纪检监察机关处置问题线索的方式之一。(　)

参考答案:________[②]。

解析:《中国共产党纪律检查机关监督执纪工作规则》第二十一条第一款规定,纪检监察机关应当结合问题线索所涉及地区、部门、单位总体情况,综合分析,按照谈话函询、初步核实、暂存待查、予以了结4类方式进行处置。由此可见,立案审查调查不是纪检监察机关处置问题线索的方式。

□ 6. 党员的党龄从支部大会通过其为预备党员之日起计算。(　)

参考答案:________[③]。

解析:《中国共产党章程》第七条第四款规定,预备党员的预备期,从支部大会通过他为预备党员之日算起。党员的党龄,从"预备期满转为正式党员"之日算起。

---

① 对
② 错
③ 错

□ 7. 由于国内的因素和国际的影响，阶级斗争还在一定范围内长期存在，在某种条件下还有可能激化成为主要矛盾。（ ）

参考答案：________①。

解析：《中国共产党章程》总纲规定，由于国内的因素和国际的影响，阶级斗争还在一定范围内长期存在，在某种条件下还有可能激化，“但已经不是主要矛盾”。

□ 8. 党小组是党的基础组织，担负直接教育党员、管理党员、监督党员和组织群众、宣传群众、凝聚群众、服务群众的职责。（ ）

参考答案：________②。

解析：《中国共产党章程》第三十四条规定，“党支部”是党的基础组织，担负直接教育党员、管理党员、监督党员和组织群众、宣传群众、凝聚群众、服务群众的职责。

□ 9. 中国共产党在社会主义初级阶段的基本路线是：领导和团结全国各族人民，以经济建设为中心，坚持四项基本原则，坚持改革开放，自力更生，艰苦创业，为把我国建设成为富强民主文明和谐的社会主义现代化强国而奋斗。（ ）

参考答案：________③。

解析：《中国共产党章程》总纲规定，中国共产党在社会主义初级阶段的基本路线是：领导和团结全国各族人民，以经济建设为中心，坚持四项基本原则，坚持改革开放，自力更生，艰苦创业，为把我国建设成为富强民主文明和谐“美丽”的社会主义现代化强国而奋斗。“美丽中国”是中国共产党第十八次全国代表大会提出的概念，强调把生态文明建设放在突出地位，融入经济建设、政治建设、文化建设、社会建设各方面和全过程。

□ 10. 中国共产党领导人民发展社会主义市场经济。毫不动摇地巩固和发展公有制经济，毫不动摇地鼓励、支持、引导非公有制经济发展。发挥市场在资源配置中的基础性作用，更好发挥政府作用，建立完善的宏观调控体系。（ ）

参考答案：________④。

---

① 错
② 错
③ 错
④ 错

解析：《中国共产党章程》规定，中国共产党领导人民发展社会主义市场经济。毫不动摇地巩固和发展公有制经济，毫不动摇地鼓励、支持、引导非公有制经济发展。发挥市场在资源配置中的“决定性作用”，更好发挥政府作用，建立完善的宏观调控体系。

□ 11. 监督是纪检监察机关的基本职责、第一职责。监督的根本目的是发现严重违纪违法问题，保持严惩高压态势。纪检监察机关的定位向办案聚焦，责任向办案压实，力量向办案倾斜。（　）

参考答案：________①。

解析：监督是纪检监察机关的基本职责、第一职责。监督的根本目的是“发现问题、纠正偏差，抓早抓小、防微杜渐”。各级纪检监察机关牢牢把握监督这一首要职责，定位向监督聚焦，责任向监督压实，力量向监督倾斜。

□ 12. 党的最大政治优势是密切联系群众，党执政后的最大危险是腐败。（　）

参考答案：________②。

解析：《中国共产党章程》规定，我们党的最大政治优势是密切联系群众，党执政后的最大危险是“脱离群众”。党风问题、党同人民群众联系问题是关系党生死存亡的问题。党在自己的工作中实行群众路线，一切为了群众，一切依靠群众，从群众中来，到群众中去，把党的正确主张变为群众的自觉行动。

□ 13. 生产资料全民所有制是中国特色社会主义最本质的特征，人民代表大会制度是中国特色社会主义制度的最大优势。（　）

参考答案：________③。

解析：《中国共产党章程》规定，“中国共产党的领导”是中国特色社会主义最本质的特征，是中国特色社会主义制度的最大优势。党政军民学，东西南北中，党是领导一切的。

□ 14. 申请入党的人，经过两名正式党员介绍，且经过支部大会通过，即可成为正式党员。（　）

---

① 错

② 错

③ 错

参考答案：________①。

解析：《中国共产党章程》第五条规定，申请入党的人，要填写入党志愿书，要有两名正式党员作介绍人，要经过支部大会通过和上级党组织批准，并且经过预备期的考察，才能成为正式党员。

□ 15. 党员如果连续6个月不参加党的组织生活，或不交纳党费，或不做党所分配的工作，就被认为是自行脱党。支部大会应当决定把这样的党员除名，并报上级党组织批准。( )

参考答案：________②。

解析：《中国共产党章程》第九条第三款规定，党员如果没有正当理由，连续6个月不参加党的组织生活，或不交纳党费，或不做党所分配的工作，就被认为是自行脱党。支部大会应当决定把这样的党员除名，并报上级党组织批准。如果党员因客观原因不能参加党的组织生活，或不交纳党费，不能认为是自行脱党。

□ 16. 党员领导干部利用职务上的便利，为他人谋取利益，收受他人所送房产，在个人事项申报时没按规定报告的，应同时认定为违反组织纪律。( )

参考答案：________③。

解析：收受他人所送的房产，由于问题本身就构成受贿或者受礼，有没有如实报告只是一个情节，且已为受贿或受礼行为所吸收，因此对没有如实报告这个情节不再单独认定，即对于直接受贿的房产，在个人事项申报时没有报告的，不再同时认定为违反组织纪律行为。但如果收受他人财物后，将财物用于购买房产，在个人事项申报时瞒报这部分房产，须同时对"没有如实报告"行为按违反组织纪律行为认定。(参见钟纪晟：《受贿所得房产或用受贿款购买的房产，在个人事项申报时没按规定报告的，是否应同时认定为违反组织纪律?》，载《中国纪检监察报》2019年10月16日，第8版)

□ 17. 对党员领导干部本人所有而以他人名义持有的财产未予报告的，可不认定为违反组织纪律。( )

---

① 错
② 错
③ 错

参考答案:________①。

解析:对党员领导干部以他人名义持有的财产未予报告的,应坚持"实质判断"这一标准,只要根据证据能证明上述财产确系领导干部本人所有,但本人却没有如实报告,就违反了组织纪律。

□ 18. 党员领导干部在干部选拔任用中为他人谋取利益并收受大额财物的,定性为受贿即可,定性时无须体现违反组织纪律。( )

参考答案:________②。

解析:党员领导干部在干部选拔任用中为他人谋取利益并收受财物的,首先应用纪律尺子衡量,该行为违反的是干部选拔任用规定,因此应评价为"违反组织纪律",同时将收受财物的问题作为情节一并表述。(参见钟纪晟:《在干部选拔任用方面为他人谋利并收受贿赂的涉嫌受贿犯罪行为,是否还需在违反组织纪律部分予以体现?》,载《中国纪检监察报》2019年10月23日,第8版)

□ 19. 各级党政机关及其工作人员在涉外活动中,由于难以谢绝而接受的礼金和有价证券,必须在2个月内全部交出并上缴国库。( )

参考答案:________③。

解析:《中共中央办公厅、国务院办公厅关于严禁党政机关及其工作人员在公务活动中接受和赠送礼金、有价证券的通知》规定,各级党政机关及其工作人员在涉外活动中,由于难以谢绝而接受的礼金和有价证券,必须在"一个月"内全部交出并上缴国库。

□ 20. 党员犯罪情节轻微,被人民检察院不起诉或者被人民法院定罪免予刑事处罚。若该党员有主动交代等法定从轻、减轻处分情节,还可以再减轻处分,即给予党内严重警告处分。( )

参考答案:________④。

解析:《中国共产党纪律处分条例》第二十七条、第三十一条、第三十二条系纪法衔接条

---

① 错
② 错
③ 错
④ 错

款，属于已经涉嫌犯罪或者已被司法机关确认构成犯罪的情形，不适用《中国共产党纪律处分条例》关于从轻、减轻处分情节的规定。其中第三十一条属于司法机关已经作出生效判决或者决定的情形，所有情节在处理时司法机关均已考虑，在党纪处分时不能再重复考虑。（参见钟纪晟：《适用党纪处分条例中撤销党内职务处分起档的条款时，有减轻处分情节的，可否直接减轻处分？》，载《中国纪检监察报》2019 年 10 月 9 日，第 8 版）

□ 21. 纪检机关在纪律审查中，发现被审查党员涉嫌犯罪的，原则上应当在案件移送司法机关前作出纪律处分。对于涉嫌职务犯罪，但又无法确定是否会被判处刑罚的，可先行将案件移送司法机关。（ ）

参考答案：________①。

解析：首先，依据《中国共产党纪律处分条例》第二十九条、《中国共产党党内监督条例》第三十七条第二款，以及中共中央办公厅《关于在查办党员和国家工作人员涉嫌违纪违法犯罪案件中加强协作配合的意见》和中央纪委机关、最高人民法院、最高人民检察院、公安部《关于进一步规范对涉嫌违法犯罪党员作出纪律处分工作的意见》的规定，纪检机关在纪律审查中，发现被审查党员涉嫌犯罪的，原则上应当在案件移送司法机关前作出纪律处分。其次，根据上述规定，存在对案件事实、行为定性有重大争议，难以在移送司法机关前作出纪律处分决定等特殊情况的，可以在移送后作出处分。此外，对于需要上级党委、纪委审批的案件，考虑到审批需要一定时间等实际情况，为防止留置时限超期，可在同级党委讨论通过后，先行将案件移送司法机关。待上级批复后，及时下达党纪处分决定。（参见钟纪晟：《对于涉嫌职务犯罪，但又无法确定是否会被判处刑罚的是否必须在移送起诉前作出党纪、政务处理？》，载《中国纪检监察报》2019 年 9 月 18 日，第 8 版）

□ 22. 纪检监察机关可以依据生效刑事判决直接对被审查调查人作出党纪处分，不必履行违纪事实见面程序。（ ）

参考答案：________②。

解析：基于生效刑事判决对被审查人给予党纪处分，鉴于相关违纪事实已被司法认定，因此不进行违纪事实见面亦不影响对被审查人的权利保障。（1）按照纪法分开、纪在法前的

---

① 对
② 对

要求，党员干部涉嫌犯罪的，一般应当先作出党纪处分，再移交司法机关处理；特殊情况需要司法机关先处理的，也应在移送司法机关后及时作出党纪处分。(2)依据生效的刑事判决对被审查人给予党纪处分的，执纪审理部门直接提取有关材料后，经初步审查，发现除受到刑事处罚的行为外还有其他违纪问题需要调查核实的，需转交监督检查部门立案审查，并进行违纪事实见面，再一并作出处理。(3)对于涉嫌犯罪，检察机关决定不起诉、撤销案件或者人民法院判决宣告无罪、免予刑事处罚、裁定终止审理，但需追究党纪责任的，应由执纪审查部门提取有关材料，办理立案手续，按照有关规定调查核实并进行违纪事实见面，然后作出处理。(参见钟纪晟：《根据生效刑事判决给予党纪处分是否需进行违纪事实见面?》，载中央纪委国家监委网站，https://www.ccdi.gov.cn/djfg/ywgw/201702/t20170213_114692.html)

法规依据

《中华人民共和国监察法实施条例》第一百八十一条第三款　监察机关根据人民法院生效刑事判决、裁定和人民检察院不起诉决定认定的事实，需要对监察对象给予政务处分的，可以由相关监督检查部门依据司法机关的生效判决、裁定、决定及其认定的事实、性质和情节，提出给予政务处分的意见，按程序移送审理。对依法被追究行政法律责任的监察对象，需要给予政务处分的，应当依法办理立案手续。

□ 23. 通常情况下，纪委不能直接代替党员所在的支部大会作出延长预备期，或取消预备党员资格的决定。(　)

参考答案：________①。

解析：《中国共产党章程》第七条第三款规定，预备党员转为正式党员，或延长预备期，或取消预备党员资格，都应当经支部大会讨论通过和上级党组织批准。

□ 24. 党员有退党的自由。党员要求退党，应当经支部大会讨论后并报上级党组织批准宣布除名。(　)

参考答案：________②。

解析：《中国共产党章程》第九条第一款规定，党员有退党的自由。党员要求退党，应当

① 对
② 错

经支部大会讨论后宣布除名,并报上级党组织"备案"。

□ 25. 纪检机关认定赌博等行为是否构成违纪应当以行政执法机关作出认定为前提。( )

参考答案:________①。

解析:公安机关未对其赌博行为作出行政处罚决定,无论违法行为是否超过6个月的追究时效期限,纪检机关在事实清楚、证据确凿的情况下,可以依据《中国共产党纪律处分条例》第二十九条等规定,视情节轻重给予党纪处分,不需要以公安机关对被审查人的违法行为作出行政处罚决定作为前置条件。(参见钟纪晟:《纪检机关认定赌博等行为构成违纪是否必须以行政执法机关作出认定为前提?》,载《中国纪检监察杂志》2016年第20期)

□ 26. 有关全国性的重大政策问题,只有党中央有权作出决定,各部门、各地方的党组织可以向中央提出建议,但不得擅自对外发表主张。( )

参考答案:________②。

解析:出自《中国共产党章程》第十六条第一款,请牢记。

□ 27. 党员个人代表党组织发表重要主张,如果超出党组织已有决定的范围,必须提交所在的党组织讨论决定,或向上级党组织请示。( )

参考答案:________③。

解析:出自《中国共产党章程》第十七条第二款,请牢记。

□ 28. 党的基层委员会、总支部委员会、支部委员会每届任期3年。( )

参考答案:________④。

解析:《中国共产党章程》第三十一条规定,党的基层委员会、总支部委员会、支部委员会每届任期3年至5年。

---

① 错
② 对
③ 对
④ 错

□ **29. 因疫情防控失职失责，某市副市长孙某某被免职。关于孙某某免职后的处理，1 年内不安排领导职务，2 年内不得担任高于原任职务层次的领导职务。（　）**

参考答案：________①。

解析：《党政领导干部选拔任用工作条例》第五十六条规定，引咎辞职、责令辞职和因问责被免职的党政领导干部，1 年内不安排领导职务，2 年内不得担任高于原任职务层次的领导职务。同时受到党纪政务处分的，按照影响期长的规定执行。

□ **30. 各级党和国家机关中党的基层组织，协助行政负责人完成任务，改进工作，对包括行政负责人在内的每个党员进行教育、管理、监督，领导本单位的业务工作。（　）**

参考答案：________②。

解析：《中国共产党章程》第三十三条第六款规定，各级党和国家机关中党的基层组织，协助行政负责人完成任务，改进工作，对包括行政负责人在内的每个党员进行教育、管理、监督，“不领导”本单位的业务工作。

□ **31. 党的纪律只有六大类，分别是政治纪律、组织纪律、廉洁纪律、群众纪律、工作纪律、生活纪律。（　）**

参考答案：________③。

解析：《中国共产党章程》第四十条第一款规定，党的纪律主要包括政治纪律、组织纪律、廉洁纪律、群众纪律、工作纪律、生活纪律。请注意，“主要包括”，不能理解为只有六大纪律，处事纪律、军事纪律等纪律也需要遵守。

□ **32. 党员只要触犯刑律，党组织就必须将其开除党籍。（　）**

参考答案：________④。

解析：根据《中国共产党章程》第四十条第二款规定，严重违纪、严重触犯刑律的党员才必须开除党籍。

---

① 对
② 错
③ 错
④ 错

□ **33. 某市纪委拟给予该市市委委员党内严重警告处分，市纪委须报市委审批，并报省纪委备案。(　)**

参考答案：________①。

解析：《中国共产党章程》第四十二条第二款规定，对地方各级党的委员会委员、候补委员，给以警告、严重警告处分，应由"上一级纪律检查委员会"批准，并报它的"同级党的委员会"备案。

□ **34. 对党的中央委员会和地方各级委员会的委员、候补委员，给以撤销党内职务、留党察看或开除党籍的处分，必须由本人所在的委员会全体会议二分之一以上的多数决定。(　)**

参考答案：________②。

解析：《中国共产党章程》第四十二条第三款规定，对党的中央委员会和地方各级委员会的委员、候补委员，给以撤销党内职务、留党察看或开除党籍的处分，必须由本人所在的委员会全体会议"三分之二"以上的多数决定。

□ **35. 处分决定所依据的事实材料或处分决定不必都同本人见面、听取本人说明情况和申辩。(　)**

参考答案：________③。

解析：《中国共产党章程》第四十三条规定，党组织对党员作出处分决定，应当实事求是地查清事实。处分决定所依据的事实材料和处分决定"必须"同本人见面，听取本人说明情况和申辩。如果本人对处分决定不服，可以提出申诉，有关党组织必须负责处理或者迅速转递，不得扣压。对于确属坚持错误意见和无理要求的人，要给予批评教育。

□ **36. 对于严重违犯党的纪律、本身又不能纠正的C县党组织，其上一级党的委员会在查明核实后，应根据情节严重的程度，作出进行改组或予以解散的决定，并报再上一级党的委员会审查批准，正式宣布执行。(　)**

---

① 错
② 错
③ 错

参考答案:________①。

解析:《中国共产党章程》第四十四条第二款规定,对于严重违犯党的纪律、本身又不能纠正的党组织,上一级党的委员会在查明核实后,应根据情节严重的程度,作出进行改组或予以解散的决定,并报再上一级党的委员会审查批准,正式宣布执行。

□ 37. 机关党委、机关纪委可以自己的名义下发党纪处分决定。( )

参考答案:________②。

解析:《党组讨论和决定党员处分事项工作程序规定(试行)》第三条规定,党组对其管理的党员干部实施党纪处分,应当按照规定程序经党组集体讨论决定,不允许任何个人或者少数人擅自决定和批准。党纪处分决定以"党组"名义作出并自党组讨论决定之日起生效。据此,机关党委、机关纪委不能以自己的名义下发党纪处分决定。

□ 38. 对于党的组织关系在地方、干部管理权限在主管部门党组的党员干部违纪案件,主管部门党组无权进行立案审查。( )

参考答案:________③。

解析:管理权限在主管部门,党组织关系在地方的党员、干部和监察对象,"地方"党委仅仅属于其过组织生活的地方,并未赋予其行使公权力职权,根据权责相统一的原则,一般情况下,"地方"不宜作为执纪监督和审查调查的责任主体。党的十八大以来,党中央对党委(党组)担负管党治党主体责任高度重视,强调有权必有责、有责要担当、失责必追究。党委(党组)对自己管理的涉嫌违纪违法的党员干部有权立案审查调查。

□ 39. 副处级党员领导干部袁某某是某市纪委委员,其任职期间严重违纪违法,市纪委拟对其作出开除党籍的处分决定前,报市党委批准即可。( )

参考答案:________④。

解析:根据《中央纪委关于处分违犯党纪的党员批准权限的具体规定》的规定,市纪委给予袁某某开除党籍应由市纪委三分之二以上的多数决定,报告市党委,同时报省纪委批准。

---

① 对
② 错
③ 错
④ 错

《中国共产党纪律检查机关监督执纪工作规则》第五十五条第二款规定，对给予同级党委委员、候补委员，同级纪委委员、监委委员处分的，在同级党委审议前，应当与上级纪委监委沟通并形成处理意见。

□ 40. 纪检监察机关承办部门收到函询回复后1个月内写出情况报告和处置意见，按程序报批。问题轻微，不需要追究纪律责任的，采取提醒谈话、批评教育、责令检查、诫勉谈话等方式处理。( )

参考答案：________①。

解析：《中国共产党纪律检查机关监督执纪工作规则》第三十条第一款第二项规定，问题轻微，不需要追究纪律责任的，采取“谈话提醒”（注意：不是提醒谈话，提醒谈话适用于苗头性倾向性问题）、批评教育、责令检查、诫勉谈话等方式处理。

□ 41. 纪检监察机关对反映不实或者没有证据证明存在问题的谈话函询材料，可以不存入廉政档案。( )

参考答案：________②。

解析：《中国共产党纪律检查机关监督执纪工作规则》第三十条第三款规定，谈话函询材料应当存入廉政档案。

□ 42. 已经退休的党员退休前或者退休后有违纪行为需要给予党纪轻处分的，不再给予党纪轻处分。( )

参考答案：________③。

解析：党章党规党纪对党员的要求是终身制的，不能因党员退休而降低党章党规党纪对其的要求，已经退休的党员退休前或者退休后有违纪行为需要给予党纪轻处分的，仍然需要给予党纪轻处分。这与政务处分存在较大差别，根据《中华人民共和国公职人员政务处分法》第二十七条第一款的规定，已经退休的公职人员退休前或者退休后有违法行为的，不再给予政务处分，但是可以对其立案调查；依法应当予以降级、撤职、开除的，应当按照规定相应调整其享受的待遇，对其违法取得的财物和用于违法行为的本人财物依照该法第二十五

---

① 错

② 错

③ 错

条的规定处理。

□ **43. 认定诬告,必须经过地、市级以上(含地、市级)党的委员会或纪律检查委员会批准。( )**

参考答案:________[1]。

解析:《纪检监察机关处理检举控告工作规则》第三十九条第二款规定,认定诬告陷害,应当经设区的市级以上党委或者纪检监察机关批准。

□ **44. 纪检监察机关信访举报部门对属于本机关受理的实名检举控告,应当在收到检举控告之日起15日内告知实名检举控告人受理情况。重复检举控告的,不再告知。( )**

参考答案:________[2]。

解析:《纪检监察机关处理检举控告工作规则》第二十六条规定,纪检监察机关信访举报部门对属于本机关受理的实名检举控告,应当在收到检举控告之日起15个"工作日"内告知实名检举控告人受理情况。重复检举控告的,不再告知。

□ **45. 纪检监察机关开展澄清正名工作时,只需要公布调查核实结果,不公布核查步骤、方法等细节。( )**

参考答案:________[3]。

解析:出自中央纪委国家监委《关于做好失实检举控告澄清工作的意见》,请牢记。

□ **46. 澄清的主要方式包括书面澄清、当面澄清、会议澄清、通报澄清等,其中,使用当面澄清、会议澄清、通报澄清等方式的,应当同时使用书面澄清。( )**

参考答案:________[4]。

解析:根据中央纪委国家监委《关于做好失实检举控告澄清工作的意见》,失实检举控告对当事人工作、生活等造成不良影响的,或者在社会上造成不良影响的,纪检监察机关应当采取适当方式在一定范围内予以澄清。纪检监察机关经核查认定检举控告失实的,要认真

---

① 对
② 错
③ 对
④ 对

做好评估工作,对应当澄清的情形及时启动澄清程序。澄清的主要方式包括书面澄清、当面澄清、会议澄清、通报澄清等,其中,使用当面澄清、会议澄清、通报澄清等方式的,应当同时使用书面澄清。

□ 47. 纪检监察干部要对国之大者了然于心。碳达峰是指二氧化碳的排放不再增长,达到峰值之后逐步降低。碳中和是指企业、团体或个人测算在一定时间内直接或间接产生的温室气体排放总量,然后通过植物造树造林、节能减排等形式,抵消自身产生的二氧化碳排放量,实现二氧化碳"零排放"。我国承诺 2035 年前实现碳达峰,2060 年前实现碳中和。( )

参考答案:________①。

解析:我国承诺力争 2030 年前实现碳达峰,2060 年前实现碳中和。

□ 48. 党员干部要严禁"七个有之"。"七个有之"是指搞任人唯亲、排斥异己的有之,搞团团伙伙、拉帮结派的有之,搞匿名诬告、制造谣言的有之,搞收买人心、拉动选票的有之,搞封官许愿、弹冠相庆的有之,搞自行其是、阳奉阴违的有之,搞尾大不掉、妄议中央的也有之。( )

参考答案:________②。

解析:一些人无视党的政治纪律和政治规矩,为了自己的所谓仕途,为了自己的所谓影响力,搞任人唯亲、排斥异己的有之,搞团团伙伙、拉帮结派的有之,搞匿名诬告、制造谣言的有之,搞收买人心、拉动选票的有之,搞封官许愿、弹冠相庆的有之,搞自行其是、阳奉阴违的有之,搞尾大不掉、妄议中央的也有之。(参见中共中央纪律检查委员会、中共中央文献研究室编:《习近平关于党风廉政建设和反腐败斗争论述摘编》,中央文献出版社、中国方正出版社 2015 年版。)

□ 49. 违纪党员拒不上交或者退赔违纪所得的,应当从重或者加重处分;违法的公职人员拒不上交或者退赔违法所得的,应当从重给予政务处分。( )

参考答案:________③。

---

① 错
② 对
③ 对

解析:《中国共产党纪律处分条例》第二十条规定,拒不上交或者退赔违纪所得的,应当从重或者加重处分。《中华人民共和国公职人员政务处分法》第十三条规定,公职人员拒不上交或退赔违法所得的,应当从重给予政务处分。

□ 50. 谈话函询只适用于党员、监察对象存在一般性违纪违法问题线索的处置,对涉嫌严重违纪违法的问题,不能采用此方式。(　)

参考答案:________①。

解析:谈话函询只适用于党员、监察对象存在一般性违纪违法问题线索的处置,对涉嫌严重违纪违法的问题,应当采取初核方式进行。

□ 51. 对违纪党员不予处分的,应当作出书面结论。(　)

参考答案:________②。

解析:详见《中国共产党纪律处分条例》第十九条规定,对违纪党员"免予"处分,应当作出书面结论。

□ 52. 从重处分,是指在违纪行为应当受到的处分幅度以外,加重一档给予处分。(　)

参考答案:________③。

解析:《中国共产党纪律处分条例》第二十一条规定,从重处分,是指在该条例规定的违纪行为应当受到的"处分幅度以内",给予较重的处分。

□ 53. 加重处分,是指在违纪行为应当受到的"处分幅度以内",给予较重的处分。(　)

参考答案:________④。

解析:《中国共产党纪律处分条例》第二十二条规定,加重处分是指在该条例规定的违纪行为应当受到的处分幅度以外,加重一档给予处分。

□ 54. 一个违纪行为同时触犯《中国共产党纪律处分条例》两个以上(含两个)条款的,

---

① 对
② 错
③ 错
④ 错

依照特别规定处理。( )

参考答案:________[1]。

解析:《中国共产党纪律处分条例》第二十四条规定,一个违纪行为同时触犯该条例两个以上(含两个)条款的,依照"处分较重的条款"定性处理。一个条款规定的违纪构成要件全部包含在另一个条款规定的违纪构成要件中,特别规定与一般规定不一致的,适用特别规定。

□ 55. 二人以上(含二人)共同故意违纪的,对为首者,从重处分,无一例外。( )

参考答案:________[2]。

解析:《中国共产党纪律处分条例》第二十五条中规定:"二人以上(含二人)共同故意违纪的,对为首者,从重处分,本条例另有规定的除外。"

□ 56. 党员参加某些具有宗教色彩的民族风俗习惯活动,也属于违纪。( )

参考答案:________[3]。

解析:《中华人民共和国宪法》规定,中华人民共和国公民有宗教信仰自由。国家保护正常的宗教活动。群众信仰宗教并参加宗教活动不受干涉。但是共产党员应该比一般公民具有更高政治觉悟、更高政治信仰、更强组织纪律性。中国共产党是用马克思主义武装起来的先进政党,这决定了共产党员在世界观、政治立场、理论品格和社会理想等方面都与信教群众有着根本区别。《关于新形势下党内政治生活的若干准则》规定:"党员不准搞封建迷信,不准信仰宗教。"

实践中需要注意的是,不能把党员参加某些具有宗教色彩的民族风俗习惯活动视为参加宗教活动。在一些少数民族地区,有些民族风俗和仪式,具有宗教色彩。事实上,一些民族的许多传统婚丧仪式和群众性节日活动,虽然含有宗教色彩和宗教传统,但是实质上已成为民族风俗习惯的一部分。党员参加这类活动,不能认为是参加宗教活动。

□ 57. 驻在单位党组(党委)与派驻机构是领导和被领导的关系。( )

---

① 错
② 错
③ 错

参考答案：________[1]。

解析：派驻监督是上级纪委对下级党组织的监督，派驻机构与驻在单位党组（党委）是“监督与被监督”的关系。派驻监督是党和国家自我监督的制度设计，是纪委监委监督全覆盖的重要方式，归根到底体现的是党中央领导、是上级纪委监委的监督。习近平总书记深刻指出，派驻监督本质上是政治监督，是上级纪委对下级党组织和领导干部的监督，不是同级监督。（参见《中央纪委国家监委法规室：准确把握纪委监委派驻机构与驻在单位党组（党委）的关系》，载中央纪委国家监委网站，https://www.ccdi.gov.cn/toutiao/202008/t20200826_224403.html）

□ 58.“检举”“控告”含义基本相同，语义上不存在差别。（ ）

参考答案：________[2]。

解析：两者存在一定区别。“检举”，主要是指党员依照相关规定，对党的组织、党员的违纪违法行为进行检举揭发，要求有关部门予以追究的活动。“控告”，主要是指党员在自己合法权益受到侵害时，依照规定向有关党组织进行告诉，要求维护自身权益并追究有关单位、人员的责任的活动。

□ 59. 违规收受礼品礼金的违纪主体是在职党员领导干部。党员干部退休后，收受礼品礼金，不宜认定为违纪。（ ）

参考答案：________[3]。

解析：违规收受礼品礼金的违纪主体包括退休的党员干部，可依据《中国共产党纪律处分条例》第一百一十一条（廉洁纪律兜底条款）的规定予以定性处理，并依规依纪收缴其违纪所得。典型的案例如张某退休后违规接受宴请案（2021 年指导性案例第 4 号，总第 4 号）。（参见《中央纪委国家监委发布第一批执纪执法指导性案例》，载中央纪委国家监委网站，https://www.ccdi.gov.cn/toutiao/202108/t20210804_247620.html）

□ 60. 党组会议应当有半数以上党组成员到会方可召开，讨论和决定干部任免、处分党员事项必须有一半以上党组成员到会。党组成员因故不能参加会议的应当在会前请假，其

---

① 错
② 错
③ 对

意见可以用书面形式表达。党组会议议题涉及本人或者其亲属以及存在其他需要回避情形的，有关党组成员应当回避。（　）

参考答案：________①。

解析：《中国共产党党组工作条例》第三十三条第一款规定，党组会议应当有半数以上党组成员到会方可召开，讨论和决定干部任免、处分党员事项必须有“三分之二以上”党组成员到会。党组成员因故不能参加会议的应当在会前请假，其意见可以用书面形式表达。党组会议议题涉及本人或者其亲属以及存在其他需要回避情形的，有关党组成员应当回避。

□ 61. 党组成员可自由署名发表或者出版同工作有关的文章、著作、言论。（　）

参考答案：________②。

解析：《中国共产党党组工作条例》第二十九条规定，以党组名义发布或者上报的文件、发表的文章，党组成员代表党组的讲话和报告，应当事先经党组集体讨论或者传批审定。党组成员署名发表或者出版同工作有关的文章、著作、言论，应当事先经党组审定或者党组书记批准。党组成员在调查研究、检查指导工作或者参加其他公务活动时发表的个人意见，应当符合党中央以及上级党组织、党组的有关精神。

□ 62. 党组成员对党组集体决定有不同意见的，在坚决执行的前提下，可以声明保留，也可以向上级党组织反映或者私底下组织党员讨论发表不同意见。（　）

参考答案：________③。

解析：《中国共产党党组工作条例》第二十八条第三款规定，党组成员必须坚决服从党组集体决定，有不同意见的，在坚决执行的前提下，可以声明保留，也可以向上级党组织反映，但不得在其他场合发表不同意见。

□ 63. 现阶段我国社会的主要矛盾是人民日益增长的物质文化生活需要与落后的社会生产力之间的矛盾。（　）

参考答案：________④。

---

① 错
② 错
③ 错
④ 错

解析:《中国共产党章程》规定,在现阶段,我国社会的主要矛盾是人民日益增长的美好生活需要和不平衡不充分的发展之间的矛盾。

□ 64. 忏悔反思材料、审查调查报告、涉案财物报告等,均应当按程序报纪检监察机关主要负责人审批。( )

参考答案:________①。

解析:《中国共产党纪律检查机关监督执纪工作规则》第五十二条第一款规定,审查调查报告以及忏悔反思材料,违纪或者职务违法、职务犯罪事实材料,涉案财物报告等,应当按程序报纪检监察机关主要负责人批准,连同全部证据和程序材料,依照规定移送审理。

□ 65. 发现领导干部有思想、作风、纪律等方面苗头性、倾向性问题的,有关党组织负责人应当及时对其诫勉谈话;发现轻微违纪问题的,上级党组织负责人应当对其提醒谈话,并由本人作出说明或者检讨,经所在党组织主要负责人签字后报上级纪委和组织部门。( )

参考答案:________②。

解析:《中国共产党党内监督条例》第二十一条规定,发现领导干部有思想、作风、纪律等方面苗头性、倾向性问题的,有关党组织负责人应当及时对其"提醒谈话";发现轻微违纪问题的,上级党组织负责人应当对其"诫勉谈话",并由本人作出说明或者检讨,经所在党组织主要负责人签字后报上级纪委和组织部门。

□ 66. 在纪律审查中发现党的领导干部严重违纪涉嫌犯罪的线索,必须先作出党纪处分决定,再移送行政机关、司法机关处理。( )

参考答案:________③。

解析:《中国共产党党内监督条例》第三十七条第二款规定,在纪律审查中发现党的领导干部严重违纪"涉嫌违法犯罪"的,应当先作出党纪处分决定,再移送行政机关、司法机关处理。

需要说明的是,发现涉嫌犯罪问题与发现涉嫌犯罪的线索是不同的两个概念。发现涉嫌违法犯罪是指已经审查掌握相关证据,只有这种情况才能依据《中国共产党纪律处分条

---

① 对

② 错

③ 错

例》第二十七条的规定,给予党纪处分;而发现涉嫌犯罪的线索,是并不代表相关证据已经到位,此时是不能给予党纪处分的。

□ 67. 党员利用职权、教养关系、从属关系或者其他相类似关系与他人发生性关系的,从重或者加重处分。( )

参考答案:________①。

解析:《中国共产党纪律处分条例》第一百三十五条第二款规定,利用职权、教养关系、从属关系或者其他相类似关系与他人发生性关系的,从重处分。

□ 68. 党组有权按照管理权限处分党员。( )

参考答案:________②。

解析:《中国共产党章程》第四十八条规定,党组的任务,主要是负责贯彻执行党的路线、方针、政策;加强对本单位党的建设的领导,履行全面从严治党责任;讨论和决定本单位的重大问题;做好干部管理工作;讨论和决定基层党组织设置调整和发展党员、处分党员等重要事项;团结党外干部和群众,完成党和国家交给的任务;领导机关和直属单位党组织的工作。

□ 69. 对主要事实不清、证据不足的,须经纪检监察机关主要负责人批准,才能退回监督检查、审查调查部门重新审查调查。( )

参考答案:________③。

解析:《中国共产党纪律检查机关监督执纪工作规则》第五十五条第一款第五项规定:"对主要事实不清、证据不足的,经纪检监察机关主要负责人批准,退回监督检查、审查调查部门重新审查调查;需要补充完善证据的,经纪检监察机关相关负责人批准,退回监督检查、审查调查部门补充审查调查。"

另外,《中华人民共和国监察法实施条例》第一百九十六条规定:"经审理认为主要违法犯罪事实不清、证据不足的,应当经审批将案件退回承办部门重新调查。有下列情形之一,需要补充完善证据的,经审批可以退回补充调查:(一)部分事实不清、证据不足的;(二)遗漏违法犯罪事实的;(三)其他需要进一步查清案件事实的情形。案件审理部门将案件退回

---

① 错
② 对
③ 对

重新调查或者补充调查的，应当出具审核意见，写明调查事项、理由、调查方向、需要补充收集的证据及其证明作用等，连同案卷材料一并送交承办部门。承办部门补充调查结束后，应当经审批将补证情况报告及相关证据材料，连同案卷材料一并移送案件审理部门；对确实无法查明的事项或者无法补充的证据，应当作出书面说明。重新调查终结后，应当重新形成调查报告，依法移送审理。重新调查完毕移送审理的，审理期限重新计算。补充调查期间不计入审理期限。”第二百二十六条规定：“监察机关对于人民检察院依法退回补充调查的案件，应当向主要负责人报告，并积极开展补充调查工作。”

□ 70. 公务员晋升职级，工作职位和领导指挥关系均有可能改变，享受相应职务层次的政治待遇、工作待遇。(　)

参考答案：________①。

解析：《公务员职务与职级并行规定》第二十五条规定，公务员晋升职级，“不改变”工作职位和领导指挥关系，“不享受”相应职务层次的政治待遇、工作待遇。因不胜任、不适宜担任现职免去领导职务的，按照其职级确定有关待遇，原政治待遇、工作待遇不再保留。

□ 71. 坚持查办腐败案件以上级纪委领导为主。上级纪委直接审查或者组织、指挥审查下级纪委管辖范围内的一般违纪案件。(　)

参考答案：________②。

解析：《中国共产党纪律检查机关监督执纪工作规则》第七条规定“监督执纪工作实行分级负责制”。《中国共产党纪律检查委员会工作条例》第六条第三款规定，“坚持查办腐败案件以上级纪委领导为主，按照规定审议和批准下级纪委关于线索处置、立案审查、纪律处分等的请示报告，按照程序改变下级纪委作出的错误或者不当的决定，必要时直接审查或者组织、指挥审查下级纪委管辖范围内有重大影响或者复杂的案件”。据此，对下级纪委管辖范围内的一般违纪案件，上级纪委不宜过多介入。

□ 72. 党的中央纪律检查委员会全体会议应当有半数以上委员到会方可召开。委员因故不能参加会议的应当在会前请假，其意见可以用书面形式表达。根据需要，可以安排有关

---

① 错
② 错

人员列席会议。(　)

参考答案:________①。

解析:《中国共产党纪律检查委员会工作条例》第十一条第二款规定,党的中央纪律检查委员会全体会议应当有“三分之二以上”委员到会方可召开。委员因故不能参加会议的应当在会前请假,其意见可以用书面形式表达。根据需要,可以安排有关人员列席会议。

□ **73. 对中央纪律检查委员会委员给予撤销党内职务以上处分,必须由应到会委员半数以上的多数决定,报党中央批准。(　)**

参考答案:________②。

解析:《中国共产党纪律检查委员会工作条例》第十一条第四款规定,对中央纪律检查委员会委员给予撤销党内职务以上处分,必须由应到会委员“三分之二以上”的多数决定,报党中央批准。

□ **74. 党的基层纪律检查委员会选出的书记、副书记,经同级党的委员会通过后,报上级党组织备案。(　)**

参考答案:________③。

解析:《中国共产党纪律检查委员会工作条例》第二十条第三款规定,党的基层纪律检查委员会选出的书记、副书记,经同级党的委员会通过后,报上级党组织“批准”。

□ **75. 临时出国(境)团(组)或者人员中的党员,擅自延长在国(境)外期限,或者擅自变更路线的,属于违反组织纪律的行为。(　)**

参考答案:________④。

解析:《中国共产党纪律处分条例》第十章“对违反工作纪律行为的处分”第一百三十一条将上述行为规定为违反工作纪律。

---

① 错
② 错
③ 错
④ 错

法规依据

《中国共产党纪律处分条例》第一百三十一条 临时出国（境）团（组）或者人员中的党员，擅自延长在国（境）外期限，或者擅自变更路线的，对直接责任者和领导责任者，给予警告或者严重警告处分；情节严重的，给予撤销党内职务处分。

单　选　题

□ **1. 关于监督执纪“四种形态”,理解不正确的有:(　　)**

A. 四种形态之间可以相互转化处理,但不能跨形态进行转化

B. 态度决定出路,态度不好,可以从重处分、处理

C. 四种形态是根据违纪违法事实和党规党纪、法律法规认定的,不能相互转化处理

D. 四种形态,不仅适用于党员干部,其精神也适用于非党员的公职人员

参考答案:________①。

解析:四种形态虽然是根据违纪违法事实和党规党纪、法律法规认定的,但形态间可根据审查调查对象的认错悔错态度、配合组织审查调查以及退交违纪违法所得等情况向上、向下转化处理。

□ **2. 问责对象对问责决定不服的,可以自收到问责决定之日起________内,向作出问责决定的党组织提出书面申诉。作出问责决定的党组织接到书面申诉后,应当在________内作出申诉处理决定,并以书面形式告知提出申诉的党组织、领导干部及其所在党组织。(　　)**

A. 1 个月,1 个月　　　　B. 2 个月,2 个月

C. 3 个月,3 个月　　　　D. 1 个月,2 个月

参考答案:________②。

解析:《中国共产党问责条例》第二十条规定,问责对象对问责决定不服的,可以自收到问责决定之日起“1 个月”内,向作出问责决定的党组织提出书面申诉。作出问责决定的党组织接到书面申诉后,应当在“1 个月”内作出申诉处理决定,并以书面形式告知提出申诉的

---

① C

② A

党组织、领导干部及其所在党组织。申诉期间,不停止问责决定的执行。

□ 3. 关于直接责任者、主要领导责任者、重要领导责任,理解错误的有:( )

A. 直接责任者,是指在其职责范围内,不履行或者不正确履行自己的职责,对造成的损失或者后果起决定性作用的党员,而不是党员领导干部

B. 主要领导责任者,是指在其职责范围内,对直接主管的工作不履行或者不正确履行职责,对造成的损失或者后果负直接领导责任的党员领导干部

C. 重要领导责任者,是指在其职责范围内,对应管的工作或者参与决定的工作不履行或者不正确履行职责,对造成的损失或者后果负次要领导责任的党员领导干部

D. 领导责任者,包括主要领导责任者和重要领导责任者

参考答案:________①。

解析:直接责任者,既可以是党员,也可以是党员领导干部。

《中国共产党纪律处分条例》第三十七条规定:"违纪行为有关责任人员的区分:(一)直接责任者,是指在其职责范围内,不履行或者不正确履行自己的职责,对造成的损失或者后果起决定性作用的党员或者党员领导干部。(二)主要领导责任者,是指在其职责范围内,对直接主管的工作不履行或者不正确履行职责,对造成的损失或者后果负直接领导责任的党员领导干部。(三)重要领导责任者,是指在其职责范围内,对应管的工作或者参与决定的工作不履行或者不正确履行职责,对造成的损失或者后果负次要领导责任的党员领导干部。本条例所称领导责任者,包括主要领导责任者和重要领导责任者。"

□ 4. 关于诫勉的说法,理解正确的有:( )

A. 诫勉的性质不属于组织处理

B. 诫勉的性质属于组织处理

C. 纪委监委作出的诫勉决定没有6个月的影响期

D. 诫勉问责决定作出后,不需要推动以案促改

参考答案:________②。

解析:《中国共产党纪律处分条例》第十九条规定:"对于党员违犯党纪应当给予警告或

---

① A

② A

者严重警告处分,但是具有本条例第十七条规定的情形之一或者本条例分则中另有规定的,可以给予批评教育、责令检查、诫勉或者组织处理,免予党纪处分。对违纪党员免予处分,应当作出书面结论。”由此可见,批评教育、责令检查、诫勉属于同一位阶,诫勉与组织处理并列,说明诫勉的性质不属于组织处理。选项A正确,选项B错误。

《中国共产党问责条例》第十四条规定:“被问责党组织、被问责领导干部及其所在党组织应当深刻汲取教训,明确整改措施。作出问责决定的党组织应当加强督促检查,推动以案促改。”据此可知,若诫勉问责决定作出后,作出问责决定的党组织应当加强督促检查,推动以案促改。选项D错误。

《公务员职务与职级并行规定》第二十一条规定:“公务员具有下列情形之一的,不得晋升职级:(一)不符合第十七条、第十八条规定的;(二)受到诫勉、组织处理或者处分等影响期未满或者期满影响使用的;(三)涉嫌违纪违法正在接受审查调查尚未作出结论的;(四)影响晋升职级的其他情形。”根据该条第二项可知,不仅组织处理或者处分有影响期,而且诫勉也有影响期(包含纪委监委作出的诫勉决定)。选项C错误。

□ 5. 下列行为不属于违规从事营利活动的有:(　)

A. 某党员、公务员注册登记企业,但未参与经营

B. 某党员、公务员以他人名义拥有非上市公司(企业)的股份或者证券的

C. 某法官、检察官为律师介绍案件,收取20%律师费的提成

D. 有一定书法造诣的某党员、公务员下班后在家辅导学生书法,并收取一定报酬

参考答案:________[①]。

解析:《中国共产党纪律处分条例》第九十四条第一款规定:“违反有关规定从事营利活动,有下列行为之一,情节较轻的,给予警告或者严重警告处分;情节较重的,给予撤销党内职务或者留党察看处分;情节严重的,给予开除党籍处分:(一)经商办企业的;(二)拥有非上市公司(企业)的股份或者证券的;(三)买卖股票或者进行其他证券投资的;(四)从事有偿中介活动的;(五)在国(境)外注册公司或者投资入股的;(六)有其他违反有关规定从事营利活动的。”据此选项A、B、C属于违规从事营利活动。

选项D是单纯的提供劳务行为,没有违反禁止性规定,不能认定为违规从事营利性活动。

---

① D

□ **6. 关于匿名诬告行为与打击报复行为的区别，说法错误的有：（ ）**

A. 匿名诬告行为属于违反政治纪律的行为，打击报复行为属于违反组织纪律的行为

B. 匿名诬告行为属于违反组织纪律的行为，打击报复行为属于违反政治纪律的行为

C. 行为方式不同：匿名诬告行为的场合，用虚构的违纪事实向执纪机关或有关单位告发，造成不良影响；打击报复行为则是掌握一定职权的党员滥用职权，假公济私对批评人、检举人、控告人、证人和其他人进行打击报复

D. 行为动机不同：匿名诬告意在陷害他人，打击报复行为意在打击报复

参考答案：________[①]。

解析：根据《中国共产党纪律处分条例》第六章"对违反政治纪律行为的处分"第五十二条第二款的规定，匿名诬告属于"违反政治纪律行为"。根据第七章"对违反组织纪律行为的处分"第七十九条的规定，打击报复属于"违反组织纪律行为"。据此，选项 B 错误。

□ **7. 关于党员退党，理解或者表述错误的有：（ ）**

A. 党员有退党的自由

B. 党员要求退党，应当经支部大会讨论后宣布除名，并报上级党组织批准

C. 党员缺乏革命意志，不履行党员义务，不符合党员条件，党的支部应当对他进行教育，要求他限期改正；经教育仍无转变的，应当劝他退党

D. 劝党员退党，应当经支部大会讨论决定，并报上级党组织批准

E. 被劝告退党的党员坚持不退的，应当提交支部大会讨论，决定把他除名，并报上级党组织批准

参考答案：________[②]。

解析：《中国共产党章程》第九条第一款规定，党员要求退党，应当经支部大会讨论后宣布除名，并报上级党组织"备案"。选项 B 错误。

□ **8. 审理工作应当在受理之日起________内完成，重大复杂案件经批准可以适当延长。（ ）**

A. 1 个月　　B. 1 个半月　　C. 2 个月　　D. 30 日

---

① B

② B

参考答案：________①。

解析：《中国共产党纪律检查机关监督执纪工作规则》第五十五条第三款规定："审理工作应当在受理之日起1个月内完成，重大复杂案件经批准可以适当延长。"

□ **9. 党纪处分决定作出后，纪检监察机关应当通知受处分党员所在党委（党组），抄送同级党委组织部门，并依照规定在________内向其所在党的基层组织中的全体党员以及本人宣布。（　）**

A. 1个月　　B. 30日　　C. 3个月　　D. 6个月

参考答案：________②。

解析：《中国共产党纪律检查机关监督执纪工作规则》第五十六条第二款规定："处分决定作出后，纪检监察机关应当通知受处分党员所在党委（党组），抄送同级党委组织部门，并依照规定在1个月内向其所在党的基层组织中的全体党员以及本人宣布。"

□ **10. 对不服处分决定的申诉，由批准或者决定处分的党委（党组）或者纪检监察机关受理；需要复议复查的，由纪检监察机关________批准后受理。（　）**

A. 相关负责人　　B. 主要负责人

C. 案件审理部门负责人　　D. 信访部门负责人

参考答案：________③。

解析：《中国共产党纪律检查机关监督执纪工作规则》第五十九条第一款规定，对不服处分决定的申诉，由批准或者决定处分的党委（党组）或者纪检监察机关受理；需要复议复查的，由纪检监察机关"相关负责人"批准后受理。

□ **11. 申诉案件复议复查工作应当在________内办结。（　）**

A. 3个月　　B. 2个月　　C. 6个月　　D. 1个月

参考答案：________④。

解析：《中国共产党纪律检查机关监督执纪工作规则》第五十九条第四款规定，复议复查

---

① A
② A
③ A
④ A

工作应当在3个月内办结。

□ 12. 线索处置不得拖延和积压,处置意见应当在收到问题线索之日起________内提出,并制定处置方案,履行审批手续。( )

A. 3个月　B. 2个月　C. 30日　D. 1个月

参考答案:________①。

解析:《中国共产党纪律检查机关监督执纪工作规则》第二十一条第二款规定:“线索处置不得拖延和积压,处置意见应当在收到问题线索之日起1个月内提出,并制定处置方案,履行审批手续。”

□ 13. 党员犯罪,个别情况下可以不开除党籍。下列哪种情形可以不开除党籍?( )

A. 因故意犯罪被依法判处拘役(宣告缓刑)的

B. 被单处剥夺政治权利的

C. 被附加剥夺政治权利的

D. 因过失犯罪,被依法判处3年有期徒刑的

参考答案:________②。

解析:《中国共产党纪律处分条例》第三十二条规定:“党员犯罪,有下列情形之一的,应当给予开除党籍处分:(一)因故意犯罪被依法判处刑法规定的主刑(含宣告缓刑)的;(二)被单处或者附加剥夺政治权利的;(三)因过失犯罪,被依法判处三年以上(不含三年)有期徒刑的。因过失犯罪被判处三年以下(含三年)有期徒刑或者被判处管制、拘役的,一般应当开除党籍。对于个别可以不开除党籍的,应当对照处分党员批准权限的规定,报请再上一级党组织批准。”

□ 14. 下列选项中,不属于违反政治纪律的有:( )

A. 妄议党中央大政方针,破坏党的集中统一

B. 制造、散布、传播政治谣言

C. 违反个人有关事项报告规定,隐瞒不报

---

① D

② D

D. 不履行全面从严治党主体责任、监督责任或者履行全面从严治党主体责任、监督责任不力

参考答案：________①。

解析：根据《中国共产党纪律处分条例》第七章"对违反组织纪律行为的处分"第七十三条的规定，违反个人有关事项报告规定，隐瞒不报，属于违反组织纪律。

□ 15. 下级纪检监察机关接到交办的检举控告后，一般应当在____个月内办结，并报送核查处理情况；经本机关主要负责人批准，可以延长____个月，并向上级纪检监察机关报告。特殊情况需要再次延长办理期限的，应当报上级纪检监察机关批准。（　）

A. 1，1　　B. 2，2　　C. 3，3　　D. 2，1

参考答案：________②。

解析：《纪检监察机关处理检举控告工作规则》第二十一条规定："下级纪检监察机关接到交办的检举控告后，一般应当在3个月内办结，并报送核查处理情况；经本机关主要负责人批准，可以延长3个月，并向上级纪检监察机关报告。特殊情况需要再次延长办理期限的，应当报上级纪检监察机关批准。"

□ 16. 承办的监督检查、审查调查部门应当将实名检举控告的处理结果在办结之日起________内向检举控告人反馈，并记录反馈情况。检举控告人提出异议的，承办部门应当如实记录，并予以说明；提供新的证据材料的，承办部门应当核查处理。（　）

A. 15个工作日　　B. 30日　　C. 15天　　D. 1个月

参考答案：________③。

解析：《纪检监察机关处理检举控告工作规则》第二十七条规定："承办的监督检查、审查调查部门应当将实名检举控告的处理结果在办结之日起15个工作日内向检举控告人反馈，并记录反馈情况。检举控告人提出异议的，承办部门应当如实记录，并予以说明；提供新的证据材料的，承办部门应当核查处理。"

□ 17. 监督执纪应遵循谁主管谁负责的原则进行。关于谁主管谁负责的原则的理解，

---

① C

② C

③ A

不正确的有:( )

A. 对党的组织关系在地方、干部管理权限在主管部门的党员、干部以及监察对象涉嫌违纪违法问题,应当按照谁主管谁负责的原则进行监督执纪,由设在主管部门、有管辖权的纪检监察机关进行审查调查

B. 主管部门认为有必要的,可以与地方纪检监察机关联合审查调查

C. 地方纪检监察机关接到主管部门的党员、干部以及监察对象涉嫌违纪违法问题的,可以直接对其进行审查调查

D. "谁主管谁负责"中的"负责"范围不局限于立案权,已扩展到执纪监督权,即包括了监督、执纪、问责

参考答案:________①。

解析:中央纪委国家监委印发指导意见,对纪检监察机关(机构)在监督检查审查调查工作中开展协作配合相关事宜作出规定,对工作地点(党的组织关系)在地方、管理权限在主管部门的公职人员涉嫌职务违法和职务犯罪案件的管理原则作了进一步明确和细化,即中央和国家机关部委、中管企业、中管金融企业党组(党委)管理的公职人员案件,一般由中央纪委国家监委派驻(派出)机构、中管企业纪检监察机构管辖,经与省级纪委监委协商,也可以由地方纪委监委立案调查。管理权限在主管部门,党组织关系在地方的党员、干部和监察对象,"地方"党委仅仅属于其过组织生活的地方,并未赋予其行使公权力职权,根据权责相统一的原则,一般情况下,"地方"不宜作为执纪监督和审查调查的责任主体。据此,选项 C 不正确。

《中国共产党纪律检查机关监督执纪工作规则》第八条规定:"对党的组织关系在地方、干部管理权限在主管部门的党员、干部以及监察对象涉嫌违纪违法问题,应当按照谁主管谁负责的原则进行监督执纪,由设在主管部门、有管辖权的纪检监察机关进行审查调查,主管部门认为有必要的,可以与地方纪检监察机关联合审查调查。地方纪检监察机关接到问题线索反映的,经与主管部门协调,可以对其进行审查调查,也可以与主管部门组成联合审查调查组,审查调查情况及时向对方通报。"据此,选项 A、B 正确。同时,该条确立了谁主管谁负责的原则,以及以属地管辖为补充的监督执纪工作机制,同时将"负责"的范围从监督执纪权,扩展到审查调查权。选项 D 正确。

---

① C

法规依据

《纪检监察机关处理检举控告工作规则》第十二条 对反映党的组织关系在地方、干部管理权限在主管部门的党员、干部以及监察对象涉嫌违纪或者职务违法、职务犯罪问题的检举控告，由设在主管部门、有管辖权的纪检监察机关受理。地方纪检监察机关接到检举控告的，经与设在主管部门、有管辖权的纪检监察机关协调，可以按规定受理。

《党组讨论和决定党员处分事项工作程序规定（试行）》第八条 对于党的组织关系在地方、干部管理权限在主管部门党组的党员干部违纪案件，凡由派驻纪检监察组查处的，由主管部门党组讨论决定，并向地方党组织通报处理结果。

对于地方纪委首先发现并立案审查，接受上级纪委指定或者与派驻纪检监察组协商后由地方纪委立案审查的上述案件，应当由地方纪委按照程序作出党纪处分决定，并向主管部门党组通报处理结果。在作出立案审查决定及审查处理过程中，地方纪委应当与主管部门党组和派驻纪检监察组加强沟通协调；经沟通不能形成一致意见的，报共同的上级党委或者纪委研究决定。

□ 18. 下列关于证据的表述，不准确的有：（ ）

A. 物证，指能够证明案件真实情况的物品和痕迹

B. 书证，指以其记载的内容证明案件真实情况的文字（包括符号、图画）

C. 证人证言，指证人就其所了解的案件情况所作的陈述

D. 凡是知道案件真实情况的人都可以作为证人

参考答案：________①。

解析：《中华人民共和国刑事诉讼法》第六十二条规定："凡是知道案件情况的人，都有作证的义务。生理上、精神上有缺陷或者年幼，不能辨别是非、不能正确表达的人，不能作证人。"据此，选项D表述不够严谨，没考虑到知道案件真实情况，生理上、精神上有缺陷或者年幼，不能辨别是非、不能正确表达的人的特殊情况。

□ 19. 收集证人证言应合乎规范，下列选项中，收集证人证言不规范的有：（ ）

A. 证人证言要一人一证，一般情况下一事一证

B. 证人没有书写能力的，由他人或调查取证人根据证人的讲述代写，写好后读给证人

---

① D

听,并按证人意见进行修改,然后由证人签字、盖章或按手印

C. 书写证人证言,应把所要证明的事实发生的时间、地点、当事人、原因、情节、手段、结果等书写清楚

D. 对证人证言,应由取证人注明证人工作单位、职务,并由取证人签字。证人所在单位可加盖公章

参考答案:________①。

解析:《中共中央纪律检查委员会关于查处党员违纪案件中收集、鉴别、使用证据的具体规定》第七条第三款规定,对证人证言,应由取证人注明证人工作单位、职务,并由取证人签字。不必由所在单位加盖公章或加注"属实""供参考"之类的文字。选项 D 错误。

□ 20. 纪检监察机关要对搜集的证据进行甄别,表述不准确的有:( )

A. 对物证的鉴别,要审查是否错误地收集了疑似的物品和痕迹,收集的物证是否伪造,有无栽赃陷害的情况。研究、分析所取物证与案件事实的联系,确定其有无证明作用

B. 对书证的鉴别,要查清其原始制作人,是在何种情况下制作的,是否伪造,节录材料是否断章取义,所记载的内容有无差错,联系其他证据判断所取书证的真实性

C. 对证人证言的鉴别,要注意审查证言的内容与案件事实是否有联系,来源有无问题,是否受到外界不正常因素的干扰,是否属实,证言前后是否一致,有无矛盾

D. 召集证人与受审查人当面对质鉴别证言

参考答案:________②。

解析:《中共中央纪律检查委员会关于查处党员违纪案件中收集、鉴别、使用证据的具体规定》第十五条规定,不得采用对质的方法鉴别证言。选项 D 错误。

法规依据

《中共中央纪律检查委员会关于查处党员违纪案件中收集、鉴别、使用证据的具体规定》

第十三条 对物证的鉴别,要审查是否错误地收集了疑似的物品和痕迹,收集的物证是否伪造,有无栽赃陷害的情况。研究、分析所取物证与案件事实的联系,确定其有无证明作用。

第十四条 对书证的鉴别,要查清其原始制作人,是在何种情况下制作的,是否伪造,节

---

① D

② D

录材料是否断章取义，所记载的内容有无差错，联系其他证据判断所取书证的真实性。

第十五条 对证人证言的鉴别，要注意审查证言的内容与案件事实是否有联系，来源有无问题，是否受到外界不正常因素的干扰，是否属实，证言前后是否一致，有无矛盾。不得采用对质的方法鉴别证言。

□ 21. 关于不敢腐、不能腐、不想腐的逻辑关系，下列表述错误的有：( )

A. 不敢腐、不能腐、不想腐，是一个有机整体，也是三个阶段的划分

B. 不敢腐、不能腐、不想腐是一个有机整体，不是三个阶段的划分，也不是三个环节的割裂

C. “不敢腐”主要依靠严厉惩治腐败；“不能腐”主要依靠扎牢制度笼子、规范权力运行；“不想腐”主要依靠加强党性教育、提高思想觉悟

D. 党员干部只有把世界观、人生观、价值观的总开关拧紧了，把思想觉悟、精神境界提高了，才能从不敢腐到不想腐

参考答案：________①。

解析：习近平总书记指出，不敢腐、不能腐、不想腐是一个有机整体，不是三个阶段的划分，也不是三个环节的割裂。要打通三者内在联系，在严厉惩治、形成震慑的同时，扎牢制度笼子、规范权力运行，加强党性教育、提高思想觉悟。选项 A 错误。

习近平总书记在十九届中央纪委四次全会上的讲话中指出，要深刻把握党风廉政建设规律，一体推进不敢腐、不能腐、不想腐，一体推进不敢腐、不能腐、不想腐，不仅是反腐败斗争的基本方针，也是新时代全面从严治党的重要方略。

关于一体推进“三不”，习近平总书记曾在多个场合作出重要论述。2017 年 10 月，习近平总书记在党的十九大报告中强调，强化不敢腐的震慑，扎牢不能腐的笼子，增强不想腐的自觉，通过不懈努力换来海晏河清、朗朗乾坤；在十九届中央纪委二次全会、三次全会上再次强调推进“三不”的重要性。党的十九届四中全会决定将构建一体推进不敢腐、不能腐、不想腐体制机制单列一条，作为坚持和完善党和国家监督体系重要内容，其重要性不言而喻。

如何一体推进“三不”？习近平总书记要求，要以严格的执纪执法增强制度刚性，推动形成不断完备的制度体系、严格有效的监督体系，加强理想信念教育，提高党性觉悟，夯实不忘初心、牢记使命的思想根基。既要把“严”的主基调长期坚持下去，又要善于做到“三个区分

① A

开来”;既要合乎民心民意,又要激励干部担当作为,充分运用“四种形态”提供的政策策略,通过有效处置化解存量、强化监督遏制增量,实现政治效果、纪法效果、社会效果有机统一。

2021年9月1日,习近平总书记在中央党校(国家行政学院)中青年干部培训班开班式上讲话时指出,干部一定要知敬畏、存戒惧、守底线,敬畏党、敬畏人民、敬畏法纪。严以修身,才能严以律己。一个干部只有把世界观、人生观、价值观的总开关拧紧了,把思想觉悟、精神境界提高了,才能从不敢腐到不想腐。

□ 22. 关于立案的审批,理解不正确的有:(　)

A. 纪检监察机关对下级党委(党组)管理的党员、监察对象进行审查调查,由本机关主要负责人审批即可

B. 上级纪检监察机关将涉案人员交下级纪检监察机关审查调查的,下级纪检监察机关经本机关主要负责人审批后予以立案,立案后可视情向同级党委主要负责人报告

C. 派驻机构调查驻在部门管理的党员、监察对象违纪违法案件,立案前征求驻在部门主要负责人意见

D. 派驻机构调查驻在部门管理的党员、监察对象违纪违法案件,立案前报驻在部门主要负责人审批

参考答案:________①。

解析:派驻机构与驻在部门是监督与被监督的关系,而不是领导、被领导的关系,派驻机构接受派出机关的领导。派驻机构调查驻在部门管理的党员、监察对象违纪违法案件,立案前不需要报驻在部门主要负责人审批。选项D错误。

法规依据

《党组讨论和决定党员处分事项工作程序规定(试行)》第四条　中央纪委国家监委派驻纪检监察组(以下简称派驻纪检监察组)按照干部管理权限,对驻在部门(含综合监督单位,下同)党组管理的司局级党员干部涉嫌违纪问题进行立案审查和内部审理,经派驻纪检监察组集体研究,提出党纪处分初步建议,与驻在部门党组沟通并取得一致意见后,将案件移送中央和国家机关纪检监察工委(以下简称纪检监察工委)进行审理。

纪检监察工委对移送的案件应当认真履行审核把关和监督制约职能,形成审理报告并

① D

反馈派驻纪检监察组，做到事实清楚、证据确凿、定性准确、处理恰当、手续完备、程序合规。

纪检监察工委在审理过程中，应当加强与派驻纪检监察组沟通。派驻纪检监察组原则上应当尊重纪检监察工委的审理意见。如出现分歧，经沟通不能形成一致意见的，由纪检监察工委将双方意见报中央纪委研究决定。

派驻纪检监察组应当加强与有关方面沟通，特别是对驻在部门党组管理的正司局级党员领导干部违纪案件，在驻在部门党组会议召开前，应当与驻在部门党组和中央纪委充分交换意见。

□ 23. 关于对抗组织审查，理解不正确的有：（　）

A. 对抗组织审查行为发生在 2016 年 1 月 1 日前，只能作为从重或加重处分的情节认定，不能认定为违反政治纪律

B. 对抗组织审查发生在 2016 年 1 月 1 日之后，可认定为违反政治纪律

C. 对抗组织审查行为，只能发生在组织决定审查后，不能发生在违纪行为实施后、组织决定审查前

D. 初期不如实交代问题，后经教育，积极配合组织审查，如实交代问题的，不宜认定为对抗组织审查

参考答案：________①。

解析：2015 年《中国共产党纪律处分条例》（自 2016 年 1 月 1 日起施行）将对抗组织审查行为认定为违反政治纪律。此前不宜将对抗组织审查行为认定为违反政治纪律。选项 A、B 正确。

对抗组织审查行为，既可以发生在组织决定审查后，也可以发生在违纪行为实施后、组织决定审查前。选项 C 错误。（参见钟纪晟：《如何认定处理“对抗组织审查行为”》，载《中国纪检监察杂志》2016 年第 12 期）

□ 24. 关于违反中央八项规定精神的表述，不正确的有：（　）

A. 在性质认定上，违反中央八项规定精神问题一般属违反廉洁纪律性质，也可能违反工作纪律等其他纪律，具体性质需根据被审查人的具体行为和党纪规定作出认定

B. 在政策界限把握上，以 2012 年 12 月 4 日中央政治局审议通过中央八项规定为时间

---

① C

节点,即:被审查人的相关违纪行为发生在 2012 年 12 月 4 日以后的,按违反中央八项规定精神问题认定;被审查人的相关违纪行为发生在 2012 年 12 月 4 日之前的,不作为违反中央八项规定精神问题认定,而是根据违纪行为的具体情况和当时党纪规定作出相应认定

C. 在条款适用上,对违反中央八项规定精神问题行为,可直接依据中央八项规定作出定性处理

D. 当前查处的违反中央八项规定精神问题主要包括:违规公款吃喝、公款国内旅游、公款出国(境)旅游、违规配备使用公务用车、楼堂馆所违规问题、违规发放津补贴或者福利、违规收送礼品礼金、大办婚丧喜庆、提供或者接受超标准接待、接受或者用公款参与高消费娱乐健身活动、违规出入私人会所、领导干部住房违规、违规接受管理服务对象宴请、形式主义、官僚主义等

参考答案:________①。

解析:在条款适用上,对违反中央八项规定精神问题行为,并不是直接依据中央八项规定作出定性处理,而是依据《中国共产党纪律处分条例》分则对应的具体条款。选项 C 不正确。

□ 25. 某市教育局原党组书记、局长秦某已故。秦某去世后,党组织发现其生前存在违纪问题,拟对其处理。处理措施、方法不正确的有:( )

A. 鉴于秦某已经去世,对秦某违纪问题的立案审查决定和审查报告,仅经市纪委主要负责人批准即可

B. 若秦某存在严重违纪问题,应当给予开除党籍处分的,党组织应当作出开除其党籍的处分决定

C. 若秦某存在严重违纪问题,应当给予留党察看以下(含留党察看)处分的,作出违犯党纪的书面结论和相应处理

D. 秦某虽已去世,但对秦某违纪问题的立案审查决定和审查报告,须由市纪委主要负责人审批后报市委主要负责人批准

参考答案:________②。

解析:《中国共产党纪律检查机关监督执纪工作规则》第三十八条规定:"对符合立案条

---

① C
② A

件的，承办部门应当起草立案审查调查呈批报告，经纪检监察机关主要负责人审批，报同级党委主要负责人批准，予以立案审查调查。立案审查调查决定应当向被审查调查人宣布，并向被审查调查人所在党委（党组）主要负责人通报。"选项A错误。

法规依据

《中国共产党纪律处分条例》第三十六条 违纪党员在党组织作出处分决定前死亡，或者在死亡之后发现其曾有严重违纪行为，对于应当给予开除党籍处分的，开除其党籍；对于应当给予留党察看以下（含留党察看）处分的，作出违犯党纪的书面结论和相应处理。

《中国共产党纪律检查机关监督执纪工作规则》第三十七条 纪检监察机关经过初步核实，对党员、干部以及监察对象涉嫌违纪或者职务违法、职务犯罪，需要追究纪律或者法律责任的，应当立案审查调查。

凡报请批准立案的，应当已经掌握部分违纪或者职务违法、职务犯罪事实和证据，具备进行审查调查的条件。

《中国共产党纪律检查机关案件检查工作条例实施细则》第二十条 党员工作调动后，发现在原单位有违纪问题并需立案调查的，由其现所在单位承办，原单位应予配合。

离退休后提高职级待遇的党员，其违纪问题需立案调查的，应按其提高待遇后的干部管理权限办理。

《中华人民共和国监察法实施条例》第五十三条 监察机关对于退休公职人员在退休前或者退休后，或者离职、死亡的公职人员在履职期间实施的涉嫌职务违法或者职务犯罪行为，可以依法进行调查。

对前款规定人员，按照其原任职务的管辖规定确定管辖的监察机关；由其他监察机关管辖更为适宜的，可以依法指定或者交由其他监察机关管辖。

□ 26. 线索处置不得拖延和积压，处置意见应当在收到问题线索之日起________内提出，并制定处置方案，履行审批手续。（　）

A. 1个月　　B. 30日　　C. 2个月　　D. 3个月

参考答案：________①。

解析：《中国共产党纪律检查机关监督执纪工作规则》第二十一条第二款规定："线索处

---

① A

置不得拖延和积压,处置意见应当在收到问题线索之日起1个月内提出,并制定处置方案,履行审批手续。”

□ **27. 关于审查调查的期限,理解不正确的有:( )**

A.《中国共产党纪律检查机关监督执纪工作规则》未对初步核实作出期限限制

B.《中国共产党纪律检查机关监督执纪工作规则》未对立案审批作出期限限制

C.《中国共产党纪律检查机关监督执纪工作规则》未对审查作出期限限制

D. 监察机关调查职务违法或者职务犯罪案件,对被调查人没有采取留置措施的,应当在立案后6个月内作出处理决定

参考答案:________[①]。

解析:《中华人民共和国监察法实施条例》第一百八十五条第二款规定,调查职务违法或者职务犯罪案件,对被调查人没有采取留置措施的,应当在立案后“1年以内”作出处理决定;对被调查人解除留置措施的,应当在解除留置措施后1年以内作出处理决定。案情重大复杂的案件,经上一级监察机关批准,可以适当延长,但延长期限不得超过6个月。选项D错误。

《中国共产党纪律检查机关监督执纪工作规则》未对初步核实、立案审批、审查作出期限限制。详见书末“知识点梳理”中的“纪检监察机关(巡视巡察机构)履职期限一览表”。选项A、B、C正确。

□ **28. 关于预备党员的说法,不正确的有:( )**

A. 预备党员转为正式党员,应当经支部大会讨论通过和上级党组织批准

B. 预备党员延长预备期,应当经支部大会讨论通过和上级党组织批准

C. 取消预备党员资格,应当经支部大会讨论通过和上级党组织批准

D. 预备党员严重违纪,纪委可直接作出取消预备党员资格的决定

参考答案:________[②]。

解析:依据《中国共产党章程》第七条、《中国共产党发展党员工作细则》第三十二条以及《中国共产党纪律处分条例》第三十四条的规定,纪委在审查中发现预备党员违犯党纪的,

① D

② D

可以根据其情节轻重向其所在党组织提出给予其延长预备期或者取消预备党员资格的处理意见,其所在党组织按照有关规定处理。但纪委不能代替有关党组织直接作出取消预备党员资格的决定。选项D错误。

法规依据

《中国共产党章程》第七条第三款 预备党员预备期满,党的支部应当及时讨论他能否转为正式党员。认真履行党员义务,具备党员条件的,应当按期转为正式党员;需要继续考察和教育的,可以延长预备期,但不能超过一年;不履行党员义务,不具备党员条件的,应当取消预备党员资格。预备党员转为正式党员,或延长预备期,或取消预备党员资格,都应当经支部大会讨论通过和上级党组织批准。

《中国共产党纪律处分条例》第三十四条 预备党员违犯党纪,情节较轻,可以保留预备党员资格的,党组织应当对其批评教育或者延长预备期;情节较重的,应当取消其预备党员资格。

《中国共产党发展党员工作细则》第三十二条第三款、第四款 预备党员违犯党纪,情节较轻,尚可保留预备党员资格的,应当对其进行批评教育或延长预备期;情节较重的,应当取消其预备党员资格。

预备党员转为正式党员、延长预备期或取消预备党员资格,应当经支部大会讨论通过和上级党组织批准。

□ 29. 下列行为中,不属于违反政治纪律的有:( )

A. 某党员领导干部在集体聚餐时称"中央八项规定太严了,受不了,该吃还得吃、该喝还得喝"

B. 某党员领导干部经常在家中烧香拜佛

C. 某党组成员出版的书中妄议党中央大政方针

D. 某党员领导干部工作不负责任,贯彻执行、检查督促落实上级决策部署不力,给党、国家和人民利益以及公共财产造成较大损失

参考答案:________①。

解析:根据《中国共产党纪律处分条例》第六章"对违反政治纪律行为的处分"第四十四

---

① D

条、第四十六条、第六十三条的规定，选项A、B、C属于违反政治纪律。

根据《中国共产党纪律处分条例》第十章“对违反工作纪律行为的处分”第一百二十一条的规定，选项D属于违反工作纪律。

法规依据

《中国共产党纪律处分条例》第四十四条 在重大原则问题上不同党中央保持一致且有实际言论、行为或者造成不良后果的，给予警告或者严重警告处分；情节较重的，给予撤销党内职务或者留党察看处分；情节严重的，给予开除党籍处分。

第四十六条第一款第二项 通过网络、广播、电视、报刊、传单、书籍等，或者利用讲座、论坛、报告会、座谈会等方式，有下列行为之一，情节较轻的，给予警告或者严重警告处分；情节较重的，给予撤销党内职务或者留党察看处分；情节严重的，给予开除党籍处分：

（二）妄议党中央大政方针，破坏党的集中统一的；

第六十三条 组织迷信活动的，给予撤销党内职务或者留党察看处分；情节严重的，给予开除党籍处分。

参加迷信活动，造成不良影响的，给予警告或者严重警告处分；情节较重的，给予撤销党内职务或者留党察看处分；情节严重的，给予开除党籍处分。

对不明真相的参加人员，经批评教育后确有悔改表现的，可以免予处分或者不予处分。

第一百二十一条第一款 工作中不负责任或者疏于管理，贯彻执行、检查督促落实上级决策部署不力，给党、国家和人民利益以及公共财产造成较大损失的，对直接责任者和领导责任者，给予警告或者严重警告处分；造成重大损失的，给予撤销党内职务、留党察看或者开除党籍处分。

□ 30. 关于隐瞒入党前错误，理解不正确的有：（ ）

A. 隐瞒入党前严重错误是对党不忠诚的表现

B. 对党忠诚报告自己过往重大经历是入党积极分子成为一名党员的应有之义

C. 1997年《中国共产党纪律处分条例（试行）》及2003年《中国共产党纪律处分条例》，都没有针对隐瞒入党前行为的具体条款

D. 隐瞒入党前错误，若属严重错误，一般予以党内除名，其中入党多年且一贯表现好或在工作中做出了突出贡献的，也可以给予党内警告或者严重警告处分

参考答案：________①。

解析：《中国共产党纪律处分条例》第七十三条第三款规定："隐瞒入党前严重错误的，一般应当予以除名；对入党后表现尚好的，给予严重警告、撤销党内职务或者留党察看处分。"由此可见，隐瞒入党前严重错误的，对入党后表现尚好的，最低处分档次也是党内严重警告处分。选项D错误。

1997年《中国共产党纪律处分条例（试行）》及2003年《中国共产党纪律处分条例》，都没有针对隐瞒入党前行为的具体条款。当时，实践中，一般依照1995年3月1日中央纪委、中央组织部《关于党员隐瞒入党前的错误行为如何处理问题的答复》的精神处置，在条款引用上则适用1997年《中国共产党纪律处分条例（试行）》和2003年《中国共产党纪律处分条例》中的兜底条款。

法规依据

《中国共产党发展党员工作细则》第三十二条 预备党员的预备期为一年。预备期从支部大会通过其为预备党员之日算起。

预备党员预备期满，党支部应当及时讨论其能否转为正式党员。认真履行党员义务、具备党员条件的，应当按期转为正式党员；需要继续考察和教育的，可以延长一次预备期，延长时间不能少于半年，最长不超过一年；不履行党员义务、不具备党员条件的，应当取消其预备党员资格。

预备党员违犯党纪，情节较轻，尚可保留预备党员资格的，应当对其进行批评教育或延长预备期；情节较重的，应当取消其预备党员资格。

预备党员转为正式党员、延长预备期或取消预备党员资格，应当经支部大会讨论通过和上级党组织批准。

□ **31. 关于党员权利的理解，正确的有：（　）**

A. 党员有平等阅读党的所有文件的权利

B. 党员均有选举权、被选举权和表决权

C. 对党的决议和政策如有不同意见，党员可在等待上级批复的情况下，暂缓执行

D. 党员可以直接向党中央提出请求、申诉和控告

---

① D

参考答案：________[①]。

解析：《中国共产党章程》第四条规定，党员享有阅读党的有关文件的权利。但不同身份、不同级别的党员，享有阅读党的有关文件的具体内容是不同的。所以，选项A错误。

根据《中国共产党纪律处分条例》第十二条第二款的规定，受留党察看处分的党员，在留党察看处分期间，是没有选举权、被选举权和表决权的。所以，选项B错误。

《中国共产党章程》第四条规定，对党的决议和政策如有不同意见，在坚决执行的前提下，可以声明保留，并且可以把自己的意见向党的上级组织直至中央提出。所以，选项C错误。

《中国共产党章程》第四条第一款第八项规定，党员享有下列权利："向党的上级组织直至中央提出请求、申诉和控告，并要求有关组织给以负责的答复。"选项D正确。

□ **32. 下列不属于党的工作机关的是：（　）**

A. 市委办公室

B. 市委组织部

C. 市委网络安全和信息化委员会办公室

D. 市纪委

参考答案：________[②]。

解析：《中国共产党工作机关条例（试行）》第二条规定："党的工作机关是党实施政治、思想和组织领导的政治机关，是落实党中央和地方各级党委决策部署，实施党的领导、加强党的建设、推进党的事业的执行机关，主要包括办公厅（室）、职能部门、办事机构和派出机关。"市委网络安全和信息化委员会办公室属于党委办事机构，市委组织部属于市委职能部门，市委办公室是市委的综合部门。

纪委不是党的工作机关。《中国共产党章程》第四十六条规定："党的各级纪律检查委员会是党内监督专责机关，主要任务是：维护党的章程和其他党内法规，检查党的路线、方针、政策和决议的执行情况，协助党的委员会推进全面从严治党、加强党风建设和组织协调反腐败工作。"

---

① D

② D

□ **33. 对于上级党组织交办以及巡视等移交的违纪问题线索，应当及时处理，并在________内反馈办理情况。( )**

A. 1个月　　B. 2个月　　C. 3个月　　D. 1个半月

参考答案：________①。

解析：《中国共产党党内监督条例》第四十一条第二款规定："对于上级党组织交办以及巡视等移交的违纪问题线索，应当及时处理，并在3个月内反馈办理情况。"

□ **34. 关于中央八项规定和中央八项规定精神的理解，不正确的有：( )**

A.《关于新形势下党内政治生活的若干准则》规定："中央政治局要带头执行中央八项规定。"《中国共产党中央委员会工作条例》规定，"中央委员会、中央政治局、中央政治局常务委员会的组成人员应当自觉执行党章等党内法规，自觉贯彻党的群众路线，严格执行中央八项规定"。说明中央八项规定不仅适用于中央政治局、中央政治局常务委员会的组成人员，也适用于中央委员会的组成人员

B. 中央八项规定精神不仅适用于所有党员，而且非党员的公职人员，也有义务遵守中央八项规定精神

C. 某党员领导干部2012年11月30日违规公款吃喝，也可定性为违反中央八项规定精神

D. 2021年，某党员干部存在形式主义、官僚主义问题，可定性为违反中央八项规定精神

参考答案：________②。

解析：2012年12月4日，中共中央政治局审议通过《关于改进工作作风、密切联系群众的八项规定》。某党员领导干部2012年11月30日违规公款吃喝，尚不能定性为违反中央八项规定精神。选项C错误。

《中央纪委国家监委调整违反中央八项规定精神问题数据统计指标查处形式主义官僚主义问题数据首次公布》中指出，"习近平总书记在十九届中央纪委四次全会上强调，要坚决贯彻中央八项规定精神，保持定力、寸步不让，防止老问题复燃、新问题萌发、小问题坐大"。中央纪委国家监委相关负责人表示，调整数据统计指标，是贯彻落实习近平总书记关于加强作风建设重要指示批示精神，贯彻落实党的十九届四中全会、中央纪委四次全会部署要求的

---

① C

② C

具体举措。各级纪检监察机关要充分发挥数据统计指标体系“指挥棒”“风向标”重要作用，全面落实实事求是、依规依纪、精准处置的工作要求，坚持稳中求进总基调，保持工作定力，从讲政治的高度整治形式主义、官僚主义，紧盯薄弱环节严查享乐、奢靡问题，驰而不息纠治“四风”，为党和国家事业发展提供作风保障。据此，选项 D 正确。

□ **35. 下列关于党内法规的表述，错误的有：(　)**

A. 党章在党内法规中效力最高，是最根本的党内法规，是制定其他党内法规的基础和依据

B. 党内法规是党的中央组织、中央纪律检查委员会以及党中央工作机关和省、自治区、直辖市党委制定的体现党的统一意志、规范党的领导和党的建设活动、依靠党的纪律保证实施的专门规章制度

C. 制定党内法规应当严格遵循效力位阶要求

D.《关于新形势下党内政治生活的若干准则》颁布实施后，1980 年《关于党内政治生活的若干准则》就被取代，不再有效

参考答案：________①。

解析：2014 年 1 月 12 日，习近平总书记在给刘云山、王岐山同志的批示中指出：“1980 年制定的《关于党内政治生活的若干准则》，对于当时恢复和健全党内民主、维护党的集中统一、严肃党的纪律、促进党的团结，实现政治上、思想上、组织上、作风上的拨乱反正，实现全党工作中心的转移，发挥了重要历史作用。当前，《准则》对我们严肃和规范党内政治生活、弘扬党的优良传统和作风仍具有重要现实指导意义。”据此可知，1980 年《关于党内政治生活的若干准则》仍然有效，并未废止。选项 D 错误。

法规依据

《中国共产党党内法规制定条例》第三条　党内法规是党的中央组织，中央纪律检查委员会以及党中央工作机关和省、自治区、直辖市党委制定的体现党的统一意志、规范党的领导和党的建设活动、依靠党的纪律保证实施的专门规章制度。

党章是最根本的党内法规，是制定其他党内法规的基础和依据。

第三十一条第一项　制定党内法规，应当严格遵循效力位阶要求：

---

① D

(一)党章在党内法规中具有最高效力,其他任何党内法规都不得同党章相抵触;

□ **36. 关于监督执纪四种形态的理解,错误的有:( )**

A."四种形态"已写入党章

B. 党员干部因严重违纪违法被开除党籍、开除公职,但未被移送检察机关追究刑事责任,这属于第三种形态

C."四种形态"最早被写入《中国共产党纪律检查机关监督执纪工作规则(试行)》

D."四种形态"不仅适用于党员干部,也适用于非党员的公职人员

参考答案:________①。

解析:"四种形态"最早被写入2016年10月27日《中国共产党党内监督条例》第七条,此后,先后被写入《中国共产党章程》《中国共产党纪律处分条例》《中国共产党纪律检查机关监督执纪工作规则》等。

监督执纪"四种形态"是全面从严治党的重大实践和理论创新,党章和党内监督条例都作出了规定。《中华人民共和国监察法》明确规定,国家监察工作要"惩戒与教育相结合,宽严相济"。各级纪委监委按照"惩前毖后、治病救人"的方针,坚持深化运用监督执纪"四种形态",将其贯穿于监督检查、审查调查和案件审理工作全过程,取得良好的政治效果、纪法效果和社会效果。"四种形态"的适用不区分是不是党员干部。选项D正确。

法规依据

《中国共产党章程》第四十条第二款 坚持惩前毖后、治病救人,执纪必严、违纪必究,抓早抓小、防微杜渐,按照错误性质和情节轻重,给以批评教育直至纪律处分。运用监督执纪"四种形态",让"红红脸、出出汗"成为常态,党纪处分、组织调整成为管党治党的重要手段,严重违纪、严重触犯刑律的党员必须开除党籍。

《中国共产党党内监督条例》第七条 党内监督必须把纪律挺在前面,运用监督执纪"四种形态",经常开展批评和自我批评、约谈函询,让"红红脸、出出汗"成为常态;党纪轻处分、组织调整成为违纪处理的大多数;党纪重处分、重大职务调整的成为少数;严重违纪涉嫌违法立案审查的成为极少数。

《中国共产党纪律处分条例》第五条 运用监督执纪"四种形态",经常开展批评和自我

---

① C

批评、约谈函询,让"红红脸、出出汗"成为常态;党纪轻处分、组织调整成为违纪处理的大多数;党纪重处分、重大职务调整的成为少数;严重违纪涉嫌违法立案审查的成为极少数。

《中国共产党纪律检查机关监督执纪工作规则》第四条 坚持惩前毖后、治病救人,把纪律挺在前面,精准有效运用监督执纪"四种形态",把思想政治工作贯穿监督执纪全过程,严管和厚爱结合,激励和约束并重,注重教育转化,促使党员自觉防止和纠正违纪行为,惩治极少数,教育大多数,实现政治效果、纪法效果和社会效果相统一。

□ **37. 关于巡视巡察,表述错误的有:( )**

A. 中央巡视工作领导小组应当加强对省、自治区、直辖市党委,中央有关部委,中央国家机关部门党组(党委)巡视工作的领导

B. 巡视是党内监督的重要方式。发现问题、形成震慑,推动改革、促进发展,发挥从严治党利剑作用

C. 中央和省、自治区、直辖市党委一届任期内,对所管理的地方、部门、企事业单位党组织全面巡视

D. 巡视巡察是业务巡视

参考答案:________①。

解析:《中国共产党党内监督条例》第十九条第二款规定,中央巡视工作领导小组应当加强对省、自治区、直辖市党委,中央有关部委,中央国家机关部门党组(党委)巡视工作的领导。据此,选项 A 正确。

巡视巡察不是业务巡视,而是巡视党的组织和党的领导干部尊崇党章、党的领导、党的建设和党的路线方针政策落实情况,履行全面从严治党责任、执行党的纪律、落实中央八项规定精神、党风廉政建设和反腐败工作以及选人用人情况。选项 D 错误。

法规依据

《中国共产党党内监督条例》第十九条第一款 巡视是党内监督的重要方式。中央和省、自治区、直辖市党委一届任期内,对所管理的地方、部门、企事业单位党组织全面巡视。巡视党的组织和党的领导干部尊崇党章、党的领导、党的建设和党的路线方针政策落实情况,履行全面从严治党责任、执行党的纪律、落实中央八项规定精神、党风廉政建设和反腐败

---

① D

工作以及选人用人情况。发现问题、形成震慑，推动改革、促进发展，发挥从严治党利剑作用。

□ **38. 有关纪律检查机关、组织部门收到巡视移交的问题或者线索后，应当及时研究提出谈话函询、初核、立案或者组织处理等意见，并于________内将办理情况反馈巡视工作领导小组办公室。（　）**

A. 1 个月　　B. 2 个月　　C. 3 个月　　D. 30 日

参考答案：________①。

解析：《中国共产党巡视工作条例》第二十九条规定："有关纪律检查机关、组织部门收到巡视移交的问题或者线索后，应当及时研究提出谈话函询、初核、立案或者组织处理等意见，并于 3 个月内将办理情况反馈巡视工作领导小组办公室。"

□ **39. 关于领导干部违反报告个人有关事项规定受到组织处理或者纪律处分的后果，表述不正确的有：（　）。**

A. 受到诫勉处理的，半年内不得提拔或者进一步使用

B. 受到取消考察对象（后备干部人选）资格处理的，一年内不得提拔或者进一步使用

C. 受到调离岗位、改任非领导职务、免职处理的，两年内不得提拔

D. 受到降职处理的，两年内不得提拔

参考答案：________②。

解析：《领导干部个人有关事项报告查核结果处理办法》第六条第三项规定："受到调离岗位、改任非领导职务、免职处理的，一年内不得提拔。"据此，选项 C 错误。

法规依据

《领导干部个人有关事项报告查核结果处理办法》第六条　领导干部因违反报告个人有关事项规定受到组织处理或者纪律处分的，其影响期按照有关规定执行。同时受到组织处理和纪律处分的，按照影响期长的规定执行。

（一）受到诫勉处理的，半年内不得提拔或者进一步使用；

---

① C

② C

（二）受到取消考察对象（后备干部人选）资格处理的，一年内不得提拔或者进一步使用；

（三）受到调离岗位、改任非领导职务、免职处理的，一年内不得提拔；

（四）受到降职处理的，两年内不得提拔；

（五）受到纪律处分的，依照《中国共产党纪律处分条例》等规定执行。

□ 40. 某市副处级党员领导干部何某某严重违纪违法，大搞权钱交易、钱色交易、权色交易，生活奢靡，道德败坏，嫖娼。对何某某严重违纪违法性质的理解或者表述不正确的有：（　）

A. 权色交易，应定性为违反廉洁纪律

B. 权钱交易，应适用纪法衔接条款

C. 钱色交易，应定性为违反生活纪律

D. 生活奢靡属于违反生活纪律

参考答案：________[①]。

解析：根据《中国共产党纪律处分条例》第八章"对违反廉洁纪律行为的处分"第一百一十条的规定，钱色交易、权色交易，均属于违反廉洁纪律。故选项C错误。根据第十一章"对违反生活纪律行为的处分"第一百三十四条的规定，生活奢靡属于违反生活纪律。选项D正确。

法规依据

《中国共产党纪律处分条例》第一百一十条　搞权色交易或者给予财物搞钱色交易的，给予警告或者严重警告处分；情节较重的，给予撤销党内职务或者留党察看处分；情节严重的，给予开除党籍处分。

第一百三十四条　生活奢靡、贪图享乐、追求低级趣味，造成不良影响的，给予警告或者严重警告处分；情节严重的，给予撤销党内职务处分。

□ 41. 下列选项中，不属于违反中央八项规定精神的问题有：（　）

A. 2021年4月27日，党员领导干部胡某某在办理退休手续后，组织亲属和原管理服务

---

① C

对象及其下属到某宾馆参加其六十岁生日宴会,共计 5 桌 57 人,其中原管理服务对象及其下属 11 人,违规收受礼金 8500 元

B. 2021 年 2 月 5 日(春节前),某县卫健委党组成员、副主任赵 A 给某市卫健委办公室主任谢某赠送一箱梦之蓝酒,被省纪委监委暗访组当场发现

C. 2021 年 7 月,A 县 B 镇牛村遭受洪涝灾害,紧急转移安置了全部村民。8 月 5 日以来,在不具备防疫消杀、通水通电等回迁规定条件的情况下,部分受灾村民陆续返村居住,给灾后重建造成安全隐患。对此,B 镇某村党支部书记兼村委主任牛某某负直接责任,包村干部、副镇长李某某负主要领导责任。2021 年 8 月,牛某某受到党内警告处分,李某某受到诫勉谈话处理

D. 某省直机关工会工委于 2021 年 5 月 24 日至 30 日在全国总工会厦门劳模疗休养中心组织开展了为期一周的省直机关劳模疗休养活动。部分省直机关省部级以上劳模和先进工作者及省五一劳动奖章获得者共 29 人参加了疗休养活动

参考答案:________①。

解析:选项 A,党员领导干部借过生日之际,违规收受原管理服务对象礼金,属于违反中央八项规定精神。

选项 B,卫健委党组成员、副主任赵 A,市卫健委办公室主任谢某,分别实施违规赠送、收受礼品的行为,属于违反中央八项规定精神。

选项 C,村党支部书记兼村委主任牛某某,包村干部、副镇长李某某失职,属于官僚主义问题,属于违反中央八项规定精神。

选项 D 符合规定。为深入贯彻落实习近平总书记对工人阶级和工会工作的重要指示,大力弘扬劳模精神、劳动精神和工匠精神,严格落实功勋荣誉表彰获得者待遇,努力营造崇尚劳模、学习劳模、争当劳模、关爱劳模的良好社会风尚,激励广大劳动群众争做新时代的奋斗者,全国总工会制定了《关于进一步加强和规范劳模疗休养工作的意见》。某省的做法符合该规定,不属于违反中央八项规定精神的问题。

□ 42. 纪委监委与同级党委、同级人大常委会、上级纪委监委的关系,表述不正确的有:(　)

A. 地方各级纪委受同级党委和上级纪委的双重领导

① D

B. 地方监委在同级人大常委会和上级监委的双重领导下工作,监督执法工作以上级监察委员会领导为主,线索处置和案件查办在向同级党委报告的同时必须向上一级监察委员会报告

C. 地方各级监察委员会由本级人民代表大会产生,对产生它的国家权力机关和上一级监察委员会负责

D. 党的地方各级代表大会选举产生同级党的委员会和地方纪委,地方各级纪委常委会、书记、副书记,由地方各级纪律检查委员会全体会议选举产生,报上级党的委员会批准

参考答案:________①。

解析:《中华人民共和国监察法实施条例》第十条规定,国家监察委员会在党中央领导下开展工作。地方各级监察委员会在"同级党委和上级监察委员会"双重领导下工作,监督执法调查工作以上级监察委员会领导为主,线索处置和案件查办在向同级党委报告的同时应当一并向上一级监察委员会报告。据此,选项A正确,选项B表述错误。

法规依据

《中国共产党章程》第二十六条第四项 党的地方各级代表大会的职权是:

(四)选举同级党的委员会,选举同级党的纪律检查委员会。

第四十五条第三款 党的中央纪律检查委员会全体会议,选举常务委员会和书记、副书记,并报党的中央委员会批准。党的地方各级纪律检查委员会全体会议,选举常务委员会和书记、副书记,并由同级党的委员会通过,报上级党的委员会批准。党的基层委员会是设立纪律检查委员会,还是设立纪律检查委员,由它的上一级党组织根据具体情况决定。党的总支部委员会和支部委员会设纪律检查委员。

《中华人民共和国监察法》第九条第一款、第四款 地方各级监察委员会由本级人民代表大会产生,负责本行政区域内的监察工作。

地方各级监察委员会对本级人民代表大会及其常务委员会和上一级监察委员会负责,并接受其监督。

□ 43. 关于党员行使权利的说法,表述不准确的有:( )

A. 预备党员除了没有表决权、选举权和被选举权以外,享有同正式党员一样的权利

---

① B

B. 党员进行批评、揭发、检举,应当通过组织渠道,不得随意扩散传播、网络散布

C. 党员提出处理、处分要求,应当通过组织渠道,不得随意扩散传播、网络散布

D. 党员有党内监督权,有权在党的会议上以口头或者书面方式随意批评党的任何组织和任何党员,揭露、要求纠正工作中存在的缺点和问题

参考答案:________①。

解析:《中国共产党党员权利保障条例》第十一条第一款规定,党员有党内监督权,有权在党的会议上以口头或者书面方式"有根据地"批评党的任何组织和任何党员,揭露、要求纠正工作中存在的缺点和问题。据此,选项D表述不准确。

法规依据

《中国共产党章程》第七条第二款　预备党员的义务同正式党员一样。预备党员的权利,除了没有表决权、选举权和被选举权以外,也同正式党员一样。

《中国共产党党员权利保障条例》第十一条第三款　党员进行批评、揭发、检举以及提出处理、处分要求,应当通过组织渠道,不得随意扩散传播、网络散布,不得夸大和歪曲事实,更不得捏造事实、诬告陷害。

□ 44. 关于送礼行为与正常礼尚往来、行贿的界限,表述不正确的有:(　)

A. 正常礼尚往来,一般是指双方之间存在长期交往,所送礼金数额较小,且属于相互赠送,数额大体相当的情况。对于正常的人情往来,不宜以违纪论处

B. 赠送礼品、礼金、消费卡等的违纪行为往往只发生在领导干部任职期间,数额较大,且属于下级、企业老板单方面向领导干部赠送,或者领导干部收受的数额很大而回赠的数额很小

C. 送礼与行贿的界限在于财物数额大小,财物数额大的,属于行贿,财物数额小的,属于送礼

D. 送礼行为是单纯地给予财物,没有为谋取不正当利益而向国家工作人员提出请托。行贿要求行为人为谋取不正当利益向国家工作人员给予财物并提出具体请托事项

参考答案:________②。

---

① D
② C

解析:送礼与行贿的界限在于有无具体请托事项。选项C错误。

□ **45. 党章规定,凡属重大问题都要按照集体领导、民主集中、个别酝酿、会议决定的原则,由党的委员会集体讨论,作出决定。下列选项中,不属于重大问题的有:( )**

A. 贯彻落实党中央以及上级党组织决策部署的重大举措

B. 重要人事任免等事项

C. 审计、巡视巡察、督查检查、考核奖惩等事项

D. 党员对处分决定不服的申诉

参考答案:________①。

解析:选项A、B、C,均系重大问题。《中国共产党党组工作条例》第十七条规定:"党组讨论和决定本单位下列重大问题:(一)贯彻落实党中央以及上级党组织决策部署的重大举措;(二)制定拟订法律法规规章和重要规范性文件中的重大事项;(三)业务工作发展战略、重大部署和重大事项;(四)重大改革事项;(五)重要人事任免等事项;(六)重大项目安排;(七)大额资金使用、大额资产处置、预算安排;(八)职能配置、机构设置、人员编制事项;(九)审计、巡视巡察、督查检查、考核奖惩等重大事项;(十)重大思想动态的政治引导;(十一)党的建设方面的重大事项;(十二)其他应当由党组讨论和决定的重大问题。"

□ **46. 下列选项中,不属于违反群众纪律的有:( )**

A. 2019年,村党支部书记黄某某未将该村2019年医保金专款专用,将原定于当年3月上交的医保金,挪用于垫付村工程款,直至9月才上缴,造成群众参保不及时

B. 2018年12月,村党支部书记周某某收到县林业局拨付的2017年造林补贴8814元后,未按规定发放给村民,而是利用职务之便挪用造林补贴全部用于个人家庭生活开支,直至2019年11月才将补偿款返还给村民

C. 2019年12月,村党支部书记、村主任周某某为本村村民冯某某办理低保之机,向其索要现金1000元,用于个人支出

D. 2019年10月,某镇在上报易地扶贫搬迁人员名单时,分管扶贫工作的副镇长章某某未经请示报告,更没实地查看、上户核实,就自行决定上报了易地扶贫搬迁人员名单。后经核实,发现上报的21户贫困户中仅2户3人符合易地扶贫搬迁条件,此行为给全县精准扶

① D

贫工作带来较大被动,造成了一定的不良影响。章某某对此应负直接责任

参考答案:________①。

解析:选项D属于不正确履行职责,造成了一定的不良影响,属于违反工作纪律。

《中国共产党纪律处分条例》第九章"对违反群众纪律行为的处分"第一百一十二条规定:"有下列行为之一,对直接责任者和领导责任者,情节较轻的,给予警告或者严重警告处分;情节较重的,给予撤销党内职务或者留党察看处分;情节严重的,给予开除党籍处分:(一)超标准、超范围向群众筹资筹劳、摊派费用,加重群众负担的;(二)违反有关规定扣留、收缴群众款物或者处罚群众的;(三)克扣群众财物,或者违反有关规定拖欠群众钱款的;(四)在管理、服务活动中违反有关规定收取费用的;(五)在办理涉及群众事务时刁难群众、吃拿卡要的;(六)有其他侵害群众利益行为的。在扶贫领域有上述行为的,从重或者加重处分。"据此,选项A、B、C正确。

□ 47. 下级党组织向上级党组织,以及党员、领导干部,均须严守党的政治纪律、组织纪律和工作纪律,重大事项及时按规定请示报告。下列选项中,对重大事项的请示报告理解不正确的有:( )

A. 党组织请示报告工作一般应当以组织名义进行,向负有领导或者监督指导职责的上级党组织请示报告。特殊情况下,可以根据工作需要以党组织负责同志名义代表党组织请示报告

B. 请示报告应当逐级进行,一般不得越级请示报告。特殊情况下,可以按照有关规定直接向更高层级党组织请示报告

C. 接受双重领导的单位党组织,应当根据事项性质和内容向负有主要领导职责的上级党组织请示报告,同时抄送另一个上级党组织。特殊情况下,可以不抄送另一个上级党组织

D. 分管某领域的党组织有关负责同志直接就全面工作接受下级党组织请示报告

参考答案:________②。

解析:根据《中国共产党重大事项请示报告条例》第六条、第七条的规定,选项A、B、C正确。

《中国共产党重大事项请示报告条例》第十一条第二款规定,党组织主要负责同志可以

---

① D

② D

就全面工作或者某些方面工作接受下级党组织请示报告;有关负责同志可以就分管领域工作接受下级党组织请示报告,也可以"受党组织或者党组织主要负责同志委托",就全面工作接受下级党组织请示报告。据此,选项D错误。

法规依据

《中国共产党重大事项请示报告条例》第六条 党组织请示报告工作一般应当以组织名义进行,向负有领导或者监督指导职责的上级党组织请示报告。特殊情况下,可以根据工作需要以党组织负责同志名义代表党组织请示报告。

请示报告应当逐级进行,一般不得越级请示报告。特殊情况下,可以按照有关规定直接向更高层级党组织请示报告。

第七条 接受双重领导的单位党组织,应当根据事项性质和内容向负有主要领导职责的上级党组织请示报告,同时抄送另一个上级党组织。特殊情况下,可以不抄送另一个上级党组织。

□ **48. 下列选项中,必须向上级党组织请示的是:( )**

A. 属于自身职权范围内的日常工作

B. 上级党组织就有关问题已经作出明确批复的

C. 事后报告即可的事项

D. 调整上级党组织文件、会议精神的传达知悉范围

参考答案:________①。

解析:《中国共产党重大事项请示报告条例》第十三条规定:"党组织应当向上级党组织请示下列事项:(一)贯彻落实党中央决策部署和上级党组织决定中的重要情况和问题,需要作出调整的政策措施,需要支持解决的特殊困难;(二)重大改革措施、重大立法事项、重大体制变动、重大项目推进、重大突发事件、重大机构调整、重要干部任免、重要表彰奖励、重大违纪违法和复杂敏感案件处理等;(三)明确规定需要请示的重要会议、重要活动、重要文件等;(四)重大活动、重要政策的宣传报道口径,新闻宣传和意识形态工作中的全局性问题和不易把握的问题;(五)出台重大创新举措,特别是遇到新情况新问题且无明文规定、需要先行先试,或者创新举措可能与现行规定相冲突、需经授权才能实施的情况;(六)属于自身职权范

① D

围内但事关重大或者特殊敏感的事项;(七)重大决策时存在较大意见分歧的情况;(八)跨区域、跨领域、跨行业、跨系统工作中需要上级党组织统筹推进的重大事项;(九)调整上级党组织文件、会议精神的传达知悉范围,使用上级党组织负责同志未公开的讲话、音像资料等;(十)其他应当请示的重大事项。下列事项不必向上级党组织请示:属于自身职权范围内的日常工作;上级党组织就有关问题已经作出明确批复的;事后报告即可的事项等。”选项 D 正确。

□ **49. 下列关于党的地方各级纪律检查委员会的表述,不正确的有:( )**

A. 党的地方各级纪律检查委员会由同级党的代表大会选举产生,每届任期和同级党的委员会任期相同

B. 党的地方各级纪律检查委员会全体会议,选举常务委员会和书记、副书记,并由同级党的委员会通过,报上级党的委员会备案

C. 上级党的委员会可以根据工作需要,在下级党的代表大会闭会期间,调动、任免下级纪律检查委员会书记、副书记

D. 地方各级纪律检查委员会常务委员会贯彻落实党中央决策部署以及中央纪委工作部署,落实同级党委、上级纪委、本级纪委全体会议的工作部署,向全体会议报告工作,接受监督

参考答案:________①。

解析:根据《中国共产党纪律检查委员会工作条例》第十六条、第十八条的规定,选项 A、C、D 均正确。

根据《中国共产党纪律检查委员会工作条例》第十六条第二款的规定,党的地方各级纪律检查委员会全体会议,选举常务委员会和书记、副书记,并由同级党的委员会通过,报上级党的委员会批准,而不是备案。故选项 B 错误。

法规依据

《中国共产党纪律检查委员会工作条例》第十六条 党的地方各级纪律检查委员会由同级党的代表大会选举产生,每届任期和同级党的委员会任期相同。

党的地方各级纪律检查委员会全体会议,选举常务委员会和书记、副书记,并由同级党

---

① B

的委员会通过，报上级党的委员会批准。

上级党的委员会可以根据工作需要，在下级党的代表大会闭会期间，调动、任免下级纪律检查委员会书记、副书记。

第十八条 地方各级纪律检查委员会常务委员会贯彻落实党中央决策部署以及中央纪委工作部署，落实同级党委、上级纪委、本级纪委全体会议的工作部署，向全体会议报告工作，接受监督。在全体会议闭会期间，行使本级纪律检查委员会职权，主要包括：

（一）讨论向同级党的代表大会的工作报告，向同级党委和上级纪委请示报告工作。

（二）召集全体会议，对拟提交全体会议讨论和决定的事项先行审议、提出意见。

（三）讨论和决定管辖范围内纪检监察工作的重要问题、重要事项。

（四）按照权限审议规范性文件。

（五）听取以本级纪委名义立案审查的有关案件情况通报。

（六）按照权限讨论和决定对违犯党纪的党组织、党员处理、处分等事项。

（七）决定给予本级纪委委员撤销党内职务以上处分，并报同级党委批准后，按照规定报上一级纪委备案或者批准，待召开本级纪委全体会议时予以追认。

（八）按照干部管理权限审议干部任免事项。

（九）研究决定应当由常务委员会决定的其他重要事项。

□ 50. 党的各级纪律检查委员会依规依纪依法、精准有效运用监督执纪“四种形态”。下列哪个选项，运用监督执纪“四种形态”不够精准？（　）

A. 党员、干部有作风纪律方面的苗头性、倾向性问题或者轻微违纪问题，或者有一般违纪问题但具备免予处分情形的，运用监督执纪第一种形态，按照规定进行谈话提醒、批评教育、责令检查等，或者予以诫勉，或者建议单处、并处停职检查、调整职务、责令辞职、免职等处理

B. 党员、干部有一般违纪问题，或者违纪问题严重但具有主动交代等从轻减轻处分情形的，运用监督执纪第二种形态，按照规定给予警告、严重警告处分，或者建议单处、并处停职检查、调整职务、责令辞职、免职等处理

C. 党员、干部有严重违纪问题，或者严重违纪并构成严重职务违法的，运用监督执纪第三种形态，按照规定给予撤销党内职务、留党察看、开除党籍处分，同时建议给予降职或者依法给予撤职、开除公职、调整其享受的待遇等处理

D. 党员、干部严重违纪、涉嫌犯罪的，运用监督执纪第四种形态，按照规定给予开除党籍

处分，同时依法给予开除公职、调整或者取消其享受的待遇等处理，再移送司法机关依法追究刑事责任

参考答案：________①。

解析：根据《中国共产党纪律检查委员会工作条例》第三十一条第二款第二项的规定，建议单处、并处停职检查、调整职务、责令辞职、免职等处理，属于监督执纪的第二种形态。故选项A不正确。根据第三十一条第二款的规定，选项B、C、D正确。

法规依据

《中国共产党纪律检查委员会工作条例》第三十一条第二款　坚持把监督作为基本职责，抓早抓小、防微杜渐，综合考虑错误性质、情节后果、主观态度等因素，依规依纪依法、精准有效运用监督执纪“四种形态”：

（一）党员、干部有作风纪律方面的苗头性、倾向性问题或者轻微违纪问题，或者有一般违纪问题但具备免予处分情形的，运用监督执纪第一种形态，按照规定进行谈话提醒、批评教育、责令检查等，或者予以诫勉。

（二）党员、干部有一般违纪问题，或者违纪问题严重但具有主动交代等从轻减轻处分情形的，运用监督执纪第二种形态，按照规定给予警告、严重警告处分，或者建议单处、并处停职检查、调整职务、责令辞职、免职等处理。

（三）党员、干部有严重违纪问题，或者严重违纪并构成严重职务违法的，运用监督执纪第三种形态，按照规定给予撤销党内职务、留党察看、开除党籍处分，同时建议给予降职或者依法给予撤职、开除公职、调整其享受的待遇等处理。

（四）党员、干部严重违纪、涉嫌犯罪的，运用监督执纪第四种形态，按照规定给予开除党籍处分，同时依法给予开除公职、调整或者取消其享受的待遇等处理，再移送司法机关依法追究刑事责任。

---

① A

多　选　题

□ **1. 当前及今后一个时期，我国将继续推进“四个全面”建设。“四个全面”的具体内容是指：(　　)**

A. 全面深化改革　　　　　　　　B. 全面建成小康社会

C. 全面依法治国　　　　　　　　D. 全面从严治党

E. 全面建设社会主义现代化国家

参考答案：________①。

解析：《中共中央关于党的百年奋斗重大成就和历史经验的决议》明确中国特色社会主义事业总体布局是经济建设、政治建设、文化建设、社会建设、生态文明建设五位一体，战略布局是全面建设社会主义现代化国家、全面深化改革、全面依法治国、全面从严治党四个全面。选项 A、C、D、E 正确。

□ **2. 以下单位中，属于政治机关的有：(　　)**

A. 中央和地方各级人大机关　　　　B. 行政机关

C. 政协机关　　　　　　　　　　D. 监察机关

E. 审判机关、检察机关

参考答案：________②。

解析：《中共中央关于加强党的政治建设的意见》规定，中央和地方各级人大机关、行政机关、政协机关、监察机关、审判机关、检察机关本质上都是政治机关，旗帜鲜明讲政治是应尽之责。选项 A、B、C、D、E 正确。

---

① ACDE

② ABCDE

□ 3. 党员、监察对象应增强“四个意识”。“四个意识”是指:(　)

A. 创新意识　　B. 服务意识　　C. 政治意识

D. 大局意识　　E. 核心意识　　F. 看齐意识

参考答案:________[①]。

解析:《中国共产党章程》总纲规定,必须实行正确的集中,牢固树立“政治意识、大局意识、核心意识、看齐意识”,坚定维护以习近平同志为核心的党中央权威和集中统一领导,保证全党的团结统一和行动一致,保证党的决定得到迅速有效的贯彻执行。

□ 4. 进入新发展阶段、贯彻新发展理念、构建新发展格局,是由我国经济社会发展的理论逻辑、历史逻辑、现实逻辑决定的。新发展理念,包括哪些内容?(　)

A. 创新　　B. 协调　　C. 绿色　　D. 开放　　E. 共享

参考答案:________[②]。

解析:《中国共产党章程》总纲规定,必须坚持以人民为中心的发展思想,坚持“创新、协调、绿色、开放、共享”的发展理念。

□ 5. 关于走读式谈话,理解正确的有:(　)

A. “走读式谈话”不适用于第一种形态的监督谈话

B. 纪检监察机关在初步核实过程中与核查人、参与人、知情人进行的核实性谈话在立案审查调查过程中,对未被采取留置措施或者刑事等强制措施的被审查调查人、涉案人及相关证人进行的谈话讯问询问

C. 谈话前,对被谈话对象的个人履历、身体精神状况、性格特点、家庭关系、工作表现、为人处事六个方面了解掌握,做到“六必知”,并按照“一人一策”制定谈话方案和安全预案

D. 如果谈话对象是女性,谈话人也应是女性纪检监察干部

E. 为确保谈话绝对安全,走读式谈话只能在标准谈话室进行

参考答案:________[③]。

解析:根据中纪委办公厅《关于进一步做好“走读式”谈话安全工作的意见》,谈话地点的选择,要区分两种情况:一种是问题不严重,安全风险低,可在谈话对象的单位或者谈话对

---

① CDEF

② ABCDE

③ ABCD

象要求的场所进行,通常在一楼。另一种情况是问题相对严重、安全风险高,谈话只能在标准谈话室进行。选项E表述不精准。

□6. 2021年7月,中国建设银行江西省抚州市分行原党委书记、行长饶某某涉嫌严重违纪违法。对饶某某立案审查调查,表述正确的有:( )

A. 抚州市监委可对饶某某立案调查

B. 中央纪委国家监委驻中国建设银行纪检监察组可对饶某某立案审查调查

C. 中国建设银行江西省分行纪委有权对饶某某进行纪律审查

D. 若中央纪委国家监委驻中国建设银行纪检监察组与江西省纪委省监委协商一致,后者可对饶某某立案调查

参考答案:________①。

解析:饶某某的党组织关系、干部管理权限均在中国建设银行江西省分行,根据谁主管谁负责的监督执纪执法原则,可由中国建设银行江西省分行纪委对饶某某涉嫌违纪问题立案审查,至于饶某某涉嫌职务犯罪问题,可由中央纪委国家监委驻中国建设银行纪检监察组与江西省监委协商,江西省监委取得管辖权后,可自行调查,也可以指定下级监委调查。抚州市监委无权对不属于自己管辖的公职人员饶某某立案调查。选项BCD正确。

法规依据

《中国共产党纪律检查机关监督执纪工作规则》第八条 对党的组织关系在地方、干部管理权限在主管部门的党员、干部以及监察对象涉嫌违纪违法问题,应当按照谁主管谁负责的原则进行监督执纪,由设在主管部门、有管辖权的纪检监察机关进行审查调查,主管部门认为有必要的,可以与地方纪检监察机关联合审查调查。地方纪检监察机关接到问题线索反映的,经与主管部门协调,可以对其进行审查调查,也可以与主管部门组成联合审查调查组,审查调查情况及时向对方通报。

《纪检监察机关处理检举控告工作规则》第十二条 对反映党的组织关系在地方、干部管理权限在主管部门的党员、干部以及监察对象涉嫌违纪或者职务违法、职务犯罪问题的检举控告,由设在主管部门、有管辖权的纪检监察机关受理。地方纪检监察机关接到检举控告的,经与设在主管部门、有管辖权的纪检监察机关协调,可以按规定受理。

---

① BCD

《党组讨论和决定党员处分事项工作程序规定(试行)》第八条 对于党的组织关系在地方、干部管理权限在主管部门党组的党员干部违纪案件,凡由派驻纪检监察组查处的,由主管部门党组讨论决定,并向地方党组织通报处理结果。

对于地方纪委首先发现并立案审查,接受上级纪委指定或者与派驻纪检监察组协商后由地方纪委立案审查的上述案件,应当由地方纪委按照程序作出党纪处分决定,并向主管部门党组通报处理结果。在作出立案审查决定及审查处理过程中,地方纪委应当与主管部门党组和派驻纪检监察组加强沟通协调;经沟通不能形成一致意见的,报共同的上级党委或者纪委研究决定。

□ **7. 根据党章的规定,党的建设必须坚决实现以下基本要求:( )**

A. 坚持党的基本路线

B. 坚持解放思想,实事求是

C. 坚持全心全意为人民服务

D. 坚持民主集中制

E. 坚持从严管党治党

参考答案:________①。

解析:《中国共产党章程》总纲中规定,党的建设必须坚决实现以下五项基本要求,“第一,坚持党的基本路线”,“第二,坚持解放思想,实事求是,与时俱进,求真务实”,“第三,坚持全心全意为人民服务”,“第四,坚持民主集中制”,“第五,坚持从严管党治党”。

□ **8. 关于巡视巡察,表述正确的有:( )**

A. 巡视工作主要任务是深入发现和推动解决影响党的领导、党的建设、全面从严治党的根本性全局性问题

B. 巡视工作方针:发现问题、形成震慑,推动改革、促进发展

C. 巡视是政治巡视,要围绕贯彻落实党的理论路线方针政策和党中央重大决策部署,按照新时代党的建设总要求,强化政治监督,查找政治偏差

D. 巡视巡察组可以成立核查组,对某些问题线索进行初核

参考答案:________②。

解析:《中国共产党巡视工作条例》第十八条规定:“巡视组依靠被巡视党组织开展工

---

① ABCDE

② ABC

作，不干预被巡视地区（单位）的正常工作，不履行执纪审查的职责。”故选项D不正确。

□ **9. 关于“两个维护”，表述正确的有：（ ）**

A. 做到“两个维护”是党的建设的首要任务

B. “两个维护”要体现在坚决贯彻党中央决策部署的行动上，体现在履职尽责、做好本职工作的实效上，体现在党员、干部的日常言行上

C. 做到“两个维护”，从根本上讲就是要做到对党忠诚

D. “两个维护”已被写入《中华人民共和国宪法》

参考答案：________①。

解析：“两个维护”尚未被写入《中华人民共和国宪法》。选项D错误。

□ **10. 下列选项中，属于立国之本的有：（ ）**

A. 坚持社会主义道路

B. 坚持人民民主专政

C. 坚持中国共产党的领导

D. 坚持马克思列宁主义毛泽东思想

参考答案：________②。

解析：《中国共产党章程》总纲规定，坚持社会主义道路、坚持人民民主专政、坚持中国共产党的领导、坚持马克思列宁主义毛泽东思想这四项基本原则，是我们的“立国之本”。在社会主义现代化建设的整个过程中，必须坚持四项基本原则，反对资产阶级自由化。

□ **11. 关于党员义务的理解，正确的有：（ ）**

A. 公民享有宪法规定的权利，党员享有党章规定的义务，党员的义务同公民的义务一样，都是享受权利在先，履行义务在后

B. 党员有提高理论素质和业务本领的义务，发挥先锋模范作用的义务

C. 党员有践行党的根本宗旨的义务，遵纪守法、执行党的决定的义务

D. 党员有维护党的团结统一的义务，勇于批评、敢于斗争的义务

E. 党员有贯彻党的群众路线的义务，发扬社会主义新风尚、舍身报国为民的义务

参考答案：________③。

---

① ABC

② ABCD

③ BCDE

解析:党员权利不是个人私权,而是为党工作、实现党和人民利益的政治性权利,是党作为“两个先锋队”、党员作为有共产主义觉悟的先锋战士的必然要求。在党员义务和权利的关系上,2020 年 11 月 30 日召开的中共中央政治局会议强调,广大党员要正确认识和处理义务与权利、责任与担当、行使权利与遵守纪律的辩证统一关系。党员行使权利必须以履行义务、担当责任、遵守纪律为前提。故选项 A 错误。

法规依据

《中国共产党章程》第三条 党员必须履行下列义务:

(一)认真学习马克思列宁主义、毛泽东思想、邓小平理论、“三个代表”重要思想、科学发展观、习近平新时代中国特色社会主义思想,学习党的路线、方针、政策和决议,学习党的基本知识,学习科学、文化、法律和业务知识,努力提高为人民服务的本领。

(二)贯彻执行党的基本路线和各项方针、政策,带头参加改革开放和社会主义现代化建设,带动群众为经济发展和社会进步艰苦奋斗,在生产、工作、学习和社会生活中起先锋模范作用。

(三)坚持党和人民的利益高于一切,个人利益服从党和人民的利益,吃苦在前,享受在后,克己奉公,多做贡献。

(四)自觉遵守党的纪律,首先是党的政治纪律和政治规矩,模范遵守国家的法律法规,严格保守党和国家的秘密,执行党的决定,服从组织分配,积极完成党的任务。

(五)维护党的团结和统一,对党忠诚老实,言行一致,坚决反对一切派别组织和小集团活动,反对阳奉阴违的两面派行为和一切阴谋诡计。

(六)切实开展批评和自我批评,勇于揭露和纠正违反党的原则的言行和工作中的缺点、错误,坚决同消极腐败现象作斗争。

(七)密切联系群众,向群众宣传党的主张,遇事同群众商量,及时向党反映群众的意见和要求,维护群众的正当利益。

(八)发扬社会主义新风尚,带头实践社会主义核心价值观和社会主义荣辱观,提倡共产主义道德,弘扬中华民族传统美德,为了保护国家和人民的利益,在一切困难和危险的时刻挺身而出,英勇斗争,不怕牺牲。

□ **12. 隐瞒入党前错误如属严重错误，一般予以党内除名，其中入党多年且一贯表现尚好的，可以给予________、________或________处分。( )**

A. 党内警告处分　　B. 严重警告

C. 撤销党内职务　　D. 留党察看处分

参考答案：________①。

解析：《中国共产党纪律处分条例》第七十三条第三款规定："隐瞒入党前严重错误的，一般应当予以除名；对入党后表现尚好的，给予严重警告、撤销党内职务或者留党察看处分。"

□ **13. 关于全面从严治党的说法，理解正确的有：( )**

A. 把严的标准、严的措施贯穿于管党治党全过程和各方面

B. 全面从严治党要求坚持把纪律挺在前面，加强组织性纪律性，在党的纪律面前人人平等

C. 全面从严治党，要求坚持依规治党、标本兼治

D. 全面从严治党对全体党组织、党员都要严格要求，没有例外

E. 全面从严治党要求党组织强化管党治党主体责任和监督责任

参考答案：________②。

解析：《中国共产党章程》总纲中规定："要把严的标准、严的措施贯穿于管党治党全过程和各方面。坚持依规治党、标本兼治，坚持把纪律挺在前面，加强组织性纪律性，在党的纪律面前人人平等。强化管党治党主体责任和监督责任，加强对党的领导机关和党员领导干部特别是主要领导干部的监督，不断完善党内监督体系。深入推进党风廉政建设和反腐败斗争，以零容忍态度惩治腐败，构建不敢腐、不能腐、不想腐的有效机制。"据此，选项 A、B、C、D、E 正确。

□ **14. 新形势下，党面临的考验有：( )**

A. 执政考验　　B. 改革开放考验

C. 市场经济考验　　D. 外部环境考验

---

① BCD

② ABCDE

参考答案：________①。

解析：《中国共产党章程》总纲规定："全面从严治党永远在路上。新形势下，党面临的执政考验、改革开放考验、市场经济考验、外部环境考验是长期的、复杂的、严峻的，精神懈怠危险、能力不足危险、脱离群众危险、消极腐败危险更加尖锐地摆在全党面前。"

□ 15. 根据《中国共产党党内法规制定条例》的规定，下列哪些事项应当由中央党内法规规定？（　）

A. 党的性质和宗旨、路线和纲领、指导思想和奋斗目标

B. 党的各级组织的产生、组成和职权职责的基本制度

C. 党员义务和权利方面的基本制度

D. 党的领导和党的建设各方面的基本制度

E. 涉及党的重大问题的事项

参考答案：________②。

解析：《中国共产党党内法规制定条例》第九条第一款规定："党的中央组织就下列事项制定中央党内法规：（一）党的性质和宗旨、路线和纲领、指导思想和奋斗目标；（二）党的各级各类组织的产生、组成和职权职责的基本制度；（三）党员义务权利方面的基本制度；（四）党的领导和党的建设各方面的基本制度；（五）涉及党的重大问题的事项；（六）党的纪律处分和组织处理方面的基本制度；（七）其他应当由中央党内法规规定的事项。"

□ 16.《中国共产党纪律处分条例》多处规定了兜底条款。关于兜底条款的说法，理解正确的有：（　）

A.《中国共产党纪律处分条例》中的兜底条款，是指该条例规定的某类违纪行为中，除明确列出的条款外，对以其他方式、方法和手段实施的同种性质的违纪行为作出应予党纪处理的概括性规定

B. 违反廉洁纪律、群众纪律、工作纪律、生活纪律均设置兜底条款

C."违反政治纪律""违反组织纪律"章节均未规定兜底条款

D. 违反工作纪律等某些违纪行为在特定条件下可转化为违反政治纪律

---

① ABCD

② ABCDE

E. 并不是所有的违反政治纪律行为均要给予纪律处分

参考答案：________[①]。

解析：《中国共产党纪律处分条例》中的兜底条款，是指该条例规定的某类违纪行为中，除明确列出的条款外，对以其他方式、方法和手段实施的同种性质的违纪行为作出应予党纪处理的概括性规定。根据该条例第一百一十一条、第一百二十条、第一百三十三条、第一百三十八条的规定，违反廉洁纪律、群众纪律、工作纪律、生活纪律均设置兜底条款。“违反政治纪律”“违反组织纪律”章节均未规定兜底条款，旨在防止认定泛化。

并不是所有的违反政治纪律行为均要给予纪律处分，如根据《中国共产党纪律处分条例》第六十条第三款规定，对不明真相被裹挟参加民族分裂活动，经批评教育后确有悔改表现的，可以免予处分或者不予处分。故选项 E 正确。

法规依据

《中国共产党纪律处分条例》第一百一十一条　有其他违反廉洁纪律规定行为的，应当视具体情节给予警告直至开除党籍处分。

第一百二十条　有其他违反群众纪律规定行为的，应当视具体情节给予警告直至开除党籍处分。

第一百三十三条　在党的纪律检查、组织、宣传、统一战线工作以及机关工作等其他工作中，不履行或者不正确履行职责，造成损失或者不良影响的，应当视具体情节给予警告直至开除党籍处分。

第一百三十八条　有其他严重违反社会公德、家庭美德行为的，应当视具体情节给予警告直至开除党籍处分。

□ 17. 党的纪律处分工作应当坚持的原则有：(　)

A. 坚持党要管党、全面从严治党　　B. 党纪面前一律平等

C. 实事求是　　D. 民主集中制

E. 惩前毖后、治病救人

参考答案：________[②]。

---

① ABCDE

② ABCDE

解析:《中国共产党纪律处分条例》第四条规定:"党的纪律处分工作应当坚持以下原则:(一)坚持党要管党、全面从严治党。加强对党的各级组织和全体党员的教育、管理和监督,把纪律挺在前面,注重抓早抓小、防微杜渐。(二)党纪面前一律平等。对违犯党纪的党组织和党员必须严肃、公正执行纪律,党内不允许有任何不受纪律约束的党组织和党员。(三)实事求是。对党组织和党员违犯党纪的行为,应当以事实为依据,以党章、其他党内法规和国家法律法规为准绳,准确认定违纪性质,区别不同情况,恰当予以处理。(四)民主集中制。实施党纪处分,应当按照规定程序经党组织集体讨论决定,不允许任何个人或者少数人擅自决定和批准。上级党组织对违犯党纪的党组织和党员作出的处理决定,下级党组织必须执行。(五)惩前毖后、治病救人。处理违犯党纪的党组织和党员,应当实行惩戒与教育相结合,做到宽严相济。"

□ **18. 对党员的纪律处分种类有:(　)**

A. 免予纪律处分　　B. 警告、严重警告

C. 撤销党内职务　　D. 留党察看

E. 开除党籍

参考答案:________①。

解析:《中国共产党纪律处分条例》第八条规定:"对党员的纪律处分种类:(一)警告;(二)严重警告;(三)撤销党内职务;(四)留党察看;(五)开除党籍。"免予纪律处分不属于对党员的纪律处分种类。

□ **19. 属于第一种形态的有:(　)**

A. 提醒谈话　　B. 诫勉谈话　　C. 批评教育　　D. 责令写出检查

E. 党内警告、政务警告

参考答案:________②。

解析:第一种形态指标共14项。包括:谈话函询了结、"面对面"初步核实了结等2种情形,以及经纪律审查后仅给予提醒谈话、警示谈话、批评教育、纠正或责令停止违纪行为、责成退出违纪所得、限期整改、责令作出口头或书面检查、召开民主生活会批评帮助、责令公

① BCDE

② ABCD

开道歉(检讨)、通报(通报批评)、诫勉(诫勉谈话)、其他批评教育类措施等12项组织措施。

第二种形态指标共21项。包括:党内警告、党内严重警告等2项党纪轻处分,行政警告、行政记过、行政记大过、行政降级等4项政纪轻处分,以及取消荣誉称号、撤销政协委员资格、终止(罢免、撤销、责令辞去)人大代表资格、取消预备党员资格、取消(罢免)当选资格、终止党代表资格、停职(停职检查)、调整(调离)职务(岗位)、免职、引咎辞职、责令辞职、改任非领导职务、安排提前退休、降低退休待遇、其他组织调整类措施等15项组织措施。

本题应该选A、B、C、D。

□ 20. 对于违犯党的纪律的党组织,上级党组织可以采取的处置措施有:( )

A. 责令其作出检查　　B. 进行通报批评　　C. 改组　　D. 解散　　E. 立案审查

参考答案:________①。

解析:《中国共产党纪律处分条例》第九条规定:"对于违犯党的纪律的党组织,上级党组织应当责令其作出检查或者进行通报批评。对于严重违犯党的纪律、本身又不能纠正的党组织,上一级党的委员会在查明核实后,根据情节严重的程度,可以予以:(一)改组;(二)解散。"

□ 21. 关于党员受到党纪处分影响,理解正确的有:( )

A. 党员受到警告处分一年内,不得在党内提升职务和向党外组织推荐担任高于其原任职务的党外职务,年度考核不得评为优秀等次

B. 党员受到严重警告处分一年半内,不得在党内提升职务和向党外组织推荐担任高于其原任职务的党外职务,当年考核,只写评语,不确定等次

C. 党员受到撤销党内职务处分的,通常需要匹配政务撤职处分,二年内不得在党内担任和向党外组织推荐担任与其原任职务相当或者高于其原任职务的职务

D. 对于应当受到撤销党内职务处分,但是本人没有担任党内职务的,可以给予其严重警告处分或者留党察看处分

E. 撤销党内职务处分,是指撤销受处分党员由党内选举或者组织任命的党内职务。党小组不属于一级党组织,它是党支部内部的管理形式。撤销党小组组长不属于撤销党内职务

① ABCD

参考答案：________①。

解析：《中国共产党纪律处分条例》第十一条第二款规定，对于应当受到撤销党内职务处分，但是本人没有担任党内职务的，"应当"给予其"严重警告处分"。同时，在党外组织担任职务的，应当建议党外组织撤销其党外职务。据此，选项D错误。

法规依据

《中国共产党纪律处分条例》第十条 党员受到警告处分一年内、受到严重警告处分一年半内，不得在党内提升职务和向党外组织推荐担任高于其原任职务的党外职务。

第十一条第三款 党员受到撤销党内职务处分，或者依照前款规定受到严重警告处分的，二年内不得在党内担任和向党外组织推荐担任与其原任职务相当或者高于其原任职务的职务。

□ 22. 关于党内法规的理解，正确的有：( )

A. 党章是最根本的党内法规，是制定其他党内法规的基础和依据

B. 党内法规是党的中央组织，中央纪律检查委员会以及党中央工作机关和省、自治区、直辖市党委制定的体现党的统一意志、规范党的领导和党的建设活动、依靠党的纪律保证实施的专门规章制度

C. 凡是涉及创设党组织职权职责、党员义务权利、党的纪律处分和组织处理的，只能由党内法规作出规定

D. 党组织制定的党内法规和规范性文件均应当向上级党组织报备

参考答案：________②。

解析：《中国共产党党内法规制定条例》第三条第二款规定："党章是最根本的党内法规，是制定其他党内法规的基础和依据。"选项A正确。

《中国共产党党内法规制定条例》第三条第一款规定："党内法规是党的中央组织，中央纪律检查委员会以及党中央工作机关和省、自治区、直辖市党委制定的体现党的统一意志、规范党的领导和党的建设活动、依靠党的纪律保证实施的专门规章制度。"选项B正确。

《中国共产党党内法规制定条例》第四条第二款规定："凡是涉及创设党组织职权职责、

---

① ABCE

② ABCD

党员义务权利、党的纪律处分和组织处理的,只能由党内法规作出规定。”选项C正确。

选项D来自《中国共产党党内法规和规范性文件备案审查规定》第五条第一款规定:“党组织制定的党内法规和规范性文件应当向上级党组织报备。”选项D正确。

□ 23. 关于对抗组织审查,理解正确的有:(　)

A. 预备党员,也可构成对抗组织审查违纪主体

B. 打探本人案情,也可认定为对抗组织审查

C. 党员在组织谈话初期,不承认违纪问题,后经思想教育,后期积极配合、如实交代问题,可不认定为对抗组织审查

D. 对抗组织审查,必须发生在组织核查期间(初核、立案审查调查期间)

E. 干扰、妨碍组织审查行为,如果发生在2016年1月1日之后,可作为从重或者加重处分情节予以认定

参考答案:________①。

解析:对抗组织审查,不要求发生在组织核查期间,可以是违纪行为发生时实施。据此,选项D错误。

2003年《中国共产党纪律处分条例》将干扰、妨碍组织审查行为作为从重或者加重处分情节予以认定,2015年、2018年《中国共产党纪律处分条例》均将其认定为违反政治纪律。据此,选项E错误。

□ 24. 关于政治纪律的理解,说法正确的有:(　)

A. 遵守党的政治纪律,最核心的,就是坚持党的领导,坚持党的基本理论、基本路线、基本纲领、基本经验、基本要求,同党中央保持高度一致,自觉维护中央权威

B. 政治纪律是全党在政治方向、政治立场、政治言论、政治行动方面必须遵守的刚性约束

C. 不按照有关规定向组织请示、报告重大事项,属于违反政治纪律的行为,情节严重的,可给予开除党籍处分

D. 干扰巡视巡察工作或者不落实巡视巡察整改要求的,可定性为违反政治纪律的行为

E. 落实与具有地方特色的县委、市委、省委决策部署不坚决,打折扣、搞变通,属于违反

---

① ABC

政治纪律

参考答案：________①。

解析：《中国共产党纪律处分条例》第五十四条规定："不按照有关规定向组织请示、报告重大事项，情节较重的，给予警告或者严重警告处分；情节严重的，给予撤销党内职务或者留党察看处分。"据此，不按照有关规定向组织请示、报告重大事项，情节严重的，最重处分是留党察看处分。据此，选项C错误。

第五十条第二款规定："落实党中央决策部署不坚决，打折扣、搞变通，在政治上造成不良影响或者严重后果的，给予警告或者严重警告处分；情节严重的，给予撤销党内职务、留党察看或者开除党籍处分。"据此，落实与具有地方特色的县委、市委、省委决策部署不坚决，打折扣、搞变通，尚不宜认定为违反政治纪律。据此，选项E错误。

根据《中国共产党纪律处分条例》第六章"对违反政治纪律行为的处分"第五十五条的规定，选项D正确。

□ 25.《中国共产党章程》第四十二条第一款规定，在特殊情况下，县级和县级以上各级党的委员会和纪律检查委员会有权直接决定给党员以纪律处分。这里的特殊情况是指：(　)

A. 确有违纪问题应给予党纪处分的党员，其工作的秘密程度较高，或其违纪问题涉及的秘密程度较高，不宜由基层党组织讨论的

B. 确有违纪问题应给予党纪处分的党员，其所在的基层党组织瘫痪，或该基层党组织领导人同违纪问题有直接牵连的

C. 已查明某党员确有违纪问题应给予党纪处分，而其所在的基层党组织拒不处理或故意拖延不作处理的

D. 确有违纪问题应给予党纪处分的党员，原来所在的基层党组织被撤销或合并，无法由原基层党组织和新单位党组织作出处理的

E. 跨地区、跨单位的集团性违纪案件中确实需要由这些地区、单位共同的上级党组织一并作出处理的

参考答案：________②。

---

① ABD

② ABCDE

解析:1996 年中央纪委《关于对党章第四十条第一款所称的“特殊情况”如何理解的答复》规定:“这里所说的‘特殊情况’,是指以下几种情况:一、确有违纪问题应给予党纪处分的党员,其工作的秘密程度较高,或其违纪问题涉及的秘密程度较高,不宜由基层党组织讨论的;二、确有违纪问题应给予党纪处分的党员,其所在的基层党组织瘫痪,或该基层党组织领导人同违纪问题有直接牵连的;三、已查明某党员确有违纪问题应给予党纪处分,而其所在的基层党组织拒不处理或故意拖延不作处理的;四、确有违纪问题应给予党纪处分的党员,原来所在的基层党组织被撤销或合并,无法由原基层党组织和新单位党组织作出处理的;五、跨地区、跨单位的集团性违纪案件中确实需要由这些地区、单位共同的上级党组织一并作出处理的;六、遇到各种紧急情况,需要迅速作出处理的;七、其他省级或省级以上党组织认为必须直接作出处分决定的情况。”

□ 26. 承办部门收到函询回复后 1 个月内写出情况报告和处置意见,按程序报批。根据不同情形,作出相应处理:(　)

A. 反映不实,或者没有证据证明存在问题的,予以采信了结,并向被函询人发函反馈

B. 问题轻微,不需要追究纪律责任的,采取谈话提醒、批评教育、责令检查、诫勉谈话等方式处理

C. 反映问题比较具体,但被反映人予以否认且否认理由不充分具体的,或者说明存在明显问题的,一般应当再次谈话或者函询

D. 发现被反映人涉嫌违纪或者职务违法、职务犯罪问题需要追究纪律和法律责任的,应当提出立案审查调查的建议

参考答案:________①。

解析:函询发现被反映人涉嫌违纪或者职务违法、职务犯罪问题需要追究纪律和法律责任的,应当提出初步核实的建议,而不是提出立案审查调查的建议。因此,选项 D 错误。

法规依据

《中国共产党纪律检查机关监督执纪工作规则》第三十条　承办部门应当在谈话结束或者收到函询回复后 1 个月内写出情况报告和处置意见,按程序报批。根据不同情形作出相应处理:

---

① ABC

（一）反映不实，或者没有证据证明存在问题的，予以采信了结，并向被函询人发函反馈。

（二）问题轻微，不需要追究纪律责任的，采取谈话提醒、批评教育、责令检查、诫勉谈话等方式处理。

（三）反映问题比较具体，但被反映人予以否认且否认理由不充分具体的，或者说明存在明显问题的，一般应当再次谈话或者函询；发现被反映人涉嫌违纪或者职务违法、职务犯罪问题需要追究纪律和法律责任的，应当提出初步核实的建议。

（四）对诬告陷害者，依规依纪依法予以查处。

必要时可以对被反映人谈话函询的说明情况进行抽查核实。

谈话函询材料应当存入廉政档案。

□ 27.《中国共产党纪律检查机关监督执纪工作规则》和《中华人民共和国监察法》均规定了主动投案。主动投案是指：（ ）

A. 党员、监察对象的涉嫌违纪或者职务违法、职务犯罪问题，未被纪检监察机关掌握，主动向纪检监察机关投案

B. 党员、监察对象的涉嫌违纪或者职务违法、职务犯罪问题被掌握，但尚未受到纪检监察机关的审查调查谈话、讯问或者尚未被采取留置措施时，主动向纪检监察机关投案

C. 涉案人员的涉嫌行贿犯罪或者共同职务违法、职务犯罪问题，未被纪检监察机关掌握，主动向纪检监察机关投案

D. 涉案人员的涉嫌行贿犯罪或者共同职务违法、职务犯罪问题，虽被掌握，但尚未受到纪检监察机关的询问、审查调查谈话、讯问或者尚未被采取留置措施时，主动向纪检监察机关投案

参考答案：________①。

解析：认真学习《纪检监察机关处理主动投案问题的规定（试行）》第二条。

法规依据

《中华人民共和国监察法实施条例》第二百一十四条 涉嫌职务犯罪的被调查人有下列情形之一，如实交代自己主要犯罪事实的，可以认定为监察法第三十一条第一项规定的自动投案，真诚悔罪悔过：

---

① ABCD

（一）职务犯罪问题未被监察机关掌握，向监察机关投案的；

（二）在监察机关谈话、函询过程中，如实交代监察机关未掌握的涉嫌职务犯罪问题的；

（三）在初步核实阶段，尚未受到监察机关谈话时投案的；

（四）职务犯罪问题虽被监察机关立案，但尚未受到讯问或者采取留置措施，向监察机关投案的；

（五）因伤病等客观原因无法前往投案，先委托他人代为表达投案意愿，或者以书信、网络、电话、传真等方式表达投案意愿，后到监察机关接受处理的；

（六）涉嫌职务犯罪潜逃后又投案，包括在被通缉、抓捕过程中投案的；

（七）经查实确已准备去投案，或者正在投案途中被有关机关抓获的；

（八）经他人规劝或者在他人陪同下投案的；

（九）虽未向监察机关投案，但向其所在党组织、单位或者有关负责人员投案，向有关巡视巡察机构投案，以及向公安机关、人民检察院、人民法院投案的；

（十）具有其他应当视为自动投案的情形的。

被调查人自动投案后不能如实交代自己的主要犯罪事实，或者自动投案并如实供述自己的罪行后又翻供的，不能适用前款规定。

□ 28. 初核阶段，核查组经批准可以采取哪些措施收集证据？（　）

A. 与相关人员谈话，要求相关组织作出说明

B. 查核资产情况和有关信息

C. 调取个人有关事项报告

D. 查阅复制文件、账目、档案等资料

E. 查封、扣押（暂扣、封存）涉案款物

F. 对涉案场所进行搜查

参考答案：________①。

解析：《中国共产党纪律检查机关监督执纪工作规则》第六章“初步核实”第三十四条第一款规定：“核查组经批准可以采取必要措施收集证据，与相关人员谈话了解情况，要求相关组织作出说明，调取个人有关事项报告，查阅复制文件、账目、档案等资料，查核资产情况和有关信息，进行鉴定勘验。对被核查人及相关人员主动上交的财物，核查组应当予以暂扣。”

---

① ABCD

《中华人民共和国监察法实施条例》第五十五条第一款规定:“监察机关在初步核实中,可以依法采取谈话、询问、查询、调取、勘验检查、鉴定措施;立案后可以采取讯问、留置、冻结、搜查、查封、扣押、通缉措施。需要采取技术调查、限制出境措施的,应当按照规定交有关机关依法执行。设区的市级以下监察机关在初步核实中不得采取技术调查措施。”因此,选项A、B、C、D正确。查封、扣押(暂扣、封存)涉案款物和搜查,均只有立案后才可以实施。选项E、F错误。

□ **29. 初步核实情况报告,包括哪些内容?( )**

A. 被核查人基本情况、反映的主要问题

B. 办理依据

C. 初步核实结果

D. 存在疑点

E. 处理建议

参考答案:________①。

解析:《中国共产党纪律检查机关监督执纪工作规则》第三十五条第一款规定,初步核实工作结束后,核查组应当撰写初步核实情况报告,列明被核查人基本情况、反映的主要问题、办理依据以及初步核实结果、存在疑点、处理建议,由核查组全体人员签名备查。

《中华人民共和国监察法实施条例》第一百七十九条规定,核查组在初步核实工作结束后应当撰写初步核实情况报告,列明被核查人基本情况、反映的主要问题、办理依据、初步核实结果、存在疑点、处理建议,由全体人员签名。承办部门应当综合分析初步核实情况,按照拟立案调查、予以了结、谈话提醒、暂存待查,或者移送有关部门、机关处理等方式提出处置建议,按照批准初步核实的程序报批。

□ **30. 关于立案审查调查,理解正确的有:( )**

A. 对司法机关已作出生效有罪判决的,纪检监察机关可依据生效判决、裁定直接予以处分

B. 立案审查调查决定均应当向被审查调查人宣布,并向被审查调查人所在党委(党组)主要负责人通报

C. 纪检监察机关只有经过初步核实,确认党员、干部以及监察对象涉嫌违纪或者职务违

① ABCDE

法、职务犯罪，需要追究纪律或者法律责任的，才能立案审查调查

D. 纪检监察机关对同级党委管理的党员、监察对象决定立案审查调查的，均应经纪检监察机关主要负责人审批，报同级党委主要负责人批准

E. 对一般违纪或者职务违法案件立案审查调查，不需要纪检监察机关主要负责人主持召开由纪检监察机关相关负责人参加的专题会议，研究批准审查调查方案

参考答案：________[①]。

解析：有些案件事实清楚、证据确凿充分，如媒体广泛报道，或者事故类问责案件，也可以不经过初核直接立案审查调查。故选项 C 表述过于绝对，不正确。

《中华人民共和国监察法实施条例》第一百八十一条第三款规定，监察机关根据人民法院生效刑事判决、裁定和人民检察院不起诉决定认定的事实，需要对监察对象给予政务处分的，可以由相关监督检查部门依据司法机关的生效判决、裁定、决定及其认定的事实、性质和情节，提出给予政务处分的意见，按程序移送审理。对依法被追究行政法律责任的监察对象，需要给予政务处分的，应当依法办理立案手续。据此，选项 A 正确。

《中华人民共和国监察法实施条例》第一百八十四条第一款规定："批准立案后，应当由二名以上调查人员出示证件，向被调查人宣布立案决定。宣布立案决定后，应当及时向被调查人所在单位等相关组织送达《立案通知书》，并向被调查人所在单位主要负责人通报。"据此，选项 B 正确。

《中国共产党纪律检查机关监督执纪工作规则》第三十八条规定："对符合立案条件的，承办部门应当起草立案审查调查呈批报告，经纪检监察机关主要负责人审批，报同级党委主要负责人批准，予以立案审查调查。立案审查调查决定应当向被审查调查人宣布，并向被审查调查人所在党委（党组）主要负责人通报。"据此，选项 D 正确。

《中国共产党纪律检查机关监督执纪工作规则》第三十九条第一款规定，对涉嫌"严重"违纪或者职务违法、职务犯罪人员立案审查调查，纪检监察机关主要负责人应当主持召开由纪检监察机关相关负责人参加的专题会议，研究批准审查调查方案。据此，选项 E 正确。

□ 31. 对涉嫌严重违纪或者职务违法、职务犯罪人员立案审查调查审批权限，表述正确的有：（ ）

A. 监督检查、审查调查部门主要负责人组织研究提出审查调查谈话方案、外查方案和处

---

① ABDE

置意见建议，审批一般信息查询，对调查取证审核把关

B. 纪检监察机关相关负责人批准成立审查调查组，确定审查调查谈话方案、外查方案，审批重要信息查询、涉案财物查扣等事项

C. 纪检监察机关主要负责人研究批准审查调查方案

D. 审查调查组组长应当严格执行审查调查方案

参考答案：________①。

解析：《中国共产党纪律检查机关监督执纪工作规则》第三十九条第一款规定："对涉嫌严重违纪或者职务违法、职务犯罪人员立案审查调查，纪检监察机关主要负责人应当主持召开由纪检监察机关相关负责人参加的专题会议，研究批准审查调查方案。"据此，选项 C 正确。

该法第三十九条第二款规定："纪检监察机关相关负责人批准成立审查调查组，确定审查调查谈话方案、外查方案，审批重要信息查询、涉案财物查扣等事项。"据此，选项 B 正确。

该法第三十九条第三款规定："监督检查、审查调查部门主要负责人组织研究提出审查调查谈话方案、外查方案和处置意见建议，审批一般信息查询，对调查取证审核把关。"据此，选项 A 正确。

该法第三十九条第四款规定："审查调查组组长应当严格执行审查调查方案，不得擅自更改；以书面形式报告审查调查进展情况，遇有重要事项及时请示。"据此，选项 D 正确。

□ 32. 审查调查组经审批可以采取的审查调查措施有：（　）

A. 谈话、讯问、询问　　B. 留置

C. 查询、冻结、调取　　D. 搜查、勘验检查、鉴定

E. 查封、扣押（暂扣、封存）

参考答案：________②。

解析：《中国共产党纪律检查机关监督执纪工作规则》第四十条第一款规定，审查调查组可以依照党章党规和监察法，经审批进行谈话、讯问、询问、留置、查询、冻结、搜查、调取、查封、扣押（暂扣、封存）、勘验检查、鉴定，提请有关机关采取技术调查、通缉、限制出境等措施。

---

① ABCD

② ABCDE

□ **33. 纪检监察机关查封、扣押(暂扣、封存)、冻结、移交涉案财物,应当遵守下列规定:( )**

A. 查封、扣押(暂扣、封存)、冻结、移交涉案财物,应当严格履行审批手续

B. 执行查封、扣押(暂扣、封存)措施,办案人员应当会同原财物持有人或者保管人、见证人,当面逐一拍照、登记、编号

C. 现场填写登记表,由在场人员签名

D. 对价值不明物品应当及时鉴定,专门封存保管

E. 指定专门人员保管涉案财物

参考答案:________①。

解析:《中国共产党纪律检查机关监督执纪工作规则》第四十七条规定:"查封、扣押(暂扣、封存)、冻结、移交涉案财物,应当严格履行审批手续。执行查封、扣押(暂扣、封存)措施,监督执纪人员应当会同原财物持有人或者保管人、见证人,当面逐一拍照、登记、编号,现场填写登记表,由在场人员签名。对价值不明物品应当及时鉴定,专门封存保管。纪检监察机关应当设立专用账户、专门场所,指定专门人员保管涉案财物,严格履行交接、调取手续,定期对账核实。严禁私自占有、处置涉案财物及其孳息。"

□ **34. 纪检监察机关应当对涉嫌违纪或者违法、犯罪案件严格依规依纪依法审核把关,提出纪律处理或者处分的意见,做到( )。**

A. 事实清楚、证据确凿　　　　B. 定性准确

C. 处理恰当　　　　D. 手续完备

E. 程序合规

参考答案:________②。

解析:《中国共产党纪律检查机关监督执纪工作规则》第五十三条第一款规定,纪检监察机关应当对涉嫌违纪或者违法、犯罪案件严格依规依纪依法审核把关,提出纪律处理或者处分的意见,做到事实清楚、证据确凿、定性准确、处理恰当、手续完备、程序合规。

□ **35. 纪检监察机关对反映________,________,________,________的问题线索和线**

---

① ABCDE

② ABCDE

索处置情况,应当及时向上级纪检监察机关报告。( )

A. 同级党委委员、候补委员　　B. 所辖地区、部门、单位主要负责人

C. 同级纪委常委　　D. 同级监委委员

参考答案:________①。

解析:《中国共产党纪律检查机关监督执纪工作规则》第二十二条规定,纪检监察机关对反映同级党委委员、候补委员,纪委常委、监委委员,以及所辖地区、部门、单位主要负责人的问题线索和线索处置情况,应当及时向上级纪检监察机关报告。

□ **36. 纪检监察机关应当结合问题线索所涉及地区、部门、单位总体情况,综合分析,按照哪些方式进行处置?( )**

A. 谈话函询　　B. 初步核实

C. 立案审查调查　　D. 予以了结、暂存待查

参考答案:________②。

解析:《中国共产党纪律检查机关监督执纪工作规则》第二十一条规定,纪检监察机关应当结合问题线索所涉及地区、部门、单位总体情况,综合分析,按照谈话函询、初步核实、暂存待查、予以了结 4 类方式进行处置。立案审查调查不是线索处置方式。

□ **37. 纪检监察机关承办部门初步核实结束后,可以提出哪些处置建议?( )**

A. 立案审查调查　　B. 予以了结

C. 暂存待查　　D. 移送有关党组织处理

E. 提醒谈话

参考答案:________③。

解析:《中国共产党纪律检查机关监督执纪工作规则》第三十五条第二款规定:"承办部门应当综合分析初步核实情况,按照拟立案审查调查、予以了结、谈话提醒、暂存待查,或者移送有关党组织处理等方式提出处置建议。"选项 E 提醒谈话与该条中的谈话提醒并非同一概念。

---

① ABCD

② ABD

③ ABCD

□ **38. 纪检监察机关应当做好干部选拔任用党风廉政意见回复工作，对反映问题线索认真核查，综合用好巡视巡察等其他监督成果，严把______、______、______、______。(　)**

A. 政治关　B. 品行关　C. 作风关　D. 廉洁关　E. 能力关

参考答案：________①。

解析：《中国共产党纪律检查机关监督执纪工作规则》第十八条规定："纪检监察机关应当做好干部选拔任用党风廉政意见回复工作，对反映问题线索认真核查，综合用好巡视巡察等其他监督成果，严把政治关、品行关、作风关、廉洁关。"

□ **39. 纪检监察机关应当建立健全党员领导干部廉政档案，主要内容包括：(　)**

A. 任免情况、人事档案情况、因不如实报告个人有关事项受到处理的情况等

B. 巡视巡察、信访、案件监督管理以及其他方面移交的问题线索和处置情况

C. 开展谈话函询、初步核实、审查调查以及其他工作形成的有关材料

D. 党风廉政意见回复材料

E. 其他反映廉政情况的材料

参考答案：________②。

解析：《中国共产党纪律检查机关监督执纪工作规则》第十七条第一款规定："纪检监察机关应当建立健全党员领导干部廉政档案，主要内容包括：(一)任免情况、人事档案情况、因不如实报告个人有关事项受到处理的情况等；(二)巡视巡察、信访、案件监督管理以及其他方面移交的问题线索和处置情况；(三)开展谈话函询、初步核实、审查调查以及其他工作形成的有关材料；(四)党风廉政意见回复材料；(五)其他反映廉政情况的材料。"

□ **40. 执纪审查的重点是：________，________，________，三类情况同时具备的是重中之重。(　)**

A. 不收敛不收手

B. 问题线索反映集中、群众反映强烈

C. 现在重要岗位且可能还要提拔使用的领导干部

D. 贪污受贿、失职渎职

---

① ABCD

② ABCDE

参考答案：________[1]。

解析：《中国共产党党内监督条例》第三十二条中规定："依规依纪进行执纪审查，重点审查不收敛不收手，问题线索反映集中、群众反映强烈，现在重要岗位且可能还要提拔使用的领导干部，三类情况同时具备的是重中之重。"

□ **41. 对________，________，________，________的，应当点名道姓通报曝光。（ ）**

A. 违反中央八项规定精神

B. 严重违纪被立案审查开除党籍

C. 严重失职失责被问责

D. 发生在群众身边、影响恶劣的不正之风和腐败问题

E. 贪污受贿数额巨大

参考答案：________[2]。

解析：《中国共产党党内监督条例》第三十三条中规定："对违反中央八项规定精神的，严重违纪被立案审查开除党籍的，严重失职失责被问责的，以及发生在群众身边、影响恶劣的不正之风和腐败问题，应当点名道姓通报曝光。"

□ **42. 党员应当本着对党和人民事业高度负责的态度，积极行使党员权利，履行下列监督义务：（ ）**

A. 加强对党的领导干部的民主监督，及时向党组织反映群众意见和诉求

B. 在党的会议上有根据地批评党的任何组织和任何党员，揭露和纠正工作中存在的缺点和问题

C. 参加党组织开展的评议领导干部活动，勇于触及矛盾问题、指出缺点错误，对错误言行敢于较真、敢于斗争

D. 向党负责地揭发、检举党的任何组织和任何党员违纪违法的事实，坚决反对一切派别活动和小集团活动，同腐败现象作坚决斗争

参考答案：________[3]。

解析：《中国共产党党内监督条例》第三十六条规定："党员应当本着对党和人民事业高

---

① ABC

② ABCD

③ ABCD

度负责的态度,积极行使党员权利,履行下列监督义务:(一)加强对党的领导干部的民主监督,及时向党组织反映群众意见和诉求;(二)在党的会议上有根据地批评党的任何组织和任何党员,揭露和纠正工作中存在的缺点和问题;(三)参加党组织开展的评议领导干部活动,勇于触及矛盾问题、指出缺点错误,对错误言行敢于较真、敢于斗争;(四)向党负责地揭发、检举党的任何组织和任何党员违纪违法的事实,坚决反对一切派别活动和小集团活动,同腐败现象作坚决斗争。"

□ **43.《中国共产党纪律处分条例》明确规定应当从重或者加重处分的有:( )**

A. 搞有组织的拉票贿选,或者用公款拉票贿选的

B. 对批评人、检举人、控告人、证人及其他人员打击报复的

C. 违反有关规定扣留、收缴正在脱贫的群众款物或者处罚正在脱贫的群众的

D. 在上级检查、视察工作或者向上级汇报、报告工作时纵容、唆使、暗示、强迫下级说假话、报假情的

参考答案:________①。

解析:《中国共产党纪律处分条例》第七十五条第二款规定:"搞有组织的拉票贿选,或者用公款拉票贿选的,从重或者加重处分。"据此,选项 A 正确。

《中国共产党纪律处分条例》第七十九条第二款规定:"对批评人、检举人、控告人、证人及其他人员打击报复的,从重或者加重处分。"据此,选项 B 正确。

《中国共产党纪律处分条例》第一百一十二条第一款第二项规定,有下列行为之一,对直接责任者和领导责任者,情节较轻的,给予警告或者严重警告处分;情节较重的,给予撤销党内职务或者留党察看处分;情节严重的,给予开除党籍处分:"(二)违反有关规定扣留、收缴群众款物或者处罚群众的;"第二款规定:"在扶贫领域有上述行为的,从重或者加重处分。"据此,选项 C 正确。

《中国共产党纪律处分条例》第一百二十五条第二款规定:"在上级检查、视察工作或者向上级汇报、报告工作时纵容、唆使、暗示、强迫下级说假话、报假情的,从重或者加重处分。"据此,选项 D 正确。

---

① ABCD

□ **44. 纪检监察机关开展澄清的方式方法主要有:(　)**

A. 书面澄清　　B. 当面澄清　　C. 会议澄清　　D. 通报澄清

参考答案:________①。

解析:根据中央纪委国家监委《关于做好失实检举控告澄清工作的意见》的规定,澄清方式包括书面澄清、当面澄清、会议澄清、通报澄清等。

法规依据

《纪检监察机关处理检举控告工作规则》第五十条　纪检监察机关核查认定检举控告失实、有必要予以澄清的,经本机关主要负责人批准后,可以采取以下方式予以澄清:

(一)向被检举控告人所在地区、部门、单位党委(党组)主要负责人以及本人发函说明或者当面说明;

(二)向被检举控告人所在地区、部门、单位党委(党组)通报情况;

(三)在一定范围内通报。

□ **45. 纪检监察机关处置违纪违法问题线索过程中,应当坚持党的领导。下列哪些选项需要报同级党委主要负责人批准?(　)**

A. 以谈话的方式处置下一级党委(党组)主要负责人问题线索

B. 对下一级党委(党组)主要负责人进行初步核实

C. 下一级党委(党组)主要负责人的初步核实情况报告,纪检监察机关应当报同级党委主要负责人批准

D. 对同级党委管理的干部决定立案审查调查

参考答案:________②。

解析:选项A出自《监察机关监督执法工作规定》,请认真学习,并牢记。

根据《中国共产党纪律检查机关监督执纪工作规则》第三十三条、第三十八条,对下一级党委(党组)主要负责人,无论是初核,还是立案,都需要报同级党委主要负责人批准方能进行。

《中国共产党纪律检查机关监督执纪工作规则》第三十三条中规定:"被核查人为下一

---

① ABCD

② ABD

级党委(党组)主要负责人的,纪检监察机关应当报同级党委主要负责人批准。"据此,选项B正确。

《中国共产党纪律检查机关监督执纪工作规则》第三十八条中规定:"对符合立案条件的,承办部门应当起草立案审查调查呈批报告,经纪检监察机关主要负责人审批,报同级党委主要负责人批准,予以立案审查调查。"据此,选项D正确。

《中国共产党纪律检查机关监督执纪工作规则》第三十五条中规定:"初步核实情况报告应当报纪检监察机关主要负责人审批,必要时向同级党委主要负责人报告。"据此,选项C错误。

□ 46. 公务员职级实行能上能下,具有下列情形之一的,应当按照规定降低职级:( )

A. 不能胜任职位职责要求的　　B. 年度考核被确定为不称职等次的

C. 受到降职处理　　D. 受到撤职处分的

参考答案:________①。

解析:《公务员职务与职级并行规定》第二十二条规定:"公务员职级实行能上能下,具有下列情形之一的,应当按照规定降低职级:(一)不能胜任职位职责要求的;(二)年度考核被确定为不称职等次的;(三)受到降职处理或者撤职处分的;(四)法律法规和党内法规规定的其他情形。"

□ 47. 党内监督的主要内容有哪些?( )

A. 遵守党章党规,坚定理想信念,践行党的宗旨,模范遵守宪法法律情况

B. 维护党中央集中统一领导,牢固树立政治意识、大局意识、核心意识、看齐意识,贯彻落实党的理论和路线方针政策,确保全党令行禁止情况

C. 坚持民主集中制,严肃党内政治生活,贯彻党员个人服从党的组织,少数服从多数,下级组织服从上级组织,全党各个组织和全体党员服从党的全国代表大会和中央委员会原则情况

D. 落实全面从严治党责任,严明党的纪律特别是政治纪律和政治规矩,推进党风廉政建设和反腐败工作情况

E. 落实中央八项规定精神,加强作风建设,密切联系群众,巩固党的执政基础情况

---

① ABCD

F. 坚持党的干部标准，树立正确选人用人导向，执行干部选拔任用工作规定情况

G. 廉洁自律、秉公用权情况

H. 完成党中央和上级党组织部署的任务情况

参考答案：________[①]。

解析：《中国共产党党内监督条例》第五条第二款规定："党内监督的主要内容是：(一)遵守党章党规，坚定理想信念，践行党的宗旨，模范遵守宪法法律情况；(二)维护党中央集中统一领导，牢固树立政治意识、大局意识、核心意识、看齐意识，贯彻落实党的理论和路线方针政策，确保全党令行禁止情况；(三)坚持民主集中制，严肃党内政治生活，贯彻党员个人服从党的组织，少数服从多数，下级组织服从上级组织，全党各个组织和全体党员服从党的全国代表大会和中央委员会原则情况；(四)落实全面从严治党责任，严明党的纪律特别是政治纪律和政治规矩，推进党风廉政建设和反腐败工作情况；(五)落实中央八项规定精神，加强作风建设，密切联系群众，巩固党的执政基础情况；(六)坚持党的干部标准，树立正确选人用人导向，执行干部选拔任用工作规定情况；(七)廉洁自律、秉公用权情况；(八)完成党中央和上级党组织部署的任务情况。"

□ 48. 根据《中国共产党纪律检查机关监督执纪工作规则》有关规定，下列哪些人员的问题线索和线索处置情况，应当及时向上级纪检监察机关报告？（　）

A. 同级党委委员、候补委员　　B. 同级纪委委员、监委委员

C. 同级纪委常委、监委委员　　D. 所辖地区、部门、单位主要负责人

参考答案：________[②]。

解析：根据《中国共产党纪律检查机关监督执纪工作规则》第二十二条的规定，纪检监察机关对反映同级党委委员、候补委员，纪委常委、监委委员，以及所辖地区、部门、单位主要负责人的问题线索和线索处置情况，应当及时向上级纪检监察机关报告。

□ 49. 纪检监察机关处理检举控告工作应当遵循哪些原则？（　）

A. 实事求是　　B. 依规依纪依法

C. 保障合法权利　　D. 分级负责、分工处理

---

① ABCDEFGH

② ACD

参考答案:________①。

解析:《纪检监察机关处理检举控告工作规则》第五条规定:“纪检监察机关处理检举控告工作应当遵循以下原则:(一)实事求是。以事实为依据处理检举控告,鼓励支持检举控告人客观真实地反映情况。(二)依规依纪依法。按照党章党规党纪和宪法法律以及信访工作有关规定处理检举控告,引导检举控告人依规依法、理性有序地反映问题。(三)保障合法权利。贯彻‘三个区分开来’要求,既保障检举控告人的监督权利,又查处诬告陷害行为,保护党员、干部干事创业积极性。(四)分级负责、分工处理。按照管理权限受理检举控告,建立信访举报、监督检查、审查调查、案件监督管理等部门相互配合、相互制约的工作机制。”

□ 50. 检举控告人通过哪些方式向纪检监察机关提出检举控告?( )

A. 向纪检监察机关邮寄信件反映

B. 到纪检监察机关指定的接待场所当面反映

C. 拨打纪检监察机关检举控告电话反映

D. 向纪检监察机关的检举控告网站、微信公众平台、手机客户端等网络举报受理平台发送电子材料反映

E. 通过纪检监察机关设立的其他渠道反映

参考答案:________②。

解析:《纪检监察机关处理检举控告工作规则》第七条规定:“纪检监察机关应当接收检举控告人通过以下方式提出的检举控告:(一)向纪检监察机关邮寄信件反映的;(二)到纪检监察机关指定的接待场所当面反映的;(三)拨打纪检监察机关检举控告电话反映的;(四)向纪检监察机关的检举控告网站、微信公众平台、手机客户端等网络举报受理平台发送电子材料反映的;(五)通过纪检监察机关设立的其他渠道反映的。对其他机关、部门、单位转送的属于纪检监察机关受理范围的检举控告,应当按规定予以接收。”

□ 51. 检举控告工作按照管理权限实行分级受理,以下说法正确的有:( )

A. 中央纪委国家监委受理反映中央委员、候补中央委员,中央纪委委员,中央管理的领导干部,党中央工作机关、党中央批准设立的党组(党委),各省、自治区、直辖市党委、纪委等

---

① ABCD

② ABCDE

涉嫌违纪或者职务违法、职务犯罪问题的检举控告

B. 地方各级纪委监委受理反映同级党委委员、候补委员，同级纪委委员，同级党委管理的党员、干部以及监察对象，同级党委工作机关、党委批准设立的党组（党委），下一级党委、纪委等涉嫌违纪或者职务违法、职务犯罪问题的检举控告

C. 基层纪委受理反映同级党委管理的党员，同级党委下属的各级党组织涉嫌违纪问题的检举控告；未设立纪律检查委员会的党的基层委员会，由该委员会受理检举控告

D. 各级纪委监委按照管理权限受理反映本机关干部涉嫌违纪或者职务违法、职务犯罪问题的检举控告

参考答案：________①。

解析：《纪检监察机关处理检举控告工作规则》第十一条规定："检举控告工作按照管理权限实行分级受理：（一）中央纪委国家监委受理反映中央委员、候补中央委员，中央纪委委员，中央管理的领导干部，党中央工作机关、党中央批准设立的党组（党委），各省、自治区、直辖市党委、纪委等涉嫌违纪或者职务违法、职务犯罪问题的检举控告。（二）地方各级纪委监委受理反映同级党委委员、候补委员，同级纪委委员，同级党委管理的党员、干部以及监察对象，同级党委工作机关、党委批准设立的党组（党委），下一级党委、纪委等涉嫌违纪或者职务违法、职务犯罪问题的检举控告。（三）基层纪委受理反映同级党委管理的党员，同级党委下属的各级党组织涉嫌违纪问题的检举控告；未设立纪律检查委员会的党的基层委员会，由该委员会受理检举控告。各级纪委监委按照管理权限受理反映本机关干部涉嫌违纪或者职务违法、职务犯罪问题的检举控告。"

□ **52. 纪检监察机关对反映的以下哪些事项，不予受理？（ ）**

A. 已经或者依法应当通过诉讼、仲裁、行政裁决、行政复议等途径解决的

B. 依照有关规定，属于其他机关或者单位职责范围的

C. 仅列举出违纪或者职务违法、职务犯罪行为名称但无实质内容的

D. 对检举、控告、申诉的问题已经得到正确处理，当事人仍无理纠缠而提出反映的

参考答案：________②。

解析：《纪检监察机关处理检举控告工作规则》第十三条中规定："纪检监察机关对反映

---

① ABCD

② ABCD

的以下事项,不予受理:(一)已经或者依法应当通过诉讼、仲裁、行政裁决、行政复议等途径解决的;(二)依照有关规定,属于其他机关或者单位职责范围的;(三)仅列举出违纪或者职务违法、职务犯罪行为名称但无实质内容的。"据此,选项A、B、C正确。《中国共产党纪律检查机关控告申诉工作条例》第三十七条规定:"对检举、控告、申诉的问题已经得到正确处理,当事人仍无理纠缠,影响工作秩序的,应当进行批评教育;对不听劝告、屡教不改的,可请公安部门协助处理。"此时,不会因当事人无理纠缠而予以受理。选项D正确。

□ 53. 监督检查部门对属于本级受理的检举控告,应当结合日常监督掌握的情况,进行综合分析、适当了解,经集体研究并履行报批程序后,以哪些方式处置?(　)

A. 谈话函询　　B. 初步核实　　C. 暂存待查　　D. 予以了结

E. 移送审查调查部门

参考答案:________[①]。

解析:《纪检监察机关处理检举控告工作规则》第十七条第二款规定:"监督检查部门对属于本级受理的检举控告,应当结合日常监督掌握的情况,进行综合分析、适当了解,经集体研究并履行报批程序后,以谈话函询、初步核实、暂存待查、予以了结等方式处置,或者按规定移送审查调查部门处置。"

□ 54. 纪检监察机关信访举报部门对属于下级纪检监察机关受理的检举控告,有以下情形之一,经本机关分管领导批准,可以发函交办:(　)

A. 在落实党中央决策部署中,存在明显违纪违法问题的

B. 问题典型、群众反映强烈的

C. 对检举控告问题久拖不办,造成不良影响的

D. 其他需要交办的情形

参考答案:________[②]。

解析:《纪检监察机关处理检举控告工作规则》第二十条规定:"纪检监察机关信访举报部门对属于下级纪检监察机关受理的检举控告,有以下情形之一,经本机关分管领导批准,可以发函交办:(一)在落实党中央决策部署中,存在明显违纪违法问题的;(二)问题典型、

---

① ABCDE

② ABCD

群众反映强烈的;(三)对检举控告问题久拖不办,造成不良影响的;(四)其他需要交办的情形。”

□ **55. 诬告陷害具有以下情形之一,应当从重处理:(　)**

A. 手段恶劣,造成不良影响的

B. 严重干扰换届选举或者干部选拔任用工作的

C. 经调查已有明确结论,仍诬告陷害他人的

D. 强迫、唆使他人诬告陷害的

E. 其他造成严重后果的

参考答案:________①。

解析:《纪检监察机关处理检举控告工作规则》第四十一条规定:“诬告陷害具有以下情形之一,应当从重处理:(一)手段恶劣,造成不良影响的;(二)严重干扰换届选举或者干部选拔任用工作的;(三)经调查已有明确结论,仍诬告陷害他人的;(四)强迫、唆使他人诬告陷害的;(五)其他造成严重后果的。”

□ **56. 纪检监察机关在收集证据时,应遵守相关规定,下列表述正确的有:(　)**

A. 证据必须经过审核属实,才能作为定案的根据

B. 收集违犯党纪案件的证据,必须由党的纪律检查工作人员或党组织委派的2名或者2名以上党员负责进行

C. 收集物证应尽可能提取原物。物证能随卷保存的即随卷保存,不能提取的原物或不能随卷保存的原物应拍成照片入卷,并注明原物存放何处

D. 收集书证采用提取会议记录、介绍信、文件、个人记录、私人信件、日记等方法,并尽可能提取原件。如不能提取原件的,用摘抄或复印的方法提取,但应注明出处、原件保存单位,并应由原件保存单位加盖公章

E. 对可作为书证的私人日记、信件等原始材料的收集只能采取动员的方法,不得强行收集

参考答案:________②。

---

① ABCDE

② ABCDE

解析:《中共中央纪律检查委员会关于查处党员违纪案件中收集、鉴别、使用证据的具体规定》第二条第二款规定:“证据必须经过审核属实,才能作为定案的根据。”选项A正确。

该法第四条中规定:“收集违犯党纪案件的证据,由党的纪律检查工作人员或党组织委派的党员负责进行,收集证据必须两人以上。收集证据要及时、客观、全面。”选项B正确。

该法第五条规定:“收集物证应尽可能提取原物。物证能随卷保存的即随卷保存,不能提取的原物或不能随卷保存的原物应拍成照片入卷,并注明原物存放何处。”选项C正确。

该法第六条第一款规定:“收集书证采用提取会议记录、介绍信、文件、个人记录、私人信件、日记等方法,并尽可能提取原件。如不能提取原件的,用摘抄或复印的方法提取,但应注明出处、原件保存单位,并应由原件保存单位加盖公章。摘抄或复印会议记录、个人记录、私人日记时,要注意时间的连续性,节录材料不得断章取义。”选项D正确。

该法第六条第三款规定:“对可作为书证的私人日记、信件等原始材料的收集只能采取动员的方法,不得强行收集,涉及个人阴私的,有关党组织应为其保密。”选项E正确。

□ 57. 纪检监察机关在鉴别证据时,应遵守相关规定,下列表述正确的有:( )

A. 对物证的鉴别,要审查是否错误地收集了疑似的物品和痕迹,收集的物证是否伪造,有无栽赃陷害的情况。研究、分析所取物证与案件事实的联系,确定其有无证明作用

B. 对书证的鉴别,要查清其原始制作人,是在何种情况下制作的,是否伪造,节录材料是否断章取义,所记载的内容有无差错,联系其他证据判断所取书证的真实性

C. 对证人证言的鉴别,要注意审查证言的内容与案件事实是否有联系,来源有无问题,是否受到外界不正常因素的干扰,是否属实,证言前后是否一致,有无矛盾。不得采用对质的方法鉴别证言

D. 对受审查党员陈述的鉴别,要审查其交待或申辩前后是否一致,有无矛盾,将交待或申辩与其他证据相对照,看其是否合情合理,是否属实

E. 对视听材料的鉴别,要注意是否伪造,是否被裁剪,是否拼接组合

参考答案:________①。

解析:《中共中央纪律检查委员会关于查处党员违纪案件中收集、鉴别、使用证据的具体规定》第十三条规定:“对物证的鉴别,要审查是否错误地收集了疑似的物品和痕迹,收集的物证是否伪造,有无栽赃陷害的情况。研究、分析所取物证与案件事实的联系,确定其有无

---

① ABCDE

证明作用。”选项 A 正确。

该法第十四条规定:“对书证的鉴别,要查清其原始制作人,是在何种情况下制作的,是否伪造,节录材料是否断章取义,所记载的内容有无差错,联系其他证据判断所取书证的真实性。”选项 B 正确。

该法第十五条规定:“对证人证言的鉴别,要注意审查证言的内容与案件事实是否有联系,来源有无问题,是否受到外界不正常因素的干扰,是否属实,证言前后是否一致,有无矛盾。不得采用对质的方法鉴别证言。”选项 C 正确。

该法第十六条规定:“对受审查党员陈述的鉴别,要审查其交待或申辩前后是否一致,有无矛盾,将交待或申辩与其他证据相对照,看其是否合情合理,是否属实。”选项 D 正确。

该法第十七条规定:“对视听材料的鉴别,要注意是否伪造,是否被裁剪,是否拼接组合。”选项 E 正确。

□ 58. 关于诫勉谈话和谈话函询的谈话的区别,说法正确的有:(　　)

A. 谈话主体不同。纪委(纪检组)、党的工作部门、上级党组织负责人可以进行诫勉谈话。谈话函询的谈话既可以由纪检监察机关工作人员进行,也可以委托谈话对象所在党组织主要负责人进行

B. 针对问题不同。诫勉谈话是针对存在轻微违纪但免予党纪政务处分的问题,《问责条例》将诫勉(包括诫勉谈话和书面诫勉)作为对党的领导干部问责的方式,适用失职失责、情节较轻的情形。谈话函询的谈话针对的是一般性违纪问题的线索反映

C. 性质不同。谈话函询的谈话是一种处置性(过程性)谈话,而诫勉谈话是一种结果性谈话

D. 是否存在影响期不同。诫勉谈话有六个月的影响期,而谈话函询则没有影响期的规定

参考答案:________①。

解析:依据《中国共产党纪律检查机关监督执纪工作规则》第十五条规定,纪检监察机关发现苗头性、倾向性问题或者轻微违纪问题,应当及时约谈提醒、批评教育、责令检查、诫勉谈话。第三十条关于谈话函询后根据不同情形进行分类处置的规定中,将诫勉谈话作为谈话函询后问题轻微不需要追究纪律责任的处理方式之一。

---

① ABCD

□ **59. 党员干部自觉遵守规矩，要做到“五个必须”。“五个必须”是指：（ ）**

A. 必须维护党中央权威，决不允许背离党中央要求另搞一套，必须在思想上政治上行动上同党中央保持高度一致，听从党中央指挥，不得阳奉阴违、自行其是，不得对党中央的大政方针说三道四，不得公开发表同中央精神相违背的言论

B. 必须维护党的团结，决不允许在党内培植私人势力，要坚持五湖四海，团结一切忠实于党的同志，团结大多数，不得以人划线，不得搞任何形式的派别活动

C. 必须遵循组织程序，决不允许擅作主张、我行我素，重大问题该请示的请示，该汇报的汇报，不允许超越权限办事，不能先斩后奏

D. 必须服从组织决定，决不允许搞非组织活动，不得跟组织讨价还价，不得违背组织决定，遇到问题要找组织、依靠组织，不得欺骗组织、对抗组织

E. 必须管好亲属和身边工作人员，决不允许他们擅权干政、谋取私利，不得纵容他们影响政策制定和人事安排、干预日常工作运行，不得默许他们利用特殊身份谋取非法利益

参考答案：________①。

解析：详见中共中央纪律检查委员会、中共中央文献研究室编：《习近平关于党风廉政建设和反腐败斗争论述摘编》，中央文献出版社、中国方正出版社2015年版。请牢记“五个必须”。

□ **60.《中国共产党重大事项请示报告条例》规定，党组织应当按照有关规定向上级党组织报备下列哪些事项？（ ）**

A. 党内法规和规范性文件

B. 领导班子成员分工

C. 有关干部任免

D. 党委委员、候补委员职务的辞去、免去或者自动终止

参考答案：________②。

解析：《中国共产党重大事项请示报告条例》第十五条规定：“党组织应当按照有关规定向上级党组织报备下列事项：（一）党内法规和规范性文件；（二）领导班子成员分工；（三）有关干部任免；（四）党委委员、候补委员职务的辞去、免去或者自动终止；（五）其他应当报备的重大事项。”

---

① ABCDE

② ABCD

□ **61. 习近平总书记在纪念辛亥革命110周年大会上的讲话中强调指出，要弘扬伟大建党精神，推进党的建设新的伟大工程，增强自我净化、自我完善、自我革新、自我提高能力，确保中国共产党始终成为中国人民和中华民族最可靠的主心骨。下列选项属于建党精神的有：(　)**

A. 坚持真理、坚守理想　　B. 践行初心、担当使命

C. 不怕牺牲、英勇斗争　　D. 对党忠诚、不负人民

参考答案：________①。

解析：习近平总书记在庆祝中国共产党成立100周年大会上的讲话中指出："一百年前，中国共产党的先驱们创建了中国共产党，形成了坚持真理、坚守理想，践行初心、担当使命，不怕牺牲、英勇斗争，对党忠诚、不负人民的伟大建党精神，这是中国共产党的精神之源。"

□ **62. 纪检监察机关初核结束后，可以提出的分类处理意见有：(　)**

A. 立案审查调查　　B. 予以了结　　C. 谈话提醒　　D. 暂存待查

E. 移送有关党组织处理

参考答案：________②。

解析：《中国共产党纪律检查机关监督执纪工作规则》第三十五条第二款规定："承办部门应当综合分析初步核实情况，按照拟立案审查调查、予以了结、谈话提醒、暂存待查，或者移送有关党组织处理等方式提出处置建议。"选项A、B、C、D、E正确。

---

① ABCD

② ABCDE

填 空 题

1. 在现阶段,我国社会的主要矛盾是________________________[①]。

解析:出自《中国共产党章程》总纲,请牢记。

2. 中国共产党在社会主义初级阶段的基本路线是:领导和团结全国各族人民,以经济建设为中心,坚持四项基本原则,坚持改革开放,自力更生,艰苦创业,为把我国建设成为________________[②]的社会主义现代化强国而奋斗。

解析:出自《中国共产党章程》总纲,请牢记。

3. ______________[③]是中国特色社会主义最本质的特征,是中国特色社会主义制度的最大优势。

解析:出自《中国共产党章程》总纲,请牢记。

4. 企业、农村、机关、学校、科研院所、街道社区、社会组织、人民解放军连队和其他基层单位,凡是有__________[④]以上的,都应当成立党的基层组织。

解析:出自《中国共产党章程》第三十条第一款,请牢记。

5. 党的基层组织,根据工作需要和党员人数,经上级党组织批准,分别设立____________[⑤]、__________[⑥]、_________[⑦]。基层委员会由党员大会或代表大会选举产生,总支部委员会和支部委员会由党员大会选举产生,提出委员候选人要广泛征求党员和群众的意见。

解析:出自《中国共产党章程》第三十条第二款,请牢记。

---

① 人民日益增长的美好生活需要和不平衡不充分的发展之间的矛盾
② 富强民主文明和谐美丽
③ 中国共产党的领导
④ 正式党员三人
⑤ 党的基层委员会
⑥ 总支部委员会
⑦ 支部委员会

6. 对党员的纪律处分有五种:________________________________①。

解析:出自《中国共产党章程》第四十一条第一款,请牢记。

7. 留党察看最长不超过两年。党员在留党察看期间没有________________②。党员经过留党察看,确已改正错误的,应当恢复其党员的权利;坚持错误不改的,应当开除党籍。

解析:出自《中国共产党章程》第四十一条第二款,请牢记。

8. 党的纪律主要包括________③、________④、________⑤、________⑥、________⑦、________⑧。

解析:出自《中国共产党章程》第四十条第一款,请牢记。

9. 两个维护:坚决维护习近平总书记__________⑨、__________⑩、坚决维护__________⑪。

解析:《中国共产党纪律处分条例》第二条规定:"党的纪律建设必须坚持以马克思列宁主义、毛泽东思想、邓小平理论、'三个代表'重要思想、科学发展观、习近平新时代中国特色社会主义思想为指导,坚持和加强党的全面领导,坚决维护习近平总书记党中央的核心、全党的核心地位,坚决维护党中央权威和集中统一领导,落实新时代党的建设总要求和全面从严治党战略部署,全面加强党的纪律建设。"

10. 三会一课:指定期召开____________________⑫。

解析:《关于新形势下党内政治生活的若干准则》规定:"坚持'三会一课'制度。党员必须参加党员大会、党小组会和上党课,党支部要定期召开支部委员会会议。'三会一课'要突出政治学习和教育,突出党性锻炼,坚决防止表面化、形式化、娱乐化、庸俗化。"

---

① 警告、严重警告、撤销党内职务、留党察看、开除党籍
② 表决权、选举权和被选举权
③ 政治纪律
④ 组织纪律
⑤ 廉洁纪律
⑥ 群众纪律
⑦ 工作纪律
⑧ 生活纪律
⑨ 党中央的核心
⑩ 全党的核心地位
⑪ 党中央权威和集中统一领导
⑫ 支部党员大会、支部委员会和党小组会,按时上好党课

11. 三大历史任务:＿＿＿＿＿①、＿＿＿＿＿②、＿＿＿＿＿＿＿③。

解析:《中国共产党章程》总纲规定:“坚定道路自信、理论自信、制度自信、文化自信,贯彻党的基本理论、基本路线、基本方略,为实现推进现代化建设、完成祖国统一、维护世界和平与促进共同发展这三大历史任务,实现‘两个一百年’奋斗目标、实现中华民族伟大复兴的中国梦而奋斗。”

12. 四个意识:＿＿＿＿④、＿＿＿＿⑤、＿＿＿＿⑥、＿＿＿＿⑦。

解析:《中国共产党纪律处分条例》第三条规定:“党章是最根本的党内法规,是管党治党的总规矩。党的纪律是党的各级组织和全体党员必须遵守的行为规则。党组织和党员必须牢固树立政治意识、大局意识、核心意识、看齐意识,自觉遵守党章,严格执行和维护党的纪律,自觉接受党的纪律约束,模范遵守国家法律法规。”

13. 四个自信:＿＿＿＿⑧、＿＿＿＿⑨、＿＿＿＿⑩、＿＿＿＿⑪。

解析:《中国共产党章程》总纲规定:“高举中国特色社会主义伟大旗帜,坚定道路自信、理论自信、制度自信、文化自信,贯彻党的基本理论、基本路线、基本方略,为实现推进现代化建设、完成祖国统一、维护世界和平与促进共同发展这三大历史任务,实现‘两个一百年’奋斗目标、实现中华民族伟大复兴的中国梦而奋斗。”

14. 监督执纪“四种形态”:

第一种形态:经常开展＿＿＿＿＿＿＿＿＿＿＿＿⑫成为常态;

第二种形态:让＿＿＿＿＿＿＿⑬成为违纪处理的大多数;

第三种形态:让＿＿＿＿＿＿＿⑭的成为少数;

---

① 推进现代化建设
② 完成祖国统一
③ 维护世界和平与促进共同发展
④ 政治意识
⑤ 大局意识
⑥ 核心意识
⑦ 看齐意识
⑧ 道路自信
⑨ 理论自信
⑩ 制度自信
⑪ 文化自信
⑫ 批评和自我批评、约谈函询,让“红红脸、出出汗”
⑬ 党纪轻处分、组织调整
⑭ 党纪重处分、重大职务调整

第四种形态:让__________①的成为极少数。

解析:《中国共产党纪律处分条例》第五条规定:“运用监督执纪‘四种形态’,经常开展批评和自我批评、约谈函询,让‘红红脸、出出汗’成为常态;党纪轻处分、组织调整成为违纪处理的大多数;党纪重处分、重大职务调整的成为少数;严重违纪涉嫌违法立案审查的成为极少数。”

15. 党内政治生活“四性”:__________②。

解析:《关于新形势下党内政治生活的若干准则》中规定:“新形势下加强和规范党内政治生活,必须以党章为根本遵循,坚持党的政治路线、思想路线、组织路线、群众路线,着力增强党内政治生活的政治性、时代性、原则性、战斗性,着力增强党自我净化、自我完善、自我革新、自我提高能力。”

16. 四个服从:____③。

解析:《中国共产党章程》第十条规定,党是根据自己的纲领和章程,按照民主集中制组织起来的统一整体。党的民主集中制的基本原则之一是:“党员个人服从党的组织,少数服从多数,下级组织服从上级组织,全党各个组织和全体党员服从党的全国代表大会和中央委员会。”

17. 党员受到警告处分____④内、受到严重警告处分______⑤内,不得在党内提升职务和向党外组织推荐担任高于其原任职务的党外职务。

解析:《中国共产党纪律处分条例》第十条规定:“党员受到警告处分一年内、受到严重警告处分一年半内,不得在党内提升职务和向党外组织推荐担任高于其原任职务的党外职务。”

18. 撤销党内职务处分,是指撤销受处分党员由__________⑥的党内职务。对于在党内担任两个以上职务的,党组织在作处分决定时,应当明确是撤销其一切职务还是

① 严重违纪涉嫌违法立案审查

② 政治性、时代性、原则性、战斗性

③ 党员个人服从党的组织,少数服从多数,下级组织服从上级组织,全党各个组织和全体党员服从党的全国代表大会和中央委员会

④ 一年

⑤ 一年半

⑥ 党内选举或者组织任命

一个或者几个职务。如果决定撤销其一个职务，必须撤销其担任的最高职务。如果决定撤销其两个以上职务，则必须__________[①]开始依次撤销。对于在党外组织担任职务的，应当建议党外组织依照规定作出相应处理。

解析：出自《中国共产党纪律处分条例》第十一条第一款，请牢记。

19. 对于应当受到撤销党内职务处分，但是本人没有担任党内职务的，应当给予其__________[②]。同时，在党外组织担任职务的，应当建议党外组织撤销其党外职务。

解析：出自《中国共产党纪律处分条例》第十一条第二款，请牢记。

20. 党员受到撤销党内职务处分，或者依照前款规定受到严重警告处分的，____[③]内不得在党内担任和向党外组织推荐担任与其原任职务相当或者高于其原任职务的职务。

解析：出自《中国共产党纪律处分条例》第十一条第三款，请牢记。

21. 留党察看处分，分为__________[④]、__________[⑤]。对于受到留党察看处分一年的党员，期满后仍不符合恢复党员权利条件的，应当延长一年留党察看期限。留党察看期限最长不得超过____[⑥]。

解析：出自《中国共产党纪律处分条例》第十二条第一款，请牢记。

22. 党员受留党察看处分期间，没有______[⑦]、______[⑧]和________[⑨]。留党察看期间，确有悔改表现的，期满后恢复其党员权利；坚持不改或者又发现其他应当受到党纪处分的违纪行为的，应当________[⑩]。

解析：出自《中国共产党纪律处分条例》第十二条第二款，请牢记。

23. 党员受到留党察看处分，其党内职务自然撤销。对于担任党外职务的，应当建议党外组织撤销其党外职务。受到留党察看处分的党员，恢复党员权利后____[⑪]内，不得在党内担任和向党外组织推荐担任与其原任职务相当或者高于其原任职务的职务。

---

① 从其担任的最高职务
② 严重警告处分
③ 二年
④ 留党察看一年
⑤ 留党察看二年
⑥ 二年
⑦ 表决权
⑧ 选举权
⑨ 被选举权
⑩ 开除党籍
⑪ 二年

解析：出自《中国共产党纪律处分条例》第十二条第三款，请牢记。

24. 党员受到开除党籍处分，____①内不得重新入党，也不得推荐担任与其原任职务相当或者高于其原任职务的党外职务。另有规定不准重新入党的，依照规定。

解析：出自《中国共产党纪律处分条例》第十三条，请牢记。

25. 党的各级代表大会的代表受到____________________②处分的，党组织应当终止其代表资格。

解析：出自《中国共产党纪律处分条例》第十四条，请牢记。

26. 建立健全党中央统一领导，____________③全面监督，____________④专责监督，____________⑤职能监督，____________⑥日常监督，党员民主监督的党内监督体系。

解析：出自《中国共产党党内监督条例》第九条，请牢记。

27. 坚持惩前毖后、治病救人，执纪必严、违纪必究，抓早抓小、防微杜渐，按照错误性质和情节轻重，给以批评教育直至纪律处分。运用监督执纪"四种形态"，让____________⑦成为常态，________⑧、________⑨成为管党治党的重要手段，________⑩、____________⑪的党员必须开除党籍。

解析：出自《中国共产党章程》第四十条第二款，请牢记。

28. 对党的中央委员会委员、候补委员，给以________________⑫，由中央纪律检查委员会常务委员会审议后，报党中央批准。对地方各级党的委员会委员、候补委员，给以警告、严重警告处分，应由________________⑬批准，并报________________⑭。

解析：出自《中国共产党章程》第四十二条第二款，请牢记。

---

① 五年
② 留党察看以上(含留党察看)
③ 党委(党组)
④ 纪律检查机关
⑤ 党的工作部门
⑥ 党的基层组织
⑦ "红红脸、出出汗"
⑧ 党纪处分
⑨ 组织调整
⑩ 严重违纪
⑪ 严重触犯刑律
⑫ 警告、严重警告处分
⑬ 上一级纪律检查委员会
⑭ 它的同级党的委员会备案

29. 对党的中央委员会和地方各级委员会的委员、候补委员，给以撤销党内职务、留党察看或开除党籍的处分，必须由本人所在的委员会全体会议__________①的多数决定。在全体会议闭会期间，可以先由中央政治局和地方各级委员会常务委员会作出处理决定，待召开委员会全体会议时予以追认。对地方各级委员会委员和候补委员的上述处分，必须经过上级纪律检查委员会常务委员会审议，由这一级纪律检查委员会报同级党的委员会批准。

解析：出自《中国共产党章程》第四十二条第三款，请牢记。

30. 党的地方各级纪律检查委员会和基层纪律检查委员会在__________________②双重领导下进行工作。上级党的纪律检查委员会加强对下级纪律检查委员会的___③。

解析：《中国共产党章程》第四十五条第一款规定："党的中央纪律检查委员会在党的中央委员会领导下进行工作。党的地方各级纪律检查委员会和基层纪律检查委员会在同级党的委员会和上级纪律检查委员会双重领导下进行工作。上级党的纪律检查委员会加强对下级纪律检查委员会的领导。"

31. 党的各级纪律检查委员会是____________④，主要任务是：维护________________⑤，检查__________________⑥，协助____⑦。

解析：出自《中国共产党章程》第四十六条第一款，请牢记。

32. 党的各级纪律检查委员会的职责是___⑧、___⑨、___⑩，要经常对党员进行遵守纪律的教育，作出关于维护党纪的决定；对党的组织和党员领导干部履行职责、行使权力进行监督，受理处置党员群众检举举报，开展_____________⑪；检查和处理党的组织和党员违反党的章程和其他党内法规的比较重要或复杂的案件，决定或取消对这些案件中的党员的处分；进行问责或提出责任追究的建议；受理党员的控告和申诉；保障党员的权利。

---

① 三分之二以上
② 同级党的委员会和上级纪律检查委员会
③ 领导
④ 党内监督专责机关
⑤ 党的章程和其他党内法规
⑥ 党的路线、方针、政策和决议的执行情况
⑦ 党的委员会推进全面从严治党、加强党风建设和组织协调反腐败工作
⑧ 监督
⑨ 执纪
⑩ 问责
⑪ 谈话提醒、约谈函询

解析:出自《中国共产党章程》第四十六条第二款,请牢记。

33. 各级纪律检查委员会发现同级党的委员会委员有违犯党的纪律的行为,可以先进行________①,如果需要立案检查的,应当在向同级党的委员会报告的同时向上一级纪律检查委员会报告;____________②,报告上一级纪律检查委员会,由上一级纪律检查委员会进行初步核实,__________③,由上一级纪律检查委员会报它的同级党的委员会批准。

解析:出自《中国共产党章程》第四十六条第四款,请牢记。

34. 上级纪律检查委员会有权____④下级纪律检查委员会的工作,并且有权________⑤下级纪律检查委员会对于案件所作的决定。如果所要改变的该下级纪律检查委员会的决定,已经得到它的同级党的委员会的批准,这种改变必须经过它的上一级党的委员会批准。

解析:出自《中国共产党章程》第四十七条第一款,请牢记。

35. 中国共产党党徽为____⑥和____⑦组成的图案。

解析:出自《中国共产党章程》第五十三条,请牢记。

36. 中国共产党党旗为旗面缀有__________⑧图案的红旗。

解析:出自《中国共产党章程》第五十四条,请牢记。

37. 中国共产党的________⑨是中国共产党的象征和标志。

解析:出自《中国共产党章程》第五十五条,请牢记。

38. 坚持和加强党的全面领导,最重要的是__________________________⑩;坚决维护党中央权威和集中统一领导,最关键的是____⑪。

解析:出自《中共中央关于加强党的政治建设的意见》,请牢记。

---

① 初步核实
② 涉及常务委员的
③ 需要审查的
④ 检查
⑤ 批准和改变
⑥ 镰刀
⑦ 锤头
⑧ 金黄色党徽
⑨ 党徽党旗
⑩ 坚决维护党中央权威和集中统一领导
⑪ 坚决维护习近平总书记党中央的核心、全党的核心地位

宪法法律法规知识点测试

纪检监察干部·手记

判 断 题

□ **1. 我国宪法的修改,由全国人民代表大会常务委员会或者五分之一以上的全国人民代表大会代表提议,并由全国人民代表大会以全体代表的二分之一以上的多数通过。( )**

参考答案:________①。

解析:《中华人民共和国宪法》第六十四条第一款规定,宪法的修改,由全国人民代表大会常务委员会或者五分之一以上的全国人民代表大会代表提议,并由全国人民代表大会以全体代表的"三分之二"以上的多数通过。

□ **2. 全国人民代表大会代表,非经全国人民代表大会会议主席团许可,在全国人民代表大会闭会期间非经全国人民代表大会常务委员会许可,不被留置、逮捕或者刑事审判。( )**

参考答案:________②。

解析:《中华人民共和国宪法》第七十四条规定:"全国人民代表大会代表,非经全国人民代表大会会议主席团许可,在全国人民代表大会闭会期间非经全国人民代表大会常务委员会许可,不受逮捕或者刑事审判。"宪法未规定,留置涉嫌违法犯罪的全国人大代表必须经全国人民代表大会会议主席团或者经全国人民代表大会常务委员会许可。

□ **3. 全国人民代表大会任期届满的两个月以前,全国人民代表大会常务委员会必须完成下届全国人民代表大会代表的选举。如果遇到不能进行选举的非常情况,由全国人民代表大会常务委员会以全体组成人员的二分之一以上的多数通过,可以推迟选举,延长本届全国人民代表大会的任期。在非常情况结束后一年内,必须完成下届全国人民代表大会代表**

---

① 错

② 错

的选举。( )

参考答案:________① 。

解析:《中华人民共和国宪法》第六十条第二款规定,全国人民代表大会任期届满的两个月以前,全国人民代表大会常务委员会必须完成下届全国人民代表大会代表的选举。如果遇到不能进行选举的非常情况,由全国人民代表大会常务委员会以全体组成人员的“三分之二”以上的多数通过,可以推迟选举,延长本届全国人民代表大会的任期。在非常情况结束后一年内,必须完成下届全国人民代表大会代表的选举。

□ 4. 中华人民共和国主席、副主席,委员长、副委员长,总理、副总理、国务委员,国家监察委员会主任,最高人民法院院长,最高人民检察院检察长,连续任职均不得超过两届。( )

参考答案:________② 。

解析:《中华人民共和国宪法》明确规定,全国人大常委会委员长、副委员长,国务院总理、副总理、国务委员,国家监察委员会主任,最高人民法院院长,最高人民检察院检察长,连续任职不得超过两届。但宪法未规定中华人民共和国主席、副主席连续任职不得超过两届。

法规依据

《中华人民共和国宪法》第七十九条 中华人民共和国主席、副主席由全国人民代表大会选举。

有选举权和被选举权的年满四十五周岁的中华人民共和国公民可以被选为中华人民共和国主席、副主席。

中华人民共和国主席、副主席每届任期同全国人民代表大会每届任期相同。

□ 5. 监察机关办理职务违法和职务犯罪案件时,适用不同的证据标准。( )

参考答案:________③ 。

解析:监察机关办理职务违法和职务犯罪案件时,证据标准存在差异,后者证据标准高

① 错
② 错
③ 对

于(严于)前者证据标准。

法规依据

《中华人民共和国监察法实施条例》第六十二条 监察机关调查终结的职务违法案件,应当事实清楚、证据确凿。证据确凿,应当符合下列条件:

(一)定性处置的事实都有证据证实;

(二)定案证据真实、合法;

(三)据以定案的证据之间不存在无法排除的矛盾;

(四)综合全案证据,所认定事实清晰且令人信服。

第六十三条 监察机关调查终结的职务犯罪案件,应当事实清楚,证据确实、充分。证据确实、充分,应当符合下列条件:

(一)定罪量刑的事实都有证据证明;

(二)据以定案的证据均经法定程序查证属实;

(三)综合全案证据,对所认定事实已排除合理怀疑。

证据不足的,不得移送人民检察院审查起诉。

□ 6. 初步核实中,只有省级监委和国家监委才有权采取技术调查措施。( )

参考答案:________①。

解析:《中华人民共和国监察法实施条例》第五十五条第一款规定,设区的市级以下监察机关在初步核实中不得采取技术调查措施。

□ 7. 监察机关案件审查调查部门负责与人民检察院审查起诉的衔接工作,案件审理、案件监督管理等部门应当予以协助。( )

参考答案:________②。

解析:《中华人民共和国监察法实施条例》第二百一十二条第二款规定,监察机关案件"审理"部门负责与人民检察院审查起诉的衔接工作,"调查"、案件监督管理等部门应当予以协助。

---

① 对

② 错

□ **8. 在国有控股、参股公司及其分支机构中履行经营职责的人员，均属于监察对象。(　)**

参考答案：________①。

解析：在国有控股、参股公司及其分支机构中履行经营职责的人员，不一定都属于监察对象。《中华人民共和国监察法实施条例》第四十条第二项规定，《中华人民共和国监察法》第十五条第三项所称国有企业管理人员，是指国家出资企业中的下列人员："经党组织或者国家机关，国有独资、全资公司、企业，事业单位提名、推荐、任命、批准等，在国有控股、参股公司及其分支机构中'履行组织、领导、管理、监督等职责的人员'。"

□ **9. 公办的教育、科研、文化、医疗卫生、体育等单位中从事管理的人员，是指国家为了社会公益目的，由国家机关举办或者其他组织利用集体资产举办的教育、科研、文化、医疗卫生、体育等事业单位中，从事组织、领导、管理、监督等工作的人员。(　)**

参考答案：________②。

解析：《中华人民共和国监察法实施条例》第四十一条规定，公办的教育、科研、文化、医疗卫生、体育等单位中从事管理的人员，是指国家为了社会公益目的，由国家机关举办或者其他组织利用"国有资产"(此处不包括集体资产)举办的教育、科研、文化、医疗卫生、体育等事业单位中，从事组织、领导、管理、监督等工作的人员。

□ **10. 留置时间不得超过三个月，自留置决定书签发之日起算。(　)**

参考答案：________③。

解析：《中华人民共和国监察法实施条例》第一百零一条中规定："留置时间不得超过三个月，自向被留置人员宣布之日起算。"

□ **11. 省级监委可自主决定延长留置时间，同时报国家监委备案。(　)**

参考答案：________④。

解析：《中华人民共和国监察法实施条例》第一百零一条第二款规定："省级以下监察机

① 错
② 错
③ 错
④ 错

关采取留置措施的,延长留置时间应当报上一级监察机关批准。”

□ **12. 监察机关对于经人民检察院指定管辖的案件需要补充移送起诉的,可以直接移送原受理移送起诉的人民检察院;需要追加犯罪嫌疑人、被告人的,也可以直接移送原受理移送起诉的人民检察院。( )**

参考答案:________①。

解析:《中华人民共和国监察法实施条例》第二百二十三条第二款规定,监察机关对于经人民检察院指定管辖的案件需要补充移送起诉的,可以直接移送原受理移送起诉的人民检察院;需要追加犯罪嫌疑人、被告人的,“应当再次商请人民检察院办理指定管辖手续”。

□ **13. 监察机关对于人民检察院依法退回补充调查的案件,应当向相关负责人报告,并积极开展补充调查工作。( )**

参考答案:________②。

解析:《中华人民共和国监察法实施条例》第二百二十六条规定,监察机关对于人民检察院依法退回补充调查的案件,应当向“主要负责人”报告,并积极开展补充调查工作。

□ **14. 对存在严重职务违法、犯罪行为,同时患有严重疾病的被调查人,监察机关不得采取留置措施。( )**

参考答案:________③。

解析:虽然患有严重疾病,但生活可以自理的被调查人,监察机关依然可以对其采取留置措施。

法规依据

《中华人民共和国监察法实施条例》第九十六条　对下列人员不得采取留置措施:

(一)患有严重疾病、生活不能自理的;

(二)怀孕或者正在哺乳自己婴儿的妇女;

---

① 错
② 错
③ 错

（三）系生活不能自理的人的唯一扶养人。

上述情形消除后，根据调查需要可以对相关人员采取留置措施。

□ 15. 各级监察机关管辖本辖区内《中华人民共和国监察法》第十五条规定的人员所涉监察事项。（　）

参考答案：________①。

解析：《中华人民共和国监察法》第十六条规定，各级监察机关“按照管理权限”管辖本辖区内该法第十五条规定的人员所涉监察事项。

□ 16. 冻结的财产经查明与案件无关的，应当在查明后三个工作日内解除冻结，予以退还。（　）

参考答案：________②。

解析：《中华人民共和国监察法》第二十三条第二款规定，冻结的财产经查明与案件无关的，应当在查明后“三日内”解除冻结，予以退还。

□ 17. 搜查不适用于涉嫌严重职务违法但不涉及职务犯罪的被调查人。（　）

参考答案：________③。

解析：根据《中华人民共和国监察法》第二十四条第一款的规定，监察机关只能对涉嫌职务犯罪的被调查人以及可能隐藏被调查人或者犯罪证据的人的身体、物品、住处和其他有关地方进行搜查，而不是对涉嫌职务违法的被调查人的身体、物品、住处和其他有关地方进行搜查。

《中华人民共和国监察法实施条例》第一百一十二条规定：“监察机关调查职务犯罪案件，为了收集犯罪证据、查获被调查人，按规定报批后，可以依法对被调查人以及可能隐藏被调查人或者犯罪证据的人的身体、物品、住处、工作地点和其他有关地方进行搜查。”

□ 18. 被调查人既涉嫌受贿犯罪，又涉嫌敲诈勒索等一般刑事犯罪，这种情况下，由监察机关、公安机关分别依照职权立案，并以监察机关为主调查，公安机关予以协助。（　）

---

① 错

② 错

③ 对

参考答案：________①。

解析：《中华人民共和国监察法实施条例》第五十一条规定："公职人员既涉嫌贪污贿赂、失职渎职等严重职务违法和职务犯罪，又涉嫌公安机关、人民检察院等机关管辖的犯罪，依法由监察机关为主调查的，应当由监察机关和其他机关分别依职权立案，监察机关承担组织协调职责，协调调查和侦查工作进度、重要调查和侦查措施使用等重要事项。"

□ 19. 公职人员利用职权实施侵犯公民人身权利、财产权利的犯罪，均由监察机关管辖，其他机关无权管辖。（　）

参考答案：________②。

解析：《中华人民共和国刑事诉讼法》第十九条第二款中规定："人民检察院在对诉讼活动实行法律监督中发现的司法工作人员利用职权实施的非法拘禁、刑讯逼供、非法搜查等侵犯公民权利、损害司法公正的犯罪，可以由人民检察院立案侦查。"为做好人民检察院与监察委员会案件管辖范围的衔接，对在诉讼监督中发现的司法工作人员利用职权实施的侵犯公民权利、损害司法公正的犯罪依法履行侦查职责，2018 年 11 月 24 日，最高人民检察院印发了《关于人民检察院立案侦查司法工作人员相关职务犯罪案件若干问题的规定》，第一条"案件管辖范围"规定："人民检察院在对诉讼活动实行法律监督中，发现司法工作人员涉嫌利用职权实施的下列侵犯公民权利、损害司法公正的犯罪案件，可以立案侦查：1. 非法拘禁罪（刑法第二百三十八条）（非司法工作人员除外）；2. 非法搜查罪（刑法第二百四十五条）（非司法工作人员除外）；3. 刑讯逼供罪（刑法第二百四十七条）；4. 暴力取证罪（刑法第二百四十七条）；5. 虐待被监管人罪（刑法第二百四十八条）；6. 滥用职权罪（刑法第三百九十七条）（非司法工作人员滥用职权侵犯公民权利、损害司法公正的情形除外）；7. 玩忽职守罪（刑法第三百九十七条）（非司法工作人员玩忽职守侵犯公民权利、损害司法公正的情形除外）；8. 徇私枉法罪（刑法第三百九十九条第一款）；9. 民事、行政枉法裁判罪（刑法第三百九十九条第二款）；10. 执行判决、裁定失职罪（刑法第三百九十九条第三款）；11. 执行判决、裁定滥用职权罪（刑法第三百九十九条第三款）；12. 私放在押人员罪（刑法第四百条第一款）；13. 失职致使在押人员脱逃罪（刑法第四百条第二款）；14. 徇私舞弊减刑、假释、暂予监外执行罪（刑法第四百零一条）。"

---

① 对
② 错

□ **20. 对于共同职务犯罪、行贿犯罪等关联犯罪案件，监察机关移送起诉时一般应当坚持随主案确定管辖。（ ）**

参考答案：________①。

解析：《中华人民共和国监察法实施条例》第二百二十四条规定："对于涉嫌行贿犯罪、介绍贿赂犯罪或者共同职务犯罪等关联案件的涉案人员，移送起诉时一般应当随主案确定管辖。主案与关联案件由不同监察机关立案调查的，调查关联案件的监察机关在移送起诉前，应当报告或者通报调查主案的监察机关，由其统一协调案件管辖事宜。因特殊原因，关联案件不宜随主案确定管辖的，调查主案的监察机关应当及时通报和协调有关事项。"

□ **21. 监察机关询问证人，为确保谈话安全，必须在规定的谈话室进行。（ ）**

参考答案：________②。

解析：根据《中华人民共和国监察法实施条例》第八十六条的规定，监察机关询问未被限制人身自由的证人可以在证人工作地点、住所或者证人提出的地点进行，也可以通知证人到指定地点进行。到证人提出的地点或者调查人员指定的地点进行询问的，应当在笔录中记明。调查人员认为有必要或者证人提出需要由所在单位派员或者其家属陪同到询问地点的，应当办理交接手续并填写《陪送交接单》。

□ **22. 某党员干部涉嫌醉驾，监察机关追究其法律责任时不能对其采取留置措施。（ ）**

参考答案：________③。

解析：根据《中华人民共和国监察法》第二十二条第一款的规定，留置，仅适用于严重职务违法、职务犯罪，不适用于一般的刑事违法犯罪。

法规依据

《中华人民共和国监察法》第二十二条　被调查人涉嫌贪污贿赂、失职渎职等严重职务违法或者职务犯罪，监察机关已经掌握其部分违法犯罪事实及证据，仍有重要问题需要进一

---

① 对
② 错
③ 对

步调查,并有下列情形之一的,经监察机关依法审批,可以将其留置在特定场所:

(一)涉及案情重大、复杂的;

(二)可能逃跑、自杀的;

(三)可能串供或者伪造、隐匿、毁灭证据的;

(四)可能有其他妨碍调查行为的。

对涉嫌行贿犯罪或者共同职务犯罪的涉案人员,监察机关可以依照前款规定采取留置措施。

留置场所的设置、管理和监督依照国家有关规定执行。

□ 23. 某县监委对该县教育局局长开展初步核实,初核结束后,初核报告需要报监委主要负责人审批,并报县委主要负责人审阅。(　)

参考答案:________①。

解析:《中国共产党纪律检查机关监督执纪工作规则》第三十五条第三款规定:"初步核实情况报告应当报纪检监察机关主要负责人审批,必要时向同级党委主要负责人报告。"与此同时,《监察机关监督执法工作规定》作出了更为严格的规定,要求对同级党委管理的正职领导干部开展初核的情况报告需要报同级党委主要负责人审批。

□ 24. 某市纪委监委拟对反映该市住建局局长杨某某的问题线索,采取谈话的方式进行处置,按照有关规定应当报市纪委监委主要负责人审批。(　)

参考答案:________②。

解析:根据《监察机关监督执法工作规定》,对反映同级党委管理的正职领导干部的问题线索,若采取谈话方式进行处置的,应当报同级党委主要负责人审批。

□ 25. 某省纪委监委拟对反映该省水利厅厅长王某某的问题线索,采取函询的方式进行处置,按照有关规定应当报省纪委监委主要负责人审批。(　)

参考答案:________③。

解析:根据《监察机关监督执法工作规定》,对反映同级党委管理的正职领导干部的问题

---

① 错
② 错
③ 对

线索,若采取函询方式进行处置的,应当报同级纪委监委主要负责人审批。

□ **26. 某省纪委监委对反映该省公安厅副厅长李某某的问题线索,拟采取初核的方式进行处置,按照有关规定应当报省纪委监委主要负责人审批。( )**

参考答案:________①。

解析:根据有关规定,省级纪委监委对反映省委管理的副职领导干部的问题线索,若采取初核方式进行处置的,应当报省级纪委监委主要负责人审批。

□ **27. 监察机关调查公职人员涉嫌职务犯罪案件,可以依法对涉嫌行贿犯罪、介绍贿赂犯罪或者共同职务犯罪的涉案人员中的公职人员一并管辖。如A县监委办理该县教育局局长受贿案件时,发现行贿人H是B县管理的公职人员,A县监委可对H立案调查。( )**

参考答案:________②。

解析:《中华人民共和国监察法实施条例》第四十六条中规定:"地方各级监察委员会按照本条例第十三条、第四十九条规定,可以依法管辖工作单位在本辖区内的有关公职人员涉嫌职务违法和职务犯罪案件。监察机关调查公职人员涉嫌职务犯罪案件,可以依法对涉嫌行贿犯罪、介绍贿赂犯罪或者共同职务犯罪的涉案人员中的'非公职人员'一并管辖。"

□ **28. 对依法受到刑事责任追究的党员、监察对象,可以不履行立案程序,由相关监督检查部门依据司法机关的生效判决、裁定、决定及其认定的事实、性质和情节,提出给予党纪政务处分的意见,移送案件审理部门办理。( )**

参考答案:________③。

解析:《中华人民共和国监察法实施条例》第一百八十一条第三款规定,监察机关根据人民法院生效刑事判决、裁定和人民检察院不起诉决定认定的事实,需要对监察对象给予政务处分的,可以由相关监督检查部门依据司法机关的生效判决、裁定、决定及其认定的事实、性质和情节,提出给予政务处分的意见,按程序移送审理。

□ **29. 对依法受到行政处罚或者司法机关认定不追究刑事责任的监察对象,需要给予**

---

① 对
② 错
③ 对

政务处分的，应当办理立案手续。(　)

参考答案：________①。

解析：根据《中华人民共和国监察法实施条例》第一百八十一条第三款的规定，对依法受到行政处罚或者司法机关认定不追究刑事责任的党员、监察对象，需要给予党纪政务处分的，由相关监督检查部门办理立案手续。

□ 30. 对案情简单，经过初核查清主要违纪违法事实的，需要追究纪律和法律责任的，不需要进一步开展审查调查的，立案和移送审理可以一并报批。(　)

参考答案：________②。

解析：《中华人民共和国监察法实施条例》第一百八十二条规定："对案情简单、经过初步核实已查清主要职务违法事实，应当追究监察对象法律责任，不再需要开展调查的，立案和移送审理可以一并报批，履行立案程序后再移送审理。"

□ 31. 监察机关使用讯问措施，只适用于职务犯罪，不适用于严重职务违法。(　)

参考答案：________③。

解析：《中华人民共和国监察法》第二十条规定："在调查过程中，对涉嫌职务违法的被调查人，监察机关可以要求其就涉嫌违法行为作出陈述，必要时向被调查人出具书面通知。对涉嫌贪污贿赂、失职渎职等职务犯罪的被调查人，监察机关可以进行讯问，要求其如实供述涉嫌犯罪的情况。"据此，讯问只适用于涉嫌贪污贿赂、失职渎职等职务犯罪的被调查人，不适用于严重职务违法的被调查人。

□ 32. 监察机关冻结的财产经查明与案件无关的，应当在案件办结后三日内解除冻结，予以退还。(　)

参考答案：________④。

解析：《中华人民共和国监察法》第二十三条第二款规定，监察机关冻结的财产经查明与案件无关的，应当在"查明后"三日内解除冻结，予以退还。

---

① 对
② 对
③ 对
④ 错

□ **33. 监察机关调查所有涉嫌职务违法、职务犯罪，根据需要，经过严格的批准手续，可以采取技术调查措施，按照规定交有关机关执行。(　)**

参考答案：________①。

解析：技术调查措施不适用于一般职务犯罪。《中华人民共和国监察法》第二十八条第一款规定："监察机关调查涉嫌重大贪污贿赂等职务犯罪，根据需要，经过严格的批准手续，可以采取技术调查措施，按照规定交有关机关执行。"

□ **34. 依法应当留置的被调查人如果在逃，监察机关可以在本行政区域内发布通缉令，追捕归案。(　)**

参考答案：________②。

解析：《中华人民共和国监察法》第二十九条规定，依法应当留置的被调查人如果在逃，监察机关可以决定在本行政区域内通缉，"由公安机关发布通缉令"，追捕归案。通缉范围超出本行政区域的，应当报请有权决定的上级监察机关决定。

□ **35. 纪律检查机关依照有关规定收集的证人证言、被审查人供述和辩解等证据材料，不能在刑事诉讼中作为证据使用；只有监察机关依照有关规定收集的物证、书证、证人证言、被调查人供述和辩解、视听资料、电子数据等证据材料，才可以在刑事诉讼中作为证据使用。(　)**

参考答案：________③。

解析：《中华人民共和国监察法》第三十三条第一款规定："监察机关依照本法规定收集的物证、书证、证人证言、被调查人供述和辩解、视听资料、电子数据等证据材料，在刑事诉讼中可以作为证据使用。"若以纪律检查机关取得的证人证言、被审查人供述和辩解作为证据使用，需要经过证据转换才能作为证据使用。

□ **36. 国家工作人员出于贪污、受贿的故意，非法占有公共财物、收受他人财物之后，将赃款赃物用于单位公务支出或者社会捐赠的，影响贪污罪、受贿罪的认定。(　)**

参考答案：________④。

---

① 错
② 错
③ 对
④ 错

解析:2016 年《最高人民法院、最高人民检察院关于办理贪污贿赂刑事案件适用法律若干问题的解释》第十六条第一款规定,国家工作人员出于贪污、受贿的故意,非法占有公共财物、收受他人财物之后,将赃款赃物用于单位公务支出或者社会捐赠的,“不影响贪污罪、受贿罪的认定,但量刑时可以酌情考虑”。

□ 37. 对被调查人采取留置措施后,应当在二十四小时以内,通知被留置人员所在单位或家属,但有可能毁灭、伪造证据,干扰证人作证或者串供等有碍调查情形的除外。( )

参考答案:________①。

解析:《中华人民共和国监察法》第四十四条第一款规定,对被调查人采取留置措施后,应当在二十四小时以内,通知被留置人员所在单位“和”家属,但有可能毁灭、伪造证据,干扰证人作证或者串供等有碍调查情形的除外。

□ 38. 某市监委对公职人员 M 依法作出诫勉处理。如果 M 对诫勉决定不服,因诫勉不是政务处分,故 M 无权申请复审、复核。( )

参考答案:________②。

解析:《中华人民共和国监察法》第四十九条规定:“监察对象对监察机关作出的涉及本人的处理决定不服的,可以在收到处理决定之日起一个月内,向作出决定的监察机关申请复审,复审机关应当在一个月内作出复审决定;监察对象对复审决定仍不服的,可以在收到复审决定之日起一个月内,向上一级监察机关申请复核,复核机关应当在二个月内作出复核决定。复审、复核期间,不停止原处理决定的执行。复核机关经审查,认定处理决定有错误的,原处理机关应当及时予以纠正。”

□ 39. 监察人员辞职、退休二年内,不得从事与监察和司法工作相关联且可能发生利益冲突的职业。( )

参考答案:________③。

解析:《中华人民共和国监察法》第五十九条第二款规定:“监察人员辞职、退休三年内,不得从事与监察和司法工作相关联且可能发生利益冲突的职业。”

---

① 错
② 错
③ 错

□ **40. 监察机关对监察对象所在单位廉政建设和履行职责存在的问题等，应当经监委相关负责人审批后，依法提出监察建议，并督促整改落实。(　)**

参考答案：________[①]。

解析：本题主要测试监察建议的审批权限。根据《监察机关监督执法工作规定》的规定，监察机关对监察对象所在单位廉政建设和履行职责存在的问题等，应当经监委主要负责人审批后，依法提出监察建议，并督促整改落实。

□ **41. 重大、疑难、复杂职务犯罪案件需要检察机关提前介入的，一般在案件审查调查后半期、移送审理前进行。(　)**

参考答案：________[②]。

解析：根据《国家监察委员会与最高人民检察院办理职务犯罪案件工作衔接办法》的规定，重大、疑难、复杂职务犯罪案件需要检察机关提前介入的，应当在进入案件审理阶段后，由案件审理部门报监委分管领导审批，并以监委名义书面商请同级检察机关提前介入。

□ **42. 各级监察机关在初核中均可以依法采取谈话、询问、查询、调取、鉴定、技术调查、限制出境等措施。(　)**

参考答案：________[③]。

解析：监察机关在初核中可以依法采取谈话、询问、查询、调取、鉴定、技术调查、限制出境等措施。采取讯问、留置、冻结、搜查、查封、扣押、通缉措施，只有在立案后才能进行。设区的市级以下监察机关在初步核实中不得采取技术调查措施。

法规依据

《中华人民共和国监察法实施条例》第五十五条　监察机关在初步核实中，可以依法采取谈话、询问、查询、调取、勘验检查、鉴定措施；立案后可以采取讯问、留置、冻结、搜查、查封、扣押、通缉措施。需要采取技术调查、限制出境措施的，应当按照规定交有关机关依法执行。设区的市级以下监察机关在初步核实中不得采取技术调查措施。

---

① 错
② 错
③ 错

□ **43. 只有监察机关对违法的公职人员给予的处分才称之为政务处分。(　)**

参考答案:________①。

解析:《中华人民共和国公职人员政务处分法》第二条第二款规定:“本法适用于监察机关对违法的公职人员给予政务处分的活动。”

□ **44. 公职人员任免机关、单位对违法的公职人员给予处分,处分的程序、申诉等,不适用《中华人民共和国公职人员政务处分法》。(　)**

参考答案:________②。

解析:《中华人民共和国公职人员政务处分法》第二条第二款规定:“本法第二章、第三章适用于公职人员任免机关、单位对违法的公职人员给予处分。处分的程序、申诉等适用其他法律、行政法规、国务院部门规章和国家有关规定。”

□ **45. 监察体制改革前,监察机关是同级政府的组成部门;监委成立后,各级监察委员会是行使国家监察职能的专责机关,不再是政府的组成部门。(　)**

参考答案:________③。

解析:《中华人民共和国监察法》第三条规定:“各级监察委员会是行使国家监察职能的专责机关,依照本法对所有行使公权力的公职人员(以下称公职人员)进行监察,调查职务违法和职务犯罪,开展廉政建设和反腐败工作,维护宪法和法律的尊严。”

□ **46. 立案审查调查决定应当向被调查人宣布,有碍审查调查的除外。(　)**

参考答案:________④。

解析:立案审查调查决定应当向被调查人宣布,监察法和监督执纪工作规则均没有规定例外情形。

---

① 对
② 对
③ 对
④ 错

法规依据

《中华人民共和国监察法实施条例》第一百八十四条 批准立案后,应当由二名以上调查人员出示证件,向被调查人宣布立案决定。宣布立案决定后,应当及时向被调查人所在单位等相关组织送达《立案通知书》,并向被调查人所在单位主要负责人通报。

对涉嫌严重职务违法或者职务犯罪的公职人员立案调查并采取留置措施的,应当按规定通知被调查人家属,并向社会公开发布。

□ 47. 纪检监察机关只有经过初核,才能决定是否立案审查调查。( )

参考答案:________[①]。

解析:初核不是立案的必经程序。《中华人民共和国监察法》第三十九条第一款对纪委监委依法开展初核、经初核后达到立案标准的应当办理立案手续等工作内容进行了明确规定。根据此规定,纪委监委对于经过初步核实、达到立案标准的案件应当立案调查,要按照程序办理立案手续、依法调查取证,直至获取证据、查清事实、作出处理;同时也要看到,案件调查实践中,初核程序并不是必经程序,立案程序才是必经程序。纪检监察干部要正确理解初核与立案之间的辩证关系。

一方面,初核是开展调查、获取证据的重要手段,初核的目的是核清事实、核清责任,是为了尽可能在外围获取足够多的证据、为下一步工作打下基础,是不断朝着事实清楚、责任清晰的方向在努力,这与立案调查的内容和方向是一致的。但是初核的结果却不仅仅只有立案一种。初核后案件属于哪种走向,主要取决于核清的事实和责任划分,如果被调查人确实存在严重问题而且需要追究相应责任,应当立案调查;如果被调查人不存在问题或不需要追究相应责任,应当实事求是予以了结,或追究其他应负责任人员的责任。另一方面,立案往往是经过初核程序后才立案的,但初核并不是立案的必经程序。虽然实践中绝大多数案件在立案之前都会经过初核,但也有些案件不经过初核就会直接立案调查。立案的条件只有两个:一是被调查人涉嫌职务违法犯罪;二是需要追究被调查人的法律责任。

□ 48. 降级处分,是一种降低公职人员级别的处分方式。这里的"级",对于公务员来说是级别,对其他公职人员则是工资或薪酬待遇等级。( )

---

① 错

参考答案：________①。

解析：《中华人民共和国公职人员政务处分法》第十九条规定了公务员受降级处分的后果，第二十条、第二十一条分别规定了法律、法规授权或者受国家机关依法委托管理公共事务的组织中从事公务的人员，以及公办的教育、科研、文化、医疗卫生、体育等单位中从事管理的人员和国有企业管理人员受降级处分的后果。

法规依据

《中华人民共和国公职人员政务处分法》第十九条　公务员以及参照《中华人民共和国公务员法》管理的人员在政务处分期内，不得晋升职务、职级、衔级和级别；其中，被记过、记大过、降级、撤职的，不得晋升工资档次。被撤职的，按照规定降低职务、职级、衔级和级别，同时降低工资和待遇。

第二十条　法律、法规授权或者受国家机关依法委托管理公共事务的组织中从事公务的人员，以及公办的教育、科研、文化、医疗卫生、体育等单位中从事管理的人员，在政务处分期内，不得晋升职务、岗位和职员等级、职称；其中，被记过、记大过、降级、撤职的，不得晋升薪酬待遇等级。被撤职的，降低职务、岗位或者职员等级，同时降低薪酬待遇。

第二十一条　国有企业管理人员在政务处分期内，不得晋升职务、岗位等级和职称；其中，被记过、记大过、降级、撤职的，不得晋升薪酬待遇等级。被撤职的，降低职务或者岗位等级，同时降低薪酬待遇。

□ 49. 降级处分、撤职处分均是重处分。(　)

参考答案：________②。

解析：根据《纪检监察机关监督执纪“四种形态”统计指标体系（试行）》的规定，降级处分是轻处分，撤职处分是重处分。

□ 50. 监察机关不能对基层群众性自治组织中从事管理的人员给予降级、撤职、开除处分。(　)

---

① 对

② 错

参考答案：________①。

解析：基层群众性自治组织中从事管理的人员，由村民选举产生，如果其存在严重违法行为，可依法予以罢免。《中华人民共和国公职人员政务处分法》第二十二条规定："基层群众性自治组织中从事管理的人员有违法行为的，监察机关可以予以警告、记过、记大过。基层群众性自治组织中从事管理的人员受到政务处分的，应当由县级或者乡镇人民政府根据具体情况减发或者扣发补贴、奖金。"

□ **51. 政务警告的影响期为 1 年。(　)**

参考答案：________②。

解析：根据《中华人民共和国公职人员政务处分法》第八条的规定，政务警告的影响期为六个月。

□ **52. 政务记过的影响期是 1 年半。(　)**

参考答案：________③。

解析：根据《中华人民共和国公职人员政务处分法》第八条的规定，政务记过的影响期为 12 个月。

□ **53. 国有企业管理人员被撤职的，应在降低职务、岗位或者职员等级的同时降低其薪酬待遇。(　)**

参考答案：________④。

解析：《中华人民共和国公职人员政务处分法》第二十一条规定："国有企业管理人员在政务处分期内，不得晋升职务、岗位等级和职称；其中，被记过、记大过、降级、撤职的，不得晋升薪酬待遇等级。被撤职的，降低职务或者岗位等级，同时降低薪酬待遇。"

□ **54. 公职人员只要受到行政处罚，监察机关就应及时对其作出政务处分。(　)**

---

① 对
② 错
③ 错
④ 对

参考答案：________①。

解析：《中华人民共和国公职人员政务处分法》第四十九条第二款规定："公职人员依法受到行政处罚，应当给予政务处分的，监察机关可以根据行政处罚决定认定的事实和情节，经立案调查核实后，依照本法给予政务处分。"行政处罚有多种，比如公职人员因超速驾驶，被公安机关罚款，通常情况下，没有必要给予其政务处分。

□ 55. 采取留置措施的条件为涉嫌贪污贿赂、失职渎职等严重职务违法、职务犯罪问题，这里的严重职务违法特指违反刑法，而不是违反其他法律。(　)

参考答案：________②。

解析：严重职务违法的依据不仅有《中华人民共和国刑法》，还有《中华人民共和国监察法》《行政机关公务员处分条例》等法律法规。

□ 56. 监察机关发现公职人员任免机关、单位应当给予处分而未给予，或者给予的处分违法、不当的，可以直接纠正。(　)

参考答案：________③。

解析：《中华人民共和国公职人员政务处分法》第三条第三款规定，监察机关发现公职人员任免机关、单位应当给予处分而未给予，或者给予的处分违法、不当的，"应当及时提出监察建议"。

□ 57. 对公职人员的同一违法行为，监察机关处分后，公职人员任免机关、单位不能再给予组织处理。(　)

参考答案：________④。

解析：《中华人民共和国公职人员政务处分法》第十七条规定："公职人员有违法行为，有关机关依照规定给予组织处理的，监察机关可以同时给予政务处分。"

□ 58. 公职人员被开除的，自政务处分决定生效的次月起，解除其与单位的劳动人事关

---

① 错
② 错
③ 错
④ 错

系。( )

参考答案：________[①]。

解析：《中华人民共和国公职人员政务处分法》第二十六条规定，公职人员被开除的，自政务处分决定"生效之日起"，应当解除其与所在机关、单位的人事关系或者劳动关系。

□ 59. 公职人员二人以上共同过失违法，根据各自在违法行为中所起的作用和应当承担的法律责任，分别给予政务处分。( )

参考答案：________[②]。

解析：《中华人民共和国公职人员政务处分法》第九条规定："公职人员二人以上共同违法，根据各自在违法行为中所起的作用和应当承担的法律责任，分别给予政务处分。"

□ 60. 担任领导职务的公职人员，因违法被罢免、撤职、免职或者辞去领导职务的，监察机关不能再给予其政务撤职处分。( )

参考答案：________[③]。

解析：《中华人民共和国公职人员政务处分法》第十八条规定，担任领导职务的公职人员有违法行为，被罢免、撤销、免去或者辞去领导职务的，监察机关"可以同时给予政务处分"。

□ 61. 监察机关不能对已经退休的公职人员、已经离职或者死亡的违法公职人员作出政务撤职、政务开除处分。( )

参考答案：________[④]。

解析：《中华人民共和国公职人员政务处分法》第二十七条规定："已经退休的公职人员退休前或者退休后有违法行为的，不再给予政务处分，但是可以对其立案调查；依法应当予以降级、撤职、开除的，应当按照规定相应调整其享受的待遇，对其违法取得的财物和用于违法行为的本人财物依照本法第二十五条的规定处理。已经离职或者死亡的公职人员在履职期间有违法行为的，依照前款规定处理。"

---

① 错
② 对
③ 错
④ 对

□ **62. 单位集体作出的决定违法或者实施违法行为的，对班子成员均应作出给予政务处分。(　)**

参考答案：________①。

解析：《中华人民共和国公职人员政务处分法》第十条规定："有关机关、单位、组织集体作出的决定违法或者实施违法行为的，对负有责任的领导人员和直接责任人员中的公职人员依法给予政务处分。"据此，如果在决策过程中，明确反对的，就不应被追究责任。

□ **63. 违法的公职人员，串供或者阻止他人揭发检举、提供证据材料的，应当加重处分。(　)**

参考答案：________②。

解析：对公职人员串供或者阻止他人揭发检举、提供证据材料的，《中华人民共和国公职人员政务处分法》未规定为加重处分情形。

法规依据

《中华人民共和国公职人员政务处分法》第十三条　公职人员有下列情形之一的，应当从重给予政务处分：

(一)在政务处分期内再次故意违法，应当受到政务处分的；

(二)阻止他人检举、提供证据的；

(三)串供或者伪造、隐匿、毁灭证据的；

(四)包庇同案人员的；

(五)胁迫、唆使他人实施违法行为的；

(六)拒不上交或者退赔违法所得的；

(七)法律、法规规定的其他从重情节。

□ **64.《中华人民共和国公职人员政务处分法》实施后，行使公权力的事业单位工作人员因故意犯罪被判处管制、拘役的，给予撤职处分。(　)**

---

① 错

② 错

参考答案：________①。

解析：《中华人民共和国公职人员政务处分法》第十四条第一款、第二款规定："公职人员犯罪，有下列情形之一的，予以开除：（一）因故意犯罪被判处管制、拘役或者有期徒刑以上刑罚（含宣告缓刑）的；（二）因过失犯罪被判处有期徒刑，刑期超过三年的；（三）因犯罪被单处或者并处剥夺政治权利的。因过失犯罪被判处管制、拘役或者三年以下有期徒刑的，一般应当予以开除；案件情况特殊，予以撤职更为适当的，可以不予开除，但是应当报请上一级机关批准。"

□ 65. 公职人员因犯罪情节轻微被人民检察院依法作出不起诉决定，或者被人民法院依法免予刑事处罚的，如果具有从轻、减轻处分情节，可以在撤职以下给予处分。（　）

参考答案：________②。

解析：《中华人民共和国公职人员政务处分法》第十四条第三款规定："公职人员因犯罪被单处罚金，或者犯罪情节轻微，人民检察院依法作出不起诉决定或者人民法院依法免予刑事处罚的，予以撤职；造成不良影响的，予以开除。"据此，没有规定例外情形。

□ 66. 公职人员曾受过政务处分，再次实施违法行为的，应当从重处分。（　）

参考答案：________③。

解析：《中华人民共和国公职人员政务处分法》与《中国共产党纪律处分条例》量纪规则存在差异。《中国共产党纪律处分条例》第二十条第三项规定，党员违纪受处分后又因故意违纪应当受到党纪处分的，应当从重或者加重处分。但《中华人民共和国公职人员政务处分法》未作出类似的规定，仅在第十三条第一项规定公职人员在受政务处分期间再次故意实施违法行为，应当受到政务处分的，从重处分。至于政务处分影响期满后，故意违法或者过失违法，是否从重处分，《中华人民共和国公职人员政务处分法》未作出明确规定。

□ 67. 公职人员主动交代本人应当受到政务处分的违法行为的，应当从轻或者减轻给予政务处分。（　）

---

① 错
② 错
③ 错

参考答案：________①。

解析：《中华人民共和国公职人员政务处分法》第十一条规定，公职人员主动交代本人应当受到政务处分的违法行为的，可以从轻或者减轻给予政务处分。注意，立法表述是"可以从轻或者减轻给予政务处分"，而不是"应当从轻或者减轻给予政务处分"。

□ 68. 上级监察机关办理下级监察机关管辖案件的，可以经审理后按程序直接进行处置，也可以不经审理直接交由下级监察机关办理。（ ）

参考答案：________②。

解析：《中华人民共和国监察法实施条例》第一百九十八条规定，上级监察机关办理下级监察机关管辖案件的，可以经审理后按程序直接进行处置，也可以"经审理形成处置意见后"，交由下级监察机关办理。

□ 69. 公职人员违法行为情节显著轻微，监察机关可以对其批评教育，不需要记录。（ ）

参考答案：________③。

解析：《中华人民共和国监察法实施条例》第二百零一条第二款规定，谈话提醒、批评教育应当由监察机关相关负责人或者承办部门负责人进行，可以由被谈话提醒、批评教育人所在单位有关负责人陪同；经批准也可以委托其所在单位主要负责人进行。对谈话提醒、批评教育情况"应当制作记录"。

□ 70. 公职人员因不明真相被裹挟参加违法活动，经批评教育后确有悔改表现的，应当从轻、减轻或者免予政务处分。（ ）

参考答案：________④。

解析：《中华人民共和国公职人员政务处分法》第十二条第二款规定，公职人员因不明真相被裹挟或者被胁迫参与违法活动，经批评教育后确有悔改表现的，"可以"减轻、免予或者不予政务处分。

---

① 错
② 错
③ 错
④ 错

□ 71. 非公职人员涉嫌利用影响力受贿罪的，按照非公职人员所在地或者受贿行为发生地确定管辖。（ ）

参考答案：________①。

解析：《中华人民共和国监察法实施条例》第四十六条第四款中规定，非公职人员涉嫌利用影响力受贿罪的，按照"其所利用的公职人员的管理权限"确定管辖。

□ 72. 公务员受降级处分的，要降低职务、职级、衔级和级别，同时降低工资和待遇。（ ）

参考答案：________②。

解析：《中华人民共和国公职人员政务处分法》第十九条规定，公务员被撤职处分的，降低职务、职级、衔级和级别，同时降低工资和待遇。

□ 73. 基层群众性自治组织中从事管理的人员有违法行为的，监察机关可以予以警告、记过、记大过、降级、撤职。（ ）

参考答案：________③。

解析：监察机关不能对基层群众性自治组织中从事管理的人员作出降级、撤职处分。《中华人民共和国公职人员政务处分法》第二十二条第一款规定，基层群众性自治组织中从事管理的人员有违法行为的，监察机关可以予以警告、记过、记大过。

□ 74. 基层群众性自治组织中从事管理的人员受到政务处分的，应当由县级监察机关根据具体情况减发或者扣发补贴、奖金。（ ）

参考答案：________④。

解析：《中华人民共和国公职人员政务处分法》第二十二条第二款规定，基层群众性自治组织中从事管理的人员受到政务处分的，应当由县级"或者乡镇"人民政府根据具体情况减发或者扣发补贴、奖金。

---

① 错
② 错
③ 错
④ 错

□ 75. 省级监察委员会将同级党委管理的公职人员涉嫌职务违法或者职务犯罪案件指定下级监察委员会管辖的，应当报国家监察委员会案件管理室备案。（　）

参考答案：________①。

解析：《中华人民共和国监察法实施条例》第四十八条第二款规定，省级监察委员会将同级党委管理的公职人员涉嫌职务违法或者职务犯罪案件指定下级监察委员会管辖的，应当报国家监察委员会“相关监督检查部门”备案。

□ 76. 公职人员违法取得的财物和用于违法行为的本人财物，只能由监察机关没收、追缴或者责令退赔。（　）

参考答案：________②。

解析：《中华人民共和国公职人员政务处分法》第二十五条第一款规定：“公职人员违法取得的财物和用于违法行为的本人财物，除依法应当由其他机关没收、追缴或者责令退赔的，由监察机关没收、追缴或者责令退赔；应当退还原所有人或者原持有人的，依法予以退还；属于国家财产或者不应当退还以及无法退还的，上缴国库。”请注意除外规定，“依法应当由其他机关没收、追缴或者责令退赔的”除外。

□ 77. 公职人员因违法行为获得的职务、职级、职称、学历、学位、荣誉、奖励等其他利益，监察机关可以直接纠正。（　）

参考答案：________③。

解析：《中华人民共和国公职人员政务处分法》第二十五条第二款规定，公职人员因违法行为获得的职务、职级、衔级、级别、岗位和职员等级、职称、待遇、资格、学历、学位、荣誉、奖励等其他利益，监察机关“应当建议有关机关、单位、组织按规定予以纠正”。

□ 78. 国有企业管理人员受撤职处分的，既要降低职务或者岗位等级，又要降低薪酬待遇。（　）

参考答案：________④。

---

① 错
② 错
③ 错
④ 对

解析:《中华人民共和国公职人员政务处分法》第二十一条规定:“国有企业管理人员在政务处分期内,不得晋升职务、岗位等级和职称;其中,被记过、记大过、降级、撤职的,不得晋升薪酬待遇等级。被撤职的,降低职务或者岗位等级,同时降低薪酬待遇。”

□ 79. 公职人员公开发表反对中国共产党领导,反对社会主义制度,反对改革开放的文章、演说、宣言、声明等的,一律开除。( )

参考答案:________①。

解析:《中华人民共和国公职人员政务处分法》第二十八条第三款规定:“公开发表反对宪法确立的国家指导思想,反对中国共产党领导,反对社会主义制度,反对改革开放的文章、演说、宣言、声明等的,予以开除。”

□ 80. 公职人员违反个人有关事项报告规定,隐瞒不报,情节严重的,予以撤职。( )

参考答案:________②。

解析:《中华人民共和国公职人员政务处分法》第二十九条第二款规定,违反个人有关事项报告规定,隐瞒不报,情节较重的,予以“警告、记过或者记大过”。

□ 81. A 县监委办理案件中涉及 B 县监委的监察对象,认为需要立案调查的,可以在征得 B 县监委同意后立案调查。( )

参考答案:________③。

解析:A 县监委办理案件中涉及 B 县监委的监察对象,认为需要立案调查的,应当商请 B 县监委立案调查。若认为 A 县监委一并调查更合适的,可以报请有权决定的上级监察机关指定管辖。

法规依据

《中华人民共和国监察法实施条例》第五十条 监察机关办理案件中涉及无隶属关系的其他监察机关的监察对象,认为需要立案调查的,应当商请有管理权限的监察机关依法立案

---

① 对
② 错
③ 错

调查。商请立案时，应当提供涉案人员基本情况、已经查明的涉嫌违法犯罪事实以及相关证据材料。

承办案件的监察机关认为由其一并调查更为适宜的，可以报请有权决定的上级监察机关指定管辖。

□ 82. 司法工作人员利用职权实施的涉嫌非法拘禁、刑讯逼供、非法搜查等侵犯公民权利、损害司法公正的犯罪，监察机关、检察机关均有权管辖。（ ）

参考答案：________①。

解析：《中华人民共和国监察法实施条例》第五十二条第一款规定："监察机关必要时可以依法调查司法工作人员利用职权实施的涉嫌非法拘禁、刑讯逼供、非法搜查等侵犯公民权利、损害司法公正的犯罪，并在立案后及时通报同级人民检察院。"

□ 83. 地方监察委员会在工作中发现工作单位在地方、管理权限在主管部门的公职人员涉嫌职务违法和职务犯罪，可以直接立案调查。（ ）

参考答案：________②。

解析：《中华人民共和国监察法实施条例》第四十九条第一款规定，工作单位在地方、管理权限在主管部门的公职人员涉嫌职务违法和职务犯罪，一般由驻在主管部门、有管辖权的监察机构、监察专员管辖；经协商，监察机构、监察专员可以按规定移交公职人员工作单位所在地的地方监察委员会调查，或者与地方监察委员会联合调查。地方监察委员会在工作中发现上述公职人员有关问题线索，"应当向驻在主管部门、有管辖权的监察机构、监察专员通报，并协商确定管辖"。

□ 84. 向公职人员及其特定关系人赠送可能影响公正行使公权力的礼品、礼金、有价证券等财物，情节严重的，可以开除。（ ）

参考答案：________③。

解析：《中华人民共和国公职人员政务处分法》第三十四条第二款规定，向公职人员及其特定关系人赠送可能影响公正行使公权力的礼品、礼金、有价证券等财物，或者接受、提供可

---

① 对
② 错
③ 错

能影响公正行使公权力的宴请、旅游、健身、娱乐等活动安排,情节较重的,予以警告、记过或者记大过;情节严重的,"予以降级或者撤职"。

□ 85. 审理工作应当在受理之日起一个半月以内完成,重大复杂案件经批准可以适当延长。( )

参考答案:________①。

解析:《中国共产党纪律检查机关监督执纪工作规则》第五十五条第三款、《中华人民共和国监察法实施条例》第一百九十四条均规定,审理工作应当在受理之日起"一个月"以内完成,重大复杂案件经批准可以适当延长。

□ 86. 发生违法问题时不属于监察对象范围(比如监察法颁布前某市人大常委会工作人员),立案调查时属于监察对象,监察机关可立案调查并给予政务处分。( )

参考答案:________②。

解析:可否给予政务处分主要取决于被调查人在接受处理时的具体身份。发生违法问题时不属于监察对象范围,立案调查时属于监察对象范围的,依据《中华人民共和国监察法》第三条(对所有行使公权力的公职人员进行监察,调查职务违法和职务犯罪)、第十一条(履行监督、调查、处置职责)、第三十四条(与司法机关管辖衔接)和第四十五条(对违法的公职人员作出政务处分)的规定,可以立案调查并根据其具体身份情况决定是否适用政务处分。根据不同的情况作出处理:(1)涉嫌职务犯罪的,监察机关可以立案调查并移送检察机关审查起诉。(2)涉嫌其他刑事犯罪的,监察机关可以将掌握的问题线索移交公安机关依法处理。同时涉嫌职务犯罪的,可以监察机关为主调查,公安机关协助。(3)涉嫌贪污贿赂、滥用职权、玩忽职守、权力寻租、利益输送、徇私舞弊以及浪费国家资财等职务违法的,监察机关可以立案调查;涉嫌其他违法的,根据具体情况,监察机关既可以直接进行调查,也可以移送相关行政执法机关调查。

□ 87. 对监察对象与公权力无关的、单独的违法行为(如酒驾、嫖娼等),监察机关可依法对其政务处分。( )

---

① 错
② 对

参考答案：________①。

解析：《中华人民共和国公职人员政务处分法》第三条第一款规定："监察机关应当按照管理权限，加强对公职人员的监督，依法给予违法的公职人员政务处分。"这里的"违法的公职人员"，既包括"职务违法的公职人员"，也包括"非职务违法的公职人员"。

□ 88. 对不是监察对象的涉案人员（如一般私营企业主），监察机关调查结束后，不必履行违法事实见面程序。（ ）

参考答案：________②。

解析：《中华人民共和国监察法实施条例》第一百八十七条规定，调查组应当将调查认定的涉嫌违法犯罪事实形成书面材料，"交给被调查人核对，听取其意见"。被调查人应当在书面材料上签署意见。对被调查人签署不同意见或者拒不签署意见的，调查组应当作出说明或者注明情况。对被调查人提出申辩的事实、理由和证据应当进行核实，成立的予以采纳。调查组对于立案调查的涉嫌行贿犯罪、介绍贿赂犯罪或者共同职务犯罪的涉案人员，在查明其涉嫌犯罪问题后，依照前款规定办理。

□ 89. 技术调查措施的期限按照监察法的规定执行，期限届满前未办理延期手续的，到期自动解除。（ ）

参考答案：________③。

解析：《中华人民共和国监察法实施条例》第一百五十五条第一款规定："技术调查措施的期限按照监察法的规定执行，期限届满前未办理延期手续的，到期自动解除。"

□ 90. 监察机关对采取技术调查措施获取的与案件无关的材料，应当妥善保管，不得销毁。（ ）

参考答案：________④。

解析：《中华人民共和国监察法实施条例》第一百五十七条第三款规定，对采取技术调查措施获取的与案件无关的材料，应当"经审批及时销毁"。对销毁情况应当制作记录，由调查

---

① 对
② 错
③ 对
④ 错

人员签名。

□ **91. 监察机关在初步核实中发现或者受理被核查人新的具有可查性的问题线索的，应当再次制定初核方案开展核查。(　)**

参考答案:________①。

解析:《中华人民共和国监察法实施条例》第一百七十八条规定，在初步核实中发现或者受理被核查人新的具有可查性的问题线索的，应当经审批“纳入原初核方案”开展核查。

□ **92. 核查组在初步核实工作结束后应当撰写初步核实情况报告，初步核实情况报告不需要核查组全体人员签名。(　)**

参考答案:________②。

解析:《中华人民共和国监察法实施条例》第一百七十九条第一款规定，核查组在初步核实工作结束后应当撰写初步核实情况报告，列明被核查人基本情况、反映的主要问题、办理依据、初步核实结果、存在疑点、处理建议，由“全体人员签名”。

根据《中国共产党纪律检查机关监督执纪工作规则》第五十一条第二款的规定，审查调查报告，由审查调查组组长以及有关人员签名即可，不需要全体人员签名。

□ **93. 监察机关只能以涉嫌违法的公职人员立案，不能以事立案。(　)**

参考答案:________③。

解析:《中华人民共和国监察法实施条例》第一百八十一条第二款中规定:“对事故(事件)中存在职务违法或者职务犯罪问题，需要追究法律责任，但相关责任人员尚不明确的，可以以事立案。”

□ **94. 监察机关对单位涉嫌受贿、行贿等职务犯罪，需要追究法律责任的，依法对该单位负责人办理立案调查手续。(　)**

参考答案:________④。

---

① 错
② 错
③ 错
④ 错

解析:《中华人民共和国监察法实施条例》第一百八十一条第二款规定,对单位涉嫌受贿、行贿等职务犯罪,需要追究法律责任的,依法对"该单位"办理立案调查手续。

□ 95. 监察机关调查职务违法或者职务犯罪案件,对被调查人没有采取留置措施的,应当在初核后一年以内作出处理决定。( )

参考答案:________①。

解析:《中华人民共和国监察法实施条例》第一百八十五条第二款中规定:"调查职务违法或者职务犯罪案件,对被调查人没有采取留置措施的,应当在立案后一年以内作出处理决定。"注意,是立案后(而不是初核后)1 年以内作出处理决定。

□ 96. 监察机关对依法被追究行政法律责任的监察对象给予政务处分的,需先办理立案手续。( )

参考答案:________②。

解析:《中华人民共和国监察法实施条例》第一百八十一条第三款规定:"监察机关根据人民法院生效刑事判决、裁定和人民检察院不起诉决定认定的事实,需要对监察对象给予政务处分的,可以由相关监督检查部门依据司法机关的生效判决、裁定、决定及其认定的事实、性质和情节,提出给予政务处分的意见,按程序移送审理。对依法被追究行政法律责任的监察对象,需要给予政务处分的,应当依法办理立案手续。"

□ 97. 监察官担任县级、设区的市级、省级监察委员会主任的,应当按照有关规定实行地域回避。( )

参考答案:________③。

解析:《中华人民共和国监察官法》第二十三条仅规定:"监察官担任县级、设区的市级监察委员会主任的,应当按照有关规定实行地域回避。"未明确规定省级监察委员会主任必须实行地域回避。

□ 98. 任何单位和个人对监察官的违纪违法行为,有权检举、控告。受理检举、控告的

---

① 错
② 对
③ 错

机关应当及时调查处理，并将结果书面告知检举人、控告人。（ ）

参考答案：________①。

解析：调查处理结果既可以口头告知，也可以书面告知，《中华人民共和国监察官法》未要求必须书面告知。

法规依据

《中华人民共和国监察官法》第四十三条第一款　任何单位和个人对监察官的违纪违法行为，有权检举、控告。受理检举、控告的机关应当及时调查处理，并将结果告知检举人、控告人。

□ 99. 监察官离任二年内，不得从事与监察和司法工作相关联且可能发生利益冲突的职业。（ ）

参考答案：________②。

解析：《中华人民共和国监察官法》第四十九条第一款规定，监察官离任"三年内"，不得从事与监察和司法工作相关联且可能发生利益冲突的职业。

□ 100. 监察官离任后，任何情况下均不得担任原任职监察机关办理案件的诉讼代理人或者辩护人。（ ）

参考答案：________③。

解析：《中华人民共和国监察官法》第四十九条第二款规定："监察官离任后，不得担任原任职监察机关办理案件的诉讼代理人或者辩护人，但是作为当事人的监护人或者近亲属代理诉讼、进行辩护的除外。"注意除外规定。

□ 101. 监察官被开除后，不得担任诉讼代理人或者辩护人。（ ）

参考答案：________④。

---

① 错
② 错
③ 错
④ 错

解析:《中华人民共和国监察官法》第四十九条第三款规定:"监察官被开除后,不得担任诉讼代理人或者辩护人,但是作为当事人的监护人或者近亲属代理诉讼、进行辩护的除外。"注意除外规定。

□ 102. 监察官因依法履行职责遭受不实举报、诬告陷害、侮辱诽谤,致使名誉受到损害的,监察机关应当会同有关部门及时公开澄清事实,消除不良影响,并依法追究相关单位或者个人的责任。( )

参考答案:________①。

解析:《中华人民共和国监察官法》第五十八条规定:"监察官因依法履行职责遭受不实举报、诬告陷害、侮辱诽谤,致使名誉受到损害的,监察机关应当会同有关部门及时澄清事实,消除不良影响,并依法追究相关单位或者个人的责任。"此处并没有要求采取公开澄清的方式。根据中央纪委国家监委《关于做好失实检举控告澄清工作的意见》,澄清方式有书面澄清、当面澄清、会议澄清、通报澄清等。拟采取会议澄清、通报澄清等方式在较大范围公开澄清的,在实施前应当征求澄清对象本人意见,结合澄清事项具体情况、工作实际需要等因素,选择适宜的澄清方式。

□ 103. 限制出境措施有效期不超过六个月,到期自动解除。( )

参考答案:________②。

解析:《中华人民共和国监察法实施条例》第一百六十四条第一款规定,限制出境措施有效期不超过"三个月",到期自动解除。

□ 104. 为保障公务员行使申辩权,处分决定机关都不得因公务员申辩而加重处分。( )

参考答案:________③。

解析:《中华人民共和国公务员法》第六十三条第二款中规定:"处分决定机关不得因公务员申辩而加重处分。"

---

① 错
② 错
③ 对

□ **105. 公务员在受处分期间不得晋升职务、职级和级别。（　）**

参考答案：________①。

解析：《中华人民共和国公务员法》第六十四条第一款中规定："公务员在受处分期间不得晋升职务、职级和级别。"

□ **106. 公务员受记过、记大过、降级、撤职处分期间，不得晋升工资档次。（　）**

参考答案：________②。

解析：《中华人民共和国公务员法》第六十四条第一款中规定："受记过、记大过、降级、撤职处分的，不得晋升工资档次。"

□ **107. 公务员受开除以外的处分，在受处分期间有悔改表现，并且没有再发生违纪违法行为的，处分期满后自动解除。（　）**

参考答案：________③。

解析：《中华人民共和国公务员法》第六十五条第一款规定："公务员受开除以外的处分，在受处分期间有悔改表现，并且没有再发生违纪违法行为的，处分期满后自动解除。"

□ **108. 公务员在法定工作日之外加班的，应当给予相应的补休，不能补休的按照国家规定给予补助。（　）**

参考答案：________④。

解析：《中华人民共和国公务员法》第八十二条第二款中规定："公务员在法定工作日之外加班的，应当给予相应的补休，不能补休的按照国家规定给予补助。"

□ **109. 公务员执行上级明显违法的决定或者命令的，执行的后果由上级负责，公务员不承担责任。（　）**

参考答案：________⑤。

---

① 对
② 对
③ 对
④ 对
⑤ 错

解析:《中华人民共和国公务员法》第六十条规定,公务员执行公务时,认为上级的决定或者命令有错误的,可以向上级提出改正或者撤销该决定或者命令的意见;上级不改变该决定或者命令,或者要求立即执行的,公务员应当执行该决定或者命令,执行的后果由上级负责,公务员不承担责任;但是,"公务员执行明显违法的决定或者命令的,应当依法承担相应的责任"。

□ 110. 对同一违纪违法行为,监察机关已经作出政务处分决定的,公务员所在机关不再给予处分,但可以进行组织处理。( )

参考答案:________①。

解析:《中华人民共和国公务员法》第六十一条第二款规定:"对同一违纪违法行为,监察机关已经作出政务处分决定的,公务员所在机关不再给予处分。"但可以根据《中国共产党组织处理规定(试行)》的规定进行组织处理。

□ 111. 凡在中华人民共和国领域内犯罪的,都适用我国刑法。( )

参考答案:________②。

解析:《中华人民共和国刑法》第六条中规定,凡在中华人民共和国领域内犯罪的,"除法律有特别规定的以外",都适用本法。

□ 112. 犯罪的行为或者结果有一项发生在中华人民共和国领域内的,就认为是在中华人民共和国领域内犯罪。( )

参考答案:________③。

解析:《中华人民共和国刑法》第六条第三款规定:"犯罪的行为或者结果有一项发生在中华人民共和国领域内的,就认为是在中华人民共和国领域内犯罪。"

□ 113. 监察机关依法给予公职人员政务处分的行为应限于职务违法的行为,不包括非职务违法行为。( )

---

① 对
② 错
③ 对

参考答案：________[1]。

解析：根据《中华人民共和国公职人员政务处分法》第三条第一款的规定，监察机关依法给予违法的公职人员政务处分。这里的违法，不限于职务违法。

法规依据

《中华人民共和国公职人员政务处分法》第三条第一款、第二款 监察机关应当按照管理权限，加强对公职人员的监督，依法给予违法的公职人员政务处分。

公职人员任免机关、单位应当按照管理权限，加强对公职人员的教育、管理、监督，依法给予违法的公职人员处分。

□ 114. 监察机关对非公职人员涉嫌行贿犯罪、介绍贿赂犯罪管辖原则是采取属地管辖即由行贿行为发生地监察机关管辖。（ ）

参考答案：________[2]。

解析：《中华人民共和国监察法实施条例》第四十六条第四款规定，监察机关调查公职人员涉嫌职务犯罪案件，可以依法对涉嫌行贿犯罪、介绍贿赂犯罪或者共同职务犯罪的涉案人员中的非公职人员一并管辖。非公职人员涉嫌利用影响力受贿罪的，按照其所利用的公职人员的管理权限确定管辖。

□ 115. 玩忽职守行为造成的重大损失当时没有发生，而是玩忽职守行为之后一定时间发生的，应从危害结果发生之日起计算玩忽职守罪的追诉期限。（ ）

参考答案：________[3]。

解析：《全国法院审理经济犯罪案件工作座谈会纪要》规定："玩忽职守行为造成的重大损失当时没有发生，而是玩忽职守行为之后一定时间发生的，应从危害结果发生之日起计算玩忽职守罪的追诉期限。"

□ 116. 渎职罪的主体以职责论进行界定。即不管是否属于正式编制的国家机关工作

---

① 错

② 错

③ 对

人员，只要行使了国家机关工作人员的职权，代表国家行使职权时，就应属于国家机关工作人员范围，即为渎职罪主体。（ ）

参考答案：________[①]。

解析：《全国人民代表大会常务委员会关于〈中华人民共和国刑法〉第九章渎职罪主体适用问题的解释》规定：在依照法律、法规规定行使国家行政管理职权的组织中从事公务的人员，或者在受国家机关委托代表国家机关行使职权的组织中从事公务的人员，或者虽未列入国家机关人员编制但在国家机关中从事公务的人员，在代表国家机关行使职权时，有渎职行为，构成犯罪的，依照刑法关于渎职罪的规定追究刑事责任。

□ **117. 国家机关工作人员实施渎职行为，放纵他人犯罪或者帮助他人逃避刑事处罚，构成犯罪的，依照渎职罪的规定定罪处罚。（ ）**

参考答案：________[②]。

解析：《最高人民法院、最高人民检察院关于办理渎职刑事案件适用法律若干问题的解释（一）》第四条第一款规定："国家机关工作人员实施渎职行为，放纵他人犯罪或者帮助他人逃避刑事处罚，构成犯罪的，依照渎职罪的规定定罪处罚。"

□ **118. 国家机关工作人员与他人共谋，利用其职务行为帮助他人实施其他犯罪行为，同时构成渎职犯罪和共谋实施的其他犯罪共犯的，依照处罚较重的规定定罪处罚。（ ）**

参考答案：________[③]。

解析：《最高人民法院、最高人民检察院关于办理渎职刑事案件适用法律若干问题的解释（一）》第四条第二款规定："国家机关工作人员与他人共谋，利用其职务行为帮助他人实施其他犯罪行为，同时构成渎职犯罪和共谋实施的其他犯罪共犯的，依照处罚较重的规定定罪处罚。"

□ **119. 国家机关工作人员与他人共谋，既利用其职务行为帮助他人实施其他犯罪，又以非职务行为与他人共同实施该其他犯罪行为，同时构成渎职犯罪和其他犯罪的共犯的，依照数罪并罚的规定定罪处罚。（ ）**

---

① 对
② 对
③ 对

参考答案：________①。

解析：《最高人民法院、最高人民检察院关于办理渎职刑事案件适用法律若干问题的解释(一)》第四条第三款规定："国家机关工作人员与他人共谋，既利用其职务行为帮助他人实施其他犯罪，又以非职务行为与他人共同实施该其他犯罪行为，同时构成渎职犯罪和其他犯罪的共犯的，依照数罪并罚的规定定罪处罚。"

□ 120. 以危害结果为条件的渎职犯罪的追诉期限，从危害结果发生之日起计算；有数个危害结果的，从最后一个危害结果发生之日起计算。( )

参考答案：________②。

解析：《最高人民法院、最高人民检察院关于办理渎职刑事案件适用法律若干问题的解释(一)》第六条规定："以危害结果为条件的渎职犯罪的追诉期限，从危害结果发生之日起计算；有数个危害结果的，从最后一个危害结果发生之日起计算。"

□ 121. 在疫情防控工作中，负有组织、协调、指挥、灾害调查、控制、医疗救治、信息传递、交通运输、物资保障等职责的国家机关工作人员，滥用职权或者玩忽职守，致使公共财产、国家和人民利益遭受重大损失的，以滥用职权罪或者玩忽职守罪定罪处罚。( )

参考答案：________③。

解析：《最高人民法院、最高人民检察院、公安部、司法部关于依法惩治妨害新型冠状病毒感染肺炎疫情防控违法犯罪的意见》规定，在疫情防控工作中，负有组织、协调、指挥、灾害调查、控制、医疗救治、信息传递、交通运输、物资保障等职责的国家机关工作人员，滥用职权或者玩忽职守，致使公共财产、国家和人民利益遭受重大损失的，以滥用职权罪或者玩忽职守罪定罪处罚。

□ 122. 卫生行政部门的工作人员严重不负责任，不履行或者不认真履行防治监管职责，导致新型冠状病毒感染肺炎传播或者流行，情节严重的，以玩忽职守罪定罪处罚。( )

参考答案：________④。

---

① 对
② 对
③ 对
④ 错

解析：应当以传染病防治失职罪定罪处罚。《最高人民法院、最高人民检察院、公安部、司法部关于依法惩治妨害新型冠状病毒感染肺炎疫情防控违法犯罪的意见》规定，卫生行政部门的工作人员严重不负责任，不履行或者不认真履行防治监管职责，导致新型冠状病毒感染肺炎传播或者流行，情节严重的，以传染病防治失职罪定罪处罚。

□ 123. 经济犯罪一般不适用死刑，对贪污、受贿数额特别巨大，犯罪情节特别严重、社会影响特别恶劣、给国家和人民利益造成特别重大损失的，不能判处死刑，可判处终身监禁，不得减刑、假释。（ ）

参考答案：________①。

解析：《最高人民法院、最高人民检察院关于办理贪污贿赂刑事案件适用法律若干问题的解释》第四条第一款规定："贪污、受贿数额特别巨大，犯罪情节特别严重、社会影响特别恶劣、给国家和人民利益造成特别重大损失的，可以判处死刑。"

□ 124. 挪用公款数额巨大不退还的，处十年以上有期徒刑或者无期徒刑。这里的挪用公款不退还，仅限于因客观原因不能退还。（ ）

参考答案：________②。

解析：《最高人民法院关于审理挪用公款案件具体应用法律若干问题的解释》第五条规定，挪用公款数额巨大不退还的，是指挪用公款数额巨大，因客观原因在一审宣判前不能退还的。

□ 125. 对于监察机关移送起诉的已采取留置措施的案件，人民检察院应当对犯罪嫌疑人决定逮捕，留置措施自动解除。（ ）

参考答案：________③。

解析：《中华人民共和国刑事诉讼法》第一百七十条第二款规定，对于监察机关移送起诉的已采取留置措施的案件，人民检察院应当对犯罪嫌疑人"先行拘留"，留置措施自动解除。人民检察院应当在拘留后的十日以内作出是否逮捕、取保候审或者监视居住的决定。在特殊情况下，决定的时间可以延长一日至四日。人民检察院决定采取强制措施的期间不计入

---

① 错
② 对
③ 错

审查起诉期限。

□ 126. 监察机关收集物证、书证不符合法定程序，可能严重影响案件公正处理的，应当对该证据予以排除。(　)

参考答案：________①。

解析：《中华人民共和国监察法实施条例》第六十五条第三款规定："收集物证、书证不符合法定程序，可能严重影响案件公正处理的，应当予以补正或者作出合理解释；不能补正或者作出合理解释的，对该证据应当予以排除。"

□ 127. 对于贪污贿赂犯罪案件，犯罪嫌疑人、被告人逃往境外，监察机关也可以移送起诉。(　)

参考答案：________②。

解析：《中华人民共和国刑事诉讼法》第二百九十一条第一款规定，对于贪污贿赂犯罪案件，以及需要及时进行审判，经最高人民检察院核准的严重危害国家安全犯罪、恐怖活动犯罪案件，犯罪嫌疑人、被告人在境外，监察机关、公安机关移送起诉，人民检察院认为犯罪事实已经查清，证据确实、充分，依法应当追究刑事责任的，可以向人民法院提起公诉。人民法院进行审查后，对于起诉书中有明确的指控犯罪事实，符合缺席审判程序适用条件的，应当决定开庭审判。

□ 128. 国家工作人员收受请托人财物后及时退还或者上交的，就不是受贿，既不构成受贿犯罪，也不构成受贿违纪。(　)

参考答案：________③。

解析：国家工作人员收受请托人财物后及时退还或者上交的，表明国家工作人员没有受贿的故意，因此不能认定为受贿。《最高人民法院、最高人民检察院关于办理受贿刑事案件适用法律若干问题的意见》第九条规定了关于收受财物后退还或者上交问题："国家工作人员收受请托人财物后及时退还或者上交的，不是受贿。国家工作人员受贿后，因自身或者与其受贿有关联的人、事被查处，为掩饰犯罪而退还或者上交的，不影响认定受贿罪。"

---

① 错
② 对
③ 对

□ **129. 宪法是国家的根本法,是治国安邦的总章程。1982 年《宪法》公布施行后,全国人大先后五次对其修正。( )**

参考答案:________①。

解析:宪法是国家的根本法,是治国安邦的总章程。1982 年《宪法》公布施行后,全国人大分别于 1988 年、1993 年、1999 年、2004 年先后四次对宪法的个别条款和部分内容作出修正。2018 年 3 月,全国人大再次启动修宪程序,通过了修正案。

□ **130. 全国人大常委会无权对宪法个别条文进行修改。( )**

参考答案:________②。

解析:根据《中华人民共和国宪法》第六十二条第一项的规定,全国人民代表大会行使修改宪法的权力,全国人大常委会无权修改宪法。

□ **131. 对上级监察机关指定管辖的案件,下级监委调查结束后,可直接移送同级人民检察院审查起诉。( )**

参考答案:________③。

解析:《中华人民共和国监察法实施条例》第二百二十二条规定:"上级监察机关指定下级监察机关进行调查,移送起诉时需要人民检察院依法指定管辖的,应当在移送起诉前由上级监察机关与同级人民检察院协商有关程序事宜。"

□ **132. 监察机关可依法对公职人员的所有违法行为进行调查、处置。( )**

参考答案:________④。

解析:公职人员实施的重大复杂等的违法行为,一般由法定机关调查、处置。《中华人民共和国监察法实施条例》第二十四条第一款规定了监察机关可以调查公职人员存在其他违法行为的三种情形:"(一)超过行政违法追究时效,或者超过犯罪追诉时效、未追究刑事责任,但需要依法给予政务处分的;(二)被追究行政法律责任,需要依法给予政务处分的;(三)监察机关调查职务违法或者职务犯罪时,对被调查人实施的事实简单、清楚,需要依法

① 对
② 对
③ 错
④ 错

给予政务处分的其他违法行为一并查核的。”

□ **133. 公安机关人民警察在办理治安拘留案件时，如果虐待被拘留人，此种情形应由检察机关管辖。（ ）**

参考答案：________[①]。

解析：根据《中华人民共和国监察法实施条例》第二十七条的规定，监察机关管辖“司法工作人员以外的公职人员利用职权实施的非法拘禁罪、虐待被监管人罪、非法搜查罪”。公安机关人民警察在办理治安拘留案件时，属于行政机关工作人员，不属于司法工作人员，只有在办理刑事案件时，才被认定为司法工作人员。

□ **134. 辅警（公安机关警务辅助人员），在党政机关借调人员、实习人员，均可认定为监察对象。（ ）**

参考答案：________[②]。

解析：《中华人民共和国监察法实施条例》第四十三条第二项规定，虽未列入党政机关人员编制，但在党政机关中从事公务的人员属于《中华人民共和国监察法》第十五条第六项所称其他依法履行公职的人员。即属于监察对象。

□ **135. 指定管辖案件办理过程中，被指定的下级监察机关如果发现调查对象新的职务违法犯罪问题线索，可一并办理。（ ）**

参考答案：________[③]。

解析：《中华人民共和国监察法实施条例》第四十八条第四款规定，被指定的下级监察机关发现新的职务违法或者职务犯罪线索，以及其他重要情况、重大问题，应当“及时向指定管辖的监察机关请示报告”。

□ **136. 司法工作人员利用职权实施的涉嫌非法拘禁、刑讯逼供、非法搜查等侵犯公民权利、损害司法公正的犯罪，监察机关无权管辖，应由检察机关管辖。（ ）**

---

① 错
② 对
③ 错

参考答案:________[1]。

解析:《中华人民共和国监察法实施条例》第五十二条第一款规定:“监察机关必要时可以依法调查司法工作人员利用职权实施的涉嫌非法拘禁、刑讯逼供、非法搜查等侵犯公民权利、损害司法公正的犯罪,并在立案后及时通报同级人民检察院。”由此可见,对于此类犯罪,监察机关可以立案,有管辖权。

□ 137. 监察人员与涉嫌职务犯罪的被调查人进行谈话的,应当全程同步录音录像。与涉嫌严重职务违法的被调查人进行谈话的,可不全程同步录音录像。( )

参考答案:________[2]。

解析:《中华人民共和国监察法实施条例》第七十四条第三款规定:“与涉嫌严重职务违法的被调查人进行谈话的,应当全程同步录音录像,并告知被调查人。告知情况应当在录音录像中予以反映,并在笔录中记明。”

□ 138. 受贿罪中“为他人谋取利益”包括实施和实现两个阶段的行为。承诺为他人谋取利益,一般不视为为他人谋取利益。( )

参考答案:________[3]。

解析:2003 年《全国法院审理经济犯罪案件工作座谈会纪要》规定,受贿罪中为他人谋取利益包括承诺、实施和实现三个阶段的行为。只要具备其中一个阶段的行为,就具备了为他人谋取利益的要件。明知他人有具体请托事项而收受其财物的,视为承诺为他人谋取利益。

□ 139. 宪法的修改,由全国人民代表大会常务委员会或者十分之一以上的全国人民代表大会代表提议,并由全国人民代表大会以全体代表的三分之二以上的多数通过。( )

参考答案:________[4]。

解析:《中华人民共和国宪法》第六十四条第一款规定,宪法的修改,由全国人民代表大会常务委员会或者“五分之一以上”的全国人民代表大会代表提议,并由全国人民代表大会以全体代表的三分之二以上的多数通过。

---

① 错
② 错
③ 错
④ 错

单 选 题

□ **1. 我国现行宪法规定,________制度是中华人民共和国的根本制度。( )**

A. 人民代表大会　　B. 人民民主专政

C. 社会主义　　D. 中国共产党的领导

参考答案:________[①]。

解析:《中华人民共和国宪法》第一条规定:"中华人民共和国是工人阶级领导的、以工农联盟为基础的人民民主专政的社会主义国家。社会主义制度是中华人民共和国的根本制度。中国共产党领导是中国特色社会主义最本质的特征。禁止任何组织或者个人破坏社会主义制度。"

□ **2. 下列人员中,不享有宪法所规定的选举权的人员是:( )**

A. 被人民法院判处拘役的人　　B. 被人民法院判处有期徒刑的人

C. 被人民法院判处剥夺政治权利的人　　D. 旅居国外的我国公民

参考答案:________[②]。

解析:《中华人民共和国宪法》第三十四条规定,中华人民共和国年满十八周岁的公民,不分民族、种族、性别、职业、家庭出身、宗教信仰、教育程度、财产状况、居住期限,都有选举权和被选举权;"但是依照法律被剥夺政治权利的人除外"。

□ **3. 下列选项中,不正确的有:( )**

A. 全国人民代表大会代表在全国人民代表大会各种会议上的发言和表决,不受法律追究

---

① C

② C

B. 全国人民代表大会代表受原选举单位的监督。原选举单位有权依照法律规定的程序罢免本单位选出的代表

C. 全国人民代表大会常务委员会有权决定全国或者个别省、自治区、直辖市进入紧急状态

D. 在全国人民代表大会闭会期间,全国人民代表大会常务委员会可对宪法个别条款进行补充和修改

参考答案:________①。

解析:选项 A、B、C 分别依据《中华人民共和国宪法》第七十五条、第七十七条、第六十七条。选项 D 与《中华人民共和国宪法》第六十七条的规定不符。全国人民代表大会常务委员会有解释宪法的权力,但无修改宪法个别条款的权力。

法规依据

《中华人民共和国宪法》第六十七条第一项、第二十一项 全国人民代表大会常务委员会行使下列职权:

(一)解释宪法,监督宪法的实施;

(二十一)决定全国或者个别省、自治区、直辖市进入紧急状态;

第七十五条 全国人民代表大会代表在全国人民代表大会各种会议上的发言和表决,不受法律追究。

第七十七条 全国人民代表大会代表受原选举单位的监督。原选举单位有权依照法律规定的程序罢免本单位选出的代表。

□ 4.《中华人民共和国行政处罚法》规定了行政处罚的追究时效。违法行为在________内未被发现的,不再给予行政处罚;涉及公民生命健康安全、金融安全且有危害后果的,上述期限延长至________。法律另有规定的除外。( )

A. 1 年,2 年　　B. 2 年,3 年　　C. 2 年,5 年　　D. 3 年,5 年

参考答案:________②。

解析:《中华人民共和国行政处罚法》第三十六条中规定:"违法行为在二年内未被发现

---

① D

② C

的，不再给予行政处罚；涉及公民生命健康安全、金融安全且有危害后果的，上述期限延长至五年。法律另有规定的除外。”

□ **5. 关于对受到不实反映的党员干部澄清正名的理解，不正确的有：（　）**

A. 党员受到不实反映的，党组织查清后，有义务为党员澄清正名

B. 澄清正名是对澄清对象的全面评价（人品的鉴定）

C. 澄清正名是党组织对失实检举控告反映的问题的澄清

D. 澄清正名工作突出激励党员干部新时代新担当新作为的鲜明导向

参考答案：________①。

解析：根据《中国共产党党内监督条例》第四十四条、《中华人民共和国公职人员政务处分法》第五十三条的规定，党组织、监察机关在调查中发现党员、公职人员受到不实检举、控告或者诬告陷害，造成不良影响的，应当按照规定及时澄清事实，恢复名誉，消除不良影响。据此，选项A、C正确。

根据中央纪委国家监委《关于做好失实检举控告澄清工作的意见》的规定，积极稳妥开展失实检举控告澄清工作，维护党员、干部合法权益，释放提倡如实检举控告、抵制歪风邪气的强烈信号，实事求是地为担当者担当、为负责者负责，切实保护党员、干部干事创业积极性。据此，选项D正确。

根据《中央纪委国家监委关于为受到失实检举控告纪检监察干部予以澄清正名的实施意见》的规定，澄清正名仅是对失实检举控告反映的问题作出澄清，不是对澄清对象的全面评价。据此，选项B错误。

法规依据

《中国共产党党内监督条例》第四十四条　党组织应当保障监督对象的申辩权、申诉权等相关权利。经调查，监督对象没有不当行为的，应当予以澄清和正名。对以监督为名侮辱、诽谤、诬陷他人的，依纪严肃处理；涉嫌犯罪的移送司法机关处理。监督对象对处理决定不服的，可以依照党章规定提出申诉。有关党组织应当认真复议复查，并作出结论。

《纪检监察机关处理检举控告工作规则》第五十条　纪检监察机关核查认定检举控告失实、有必要予以澄清的，经本机关主要负责人批准后，可以采取以下方式予以澄清：

---

① B

(一)向被检举控告人所在地区、部门、单位党委(党组)主要负责人以及本人发函说明或者当面说明;

(二)向被检举控告人所在地区、部门、单位党委(党组)通报情况;

(三)在一定范围内通报。

《中华人民共和国公职人员政务处分法》第五十三条 监察机关在调查中发现公职人员受到不实检举、控告或者诬告陷害,造成不良影响的,应当按照规定及时澄清事实,恢复名誉,消除不良影响。

□ 6. 下列选项中,属于直接证据的有:( )

A. 被调查人否认自己受贿的辩解

B. 在国家工作人员家中发现包工头的银行卡

C. 国家工作人员家中的保姆证实曾亲眼见到包工头到国家工作人员家中

D. 国家工作人员的通话记录显示国家工作人员与包工头频繁通话

参考答案:________①。

解析:原始证据是指来自原始出处,即直接来源于案件事实的证据材料,通常被称为第一手材料。传来证据是指不直接来源于案件事实,而是从间接的、非第一来源获得的证据材料,又称派生证据。根据证据与案件主要事实证明关系的不同,可以将证据划分为直接证据与间接证据。直接证据是指能够单独、直接证明案件主要事实的证据。直接证据可以分为肯定性直接证据和否定性直接证据,即直接肯定案件事实或直接否认犯罪发生。间接证据是指不能单独、直接证明刑事案件主要事实,需要与其他证据相结合才能证明的证据。

被调查人否认自己杀人受贿的辩解,属于否定性直接证据。选项 A 正确。

在国家工作人员家中发现包工头的银行卡,仅能证明危害结果发生,但无法证明是国家工作人员受贿故意收受了银行卡,所以该银行卡属于间接证据。选项 B 不当选。

国家工作人员家中的保姆证实曾亲眼见到包工头到国家工作人员家中,但未能证明包工头实施了行贿行为,故选项 C 不是直接证据,不当选。

国家工作人员的通话记录显示国家工作人员与包工头频繁通话,仅能证明二人电话联系紧密,但不能证明发生了行贿或者受贿的事实。选项 D 不是直接证据,不当选。

---

① A

法规依据

《中华人民共和国刑事诉讼法》第五十条 可以用于证明案件事实的材料,都是证据。

证据包括:

(一)物证;

(二)书证;

(三)证人证言;

(四)被害人陈述;

(五)犯罪嫌疑人、被告人供述和辩解;

(六)鉴定意见;

(七)勘验、检查、辨认、侦查实验等笔录;

(八)视听资料、电子数据。

证据必须经过查证属实,才能作为定案的根据。

《中华人民共和国监察法实施条例》第五十九条 可以用于证明案件事实的材料都是证据,包括:

(一)物证;

(二)书证;

(三)证人证言;

(四)被害人陈述;

(五)被调查人陈述、供述和辩解;

(六)鉴定意见;

(七)勘验检查、辨认、调查实验等笔录;

(八)视听资料、电子数据。

监察机关向有关单位和个人收集、调取证据时,应当告知其必须依法如实提供证据。对于不按要求提供有关材料,泄露相关信息,伪造、隐匿、毁灭证据,提供虚假情况或者阻止他人提供证据的,依法追究法律责任。

监察机关依照监察法和本条例规定收集的证据材料,经审查符合法定要求的,在刑事诉讼中可以作为证据使用。

第六十条 监察机关认定案件事实应当以证据为根据,全面、客观地收集、固定被调查人有无违法犯罪以及情节轻重的各种证据,形成相互印证、完整稳定的证据链。

只有被调查人陈述或者供述，没有其他证据的，不能认定案件事实；没有被调查人陈述或者供述，证据符合法定标准的，可以认定案件事实。

□ **7. 犯罪经过下列期限，就不再追诉。关于追诉时效的表述，不准确的有：（　）**

A. 法定最高刑为不满5年有期徒刑的，经过5年

B. 法定最高刑为5年以上不满10年有期徒刑的，经过10年

C. 法定最高刑为10年以上有期徒刑的，经过15年

D. 法定最高刑为无期徒刑、死刑的，经过20年的，就不再追诉

参考答案：________①。

解析：选项D表述不完整。法定最高刑为无期徒刑、死刑的，经过20年。如果20年以后认为必须追诉的，须报请最高人民检察院核准。

法规依据

《中华人民共和国刑法》第八十七条　犯罪经过下列期限不再追诉：

（一）法定最高刑为不满五年有期徒刑的，经过五年；

（二）法定最高刑为五年以上不满十年有期徒刑的，经过十年；

（三）法定最高刑为十年以上有期徒刑的，经过十五年；

（四）法定最高刑为无期徒刑、死刑的，经过二十年。如果二十年以后认为必须追诉的，须报请最高人民检察院核准。

□ **8. 公职人员犯罪，个别情况下可以不开除公职。下列哪种情形可以不开除公职？（　）**

A. 因故意犯罪被判处管制　　B. 因故意犯罪被判处拘役（宣告缓刑）

C. 因犯罪被单处剥夺政治权利　　D. 公职人员因犯罪被单处罚金

参考答案：________②。

解析：《中华人民共和国公职人员政务处分法》第十四条规定：“公职人员犯罪，有下列情形之一的，予以开除：（一）因故意犯罪被判处管制、拘役或者有期徒刑以上刑罚（含宣告缓刑）的；（二）因过失犯罪被判处有期徒刑，刑期超过三年的；（三）因犯罪被单处或者并处

---

① D

② D

剥夺政治权利的。因过失犯罪被判处管制、拘役或者三年以下有期徒刑的，一般应当予以开除；案件情况特殊，予以撤职更为适当的，可以不予开除，但是应当报请上一级机关批准。公职人员因犯罪被单处罚金，或者犯罪情节轻微，人民检察院依法作出不起诉决定或者人民法院依法免予刑事处罚的，予以撤职；造成不良影响的，予以开除。”

□ 9. 关于刑事责任能力的表述，不正确的有：（　）

A. 刑事责任能力是行为人辨认和控制自己行为的能力

B. 醉酒的人犯罪，应当负刑事责任，但是可以从轻处罚

C. 又聋又哑的人或者盲人犯罪，可以从轻、减轻或者免除处罚

D. 精神病人在不能辨认或者不能控制自己行为的时候造成危害结果，经法定程序鉴定确认的，不负刑事责任

参考答案：________①。

解析：《中华人民共和国刑法》第十八条第四款规定："醉酒的人犯罪，应当负刑事责任。"但法律未规定可以从轻处罚。选项 B 错误。

《中华人民共和国刑法》第十九条规定："又聋又哑的人或者盲人犯罪，可以从轻、减轻或者免除处罚。"选项 C 正确。

《中华人民共和国刑法》第十八条第一款规定："精神病人在不能辨认或者不能控制自己行为的时候造成危害结果，经法定程序鉴定确认的，不负刑事责任，但是应当责令他的家属或者监护人严加看管和医疗；在必要的时候，由政府强制医疗。"选项 D 正确。

□ 10. 国家机关工作人员滥用职权或者玩忽职守，具有下列情形之一的，应当认定为《中华人民共和国刑法》第三百九十七条规定的"致使公共财产、国家和人民利益遭受重大损失"：（　）

A. 造成死亡 1 人以上　　B. 重伤 5 人以上

C. 轻伤 8 人以上　　D. 造成经济损失 50 万元以上的

参考答案：________②。

解析：《最高人民法院、最高人民检察院关于办理渎职刑事案件适用法律若干问题的解

---

① B

② A

释(一)》第一条第一款规定:"国家机关工作人员滥用职权或者玩忽职守,具有下列情形之一的,应当认定为刑法第三百九十七条规定的'致使公共财产、国家和人民利益遭受重大损失':(一)造成死亡1人以上,或者重伤3人以上,或者轻伤9人以上,或者重伤2人、轻伤3人以上,或者重伤1人、轻伤6人以上的;(二)造成经济损失30万元以上的;(三)造成恶劣社会影响的;(四)其他致使公共财产、国家和人民利益遭受重大损失的情形。"

□ **11. 关于渎职侵权犯罪中的"经济损失"的表述,不正确的有:( )**

A. "经济损失",是指渎职犯罪或者与渎职犯罪相关联的犯罪立案时已经实际造成的财产损失,包括为挽回渎职犯罪所造成损失而支付的各种开支、费用等

B. 立案后至提起公诉前持续发生的经济损失,不计入渎职犯罪造成的经济损失

C. 债务人经法定程序被宣告破产,债务人潜逃、去向不明,或者因行为人的责任超过诉讼时效等,致使债权已经无法实现的,无法实现的债权部分应当认定为渎职犯罪的经济损失

D. 渎职犯罪或者与渎职犯罪相关联的犯罪立案后,犯罪分子及其亲友自行挽回的经济损失,司法机关或者犯罪分子所在单位及其上级主管部门挽回的经济损失,或者因客观原因减少的经济损失,不予扣减

参考答案:________[①]。

解析:《最高人民法院、最高人民检察院关于办理渎职刑事案件适用法律若干问题的解释(一)》规定:"立案后至提起公诉前持续发生的经济损失,应一并计入渎职犯罪造成的经济损失。"选项B错误。

《最高人民法院、最高人民检察院关于办理渎职刑事案件适用法律若干问题的解释(一)》第八条第一款规定:"本解释规定的'经济损失',是指渎职犯罪或者与渎职犯罪相关联的犯罪立案时已经实际造成的财产损失,包括为挽回渎职犯罪所造成损失而支付的各种开支、费用等。立案后至提起公诉前持续发生的经济损失,应一并计入渎职犯罪造成的经济损失。"选项A正确。

《最高人民法院、最高人民检察院关于办理渎职刑事案件适用法律若干问题的解释(一)》第八条第二款规定:"债务人经法定程序被宣告破产,债务人潜逃、去向不明,或者因行为人的责任超过诉讼时效等,致使债权已经无法实现的,无法实现的债权部分应当认定为渎职犯罪的经济损失。"选项C正确。

---

① B

《最高人民法院、最高人民检察院关于办理渎职刑事案件适用法律若干问题的解释（一）》第八条第三款规定："渎职犯罪或者与渎职犯罪相关联的犯罪立案后，犯罪分子及其亲友自行挽回的经济损失，司法机关或者犯罪分子所在单位及其上级主管部门挽回的经济损失，或者因客观原因减少的经济损失，不予扣减，但可以作为酌定从轻处罚的情节。"选项D正确。

□ **12. 关于受贿罪的构成要件及追诉标准，表述不准确的有：（　）**

A. 受贿罪的主体只能是国家工作人员

B. 非国家工作人员指使、教唆、帮助国家工作人员受贿的，可以构成受贿罪共犯

C. 受贿罪的成立，要求具备为他人谋取利益这一客观要件

D. 受贿罪的追诉标准是3万元

参考答案：________[①]。

解析：受贿罪的追诉标准是3万元不准确。《最高人民法院、最高人民检察院关于办理贪污贿赂刑事案件适用法律若干问题的解释》第一条中规定："贪污或者受贿数额在三万元以上不满二十万元的，应当认定为刑法第三百八十三条第一款规定的'数额较大'，依法判处三年以下有期徒刑或者拘役，并处罚金。贪污数额在一万元以上不满三万元，具有下列情形之一的，应当认定为刑法第三百八十三条第一款规定的'其他较重情节'，依法判处三年以下有期徒刑或者拘役，并处罚金：（一）贪污救灾、抢险、防汛、优抚、扶贫、移民、救济、防疫、社会捐助等特定款物的；（二）曾因贪污、受贿、挪用公款受过党纪、行政处分的；（三）曾因故意犯罪受过刑事追究的；（四）赃款赃物用于非法活动的；（五）拒不交待赃款赃物去向或者拒不配合追缴工作，致使无法追缴的；（六）造成恶劣影响或者其他严重后果的。"选项D错误。

《中华人民共和国刑法》第三百八十五条第一款规定："国家工作人员利用职务上的便利，索取他人财物的，或者非法收受他人财物，为他人谋取利益的，是受贿罪。"选项A、C正确。

在受贿罪共同犯罪中，犯罪主体不论是否为国家工作人员，他们的犯罪行为所指向的犯罪客体都是同一的，即国家的廉政制度。选项B正确。

---

① D

□ **13. 关于受贿罪的既遂、未遂,表述不正确的有:(　)**

A. 受贿罪的既遂是行为人控制或者收受他人所送财物

B. 受贿罪的既遂是行贿人失去对贿赂物的控制

C. 受贿罪不存在未遂形态

D. 受贿罪存在未遂形态,以数额巨大的财物为受贿目标,但尚未来得及收受就案发

参考答案:________①。

解析:国家工作人员出于受贿的故意,非法占有他人所送财物,就是受贿既遂。已约定收受他人所送财物(通常要求数额巨大),因国家工作人员以外的原因,还未来得及收受的即案发,是受贿未遂。

□ **14. 以下人员中,属于监察对象的有:(　)**

A. 公立学校从事教学工作的一般教师

B. 公立医院从事疾病诊断的医生

C. 某县人大常委会机关的工勤人员(司机)

D. 协助民警执法的辅警

参考答案:________②。

解析:从《中华人民共和国监察法》的规定可以看出,监察对象是一个动态的概念,其关注的焦点是"行使公权力"。除了《中华人民共和国监察法》第十五条规定的前五类公职人员之外,只要行使了公权力,从事领导、组织、管理和监督等公务活动的人员,都属于监察对象的范畴。因此,在判断"其他依法履行公职的人员"时,必须注意其行为是否在履行公职,是否在行使公权力。例如,普通临时工、合同制民警、协管员、参与政府招投标人员等,在其依法从事公务活动期间,其身份就属于监察对象。结合案例,根据法律法规赋予的权力,辅警尽管本身不具备执法主体资格,但可以辅助人民警察从事执法工作,在协助民警执法的过程中,其行使的是公权力,属于监察对象。

---

① C

② D

法规依据

《中华人民共和国监察法》第十五条 监察机关对下列公职人员和有关人员进行监察：

（一）中国共产党机关、人民代表大会及其常务委员会机关、人民政府、监察委员会、人民法院、人民检察院、中国人民政治协商会议各级委员会机关、民主党派机关和工商业联合会机关的公务员，以及参照《中华人民共和国公务员法》管理的人员；

（二）法律、法规授权或者受国家机关依法委托管理公共事务的组织中从事公务的人员；

（三）国有企业管理人员；

（四）公办的教育、科研、文化、医疗卫生、体育等单位中从事管理的人员；

（五）基层群众性自治组织中从事管理的人员；

（六）其他依法履行公职的人员。

□ 15. 根据《事业单位工作人员处分暂行规定》规定，下列哪个处分，不能适用于事业单位工作人员？（ ）

A. 警告　　B. 记过

C. 记大过　　D. 降低岗位等级或者撤职

参考答案：________[①]。

解析：《事业单位工作人员处分暂行规定》第五条第一款规定："处分的种类为：（一）警告；（二）记过；（三）降低岗位等级或者撤职；（四）开除。"不包含记大过。

□ 16. 下列行为中，不属于监察机关管辖的有：（ ）

A. 国有公司、企业的董事非法经营同类营业

B. 某国有银行工作人员违法发放贷款

C. 某县长不报、谎报安全事故

D. 某律师披露、报道不应公开的案件信息

参考答案：________[②]。

解析：监察机关管辖的对象是职务违法、职务犯罪。公职人员披露、报道不应公开的案件信息的行为，属于监察机关管辖，选项A、B、C属于监察机关管辖。律师不属于公职人员，

① C

② D

因此其披露、报道不应公开的案件信息的行为，不属于监察机关管辖。

□ **17. 下列人员中，关于国有企业管理人员的界定，不准确的有：(　)**

A. 在国有独资、全资公司、企业中履行组织、领导、管理、监督等职责的人员

B. 经党组织或者国家机关，国有独资、全资公司、企业，事业单位提名、推荐、任命、批准等，在国有控股、参股公司及其分支机构中履行组织、领导、管理、监督等职责的人员

C. 经国家出资企业中负有管理、监督国有资产职责的组织批准或者研究决定，代表其在国有控股、参股公司及其分支机构中从事组织、领导、管理、监督工作的人员

D. 在国有企业中从事管理活动的人员均属于监察对象

参考答案：________①。

解析：依据《中华人民共和国监察法实施条例》第四十条的规定，选项A、B、C正确。

选项D具有很大的干扰性。国有企业中从事管理活动的人员不一定属于监察对象，只有经国有独资公司、企业或者国家出资公司、企业中负有管理、监督国有资产职责的组织，以多种形式委派的，代表组织对国有资产履行监督管理职责的国有企业管理人员，才属于监察对象。因此，选项D不准确。

法规依据

《中华人民共和国监察法实施条例》第四十条　监察法第十五条第三项所称国有企业管理人员，是指国家出资企业中的下列人员：

(一)在国有独资、全资公司、企业中履行组织、领导、管理、监督等职责的人员；

(二)经党组织或者国家机关，国有独资、全资公司、企业，事业单位提名、推荐、任命、批准等，在国有控股、参股公司及其分支机构中履行组织、领导、管理、监督等职责的人员；

(三)经国家出资企业中负有管理、监督国有资产职责的组织批准或者研究决定，代表其在国有控股、参股公司及其分支机构中从事组织、领导、管理、监督等工作的人员。

□ **18. 关于指定管辖，理解不正确的有：(　)**

A. 指定管辖分三种情况：一是上级纪检监察机关将下级纪检监察机关管辖的事项指定其他下级纪检监察机关管辖；二是上级纪检监察机关将其直接管辖的事项指定下级纪检监

---

① D

察机关管辖；三是下级纪检监察机关对管辖有争议的，由其共同的上级纪检监察机关确定

B. 指定下级纪检监察机关立案审查调查的案件，需要在异地起诉、审判的，由指定管辖纪检监察机关案件审理部门与承办部门协商后，由案件审理部门与同级人民检察院职务犯罪检察部门协商指定管辖等相关事宜

C. 指定管辖的案件，由被指定管辖纪检监察机关进行审理，提出党纪政务处分建议后报送指定管辖的纪检监察机关同意，交有干部管理权限的纪检监察机关履行相应程序，作出处分决定。有干部管理权限的纪检监察机关对处分建议存在不同意见时，报指定管辖纪检监察机关作出决定

D. 指定管辖的案件，被指定管辖纪检监察机关无处分权，故无须审理

参考答案：________①。

解析：《中华人民共和国监察法实施条例》第一百九十九条第一款规定："被指定管辖的监察机关在调查结束后应当将案件移送审理，提请监察机关集体审议。"选项 D 错误。

《中华人民共和国监察法实施条例》第四十八条规定："上级监察机关可以依法将其所管辖的案件指定下级监察机关管辖。设区的市级监察委员会将同级党委管理的公职人员涉嫌职务违法或者职务犯罪案件指定下级监察委员会管辖的，应当报省级监察委员会批准；省级监察委员会将同级党委管理的公职人员涉嫌职务违法或者职务犯罪案件指定下级监察委员会管辖的，应当报国家监察委员会相关监督检查部门备案。上级监察机关对于下级监察机关管辖的职务违法和职务犯罪案件，具有下列情形之一，认为由其他下级监察机关管辖更为适宜的，可以依法指定给其他下级监察机关管辖：（一）管辖有争议的；（二）指定管辖有利于案件公正处理的；（三）下级监察机关报请指定管辖的；（四）其他有必要指定管辖的。"选项 A 正确。

□ 19. 关于指定管辖案件的办理，理解不正确的有：（　）

A. 受指定机关经过初核，对指定管辖案件提出予以了结建议的，应向指定机关提交初核报告和相关证据材料等，经审核批准后予以了结

B. 被指定的监察机关在办理指定管辖案件过程中发现其他职务违法问题线索的，不能擅自处置，须向指定机关请示报告

C. 受指定机关在办理案件过程中，以指定机关名义依规依纪依法开展审查调查工作并

---

① D

出具相关手续、文书

D. 受指定机关在决定立案后，及时将立案决定书、组织处理建议函等材料送达有处分权的机关

参考答案：________[①]。

解析：《中华人民共和国监察法实施条例》第一百八十三条规定："上级监察机关需要指定下级监察机关立案调查的，应当按规定报批，向被指定管辖的监察机关出具《指定管辖决定书》，由其办理立案手续。"受指定机关在办理案件过程中，以本机关名义依规依纪依法开展审查调查工作并出具相关手续、文书，而不是以指定机关名义开展工作。选项 C 错误。

□ **20. 下列人员中，不属于监察对象的有：（　）**

A. 履行公职的各级人民代表大会代表、中国人民政治协商会议各级委员会委员

B. 人民陪审员、人民监督员

C. 某集体企业聘请的中层技术管理人员

D. 某公办高等学校评标委员会成员

参考答案：________[②]。

解析：在集体经济组织等单位、组织中，由党组织或者国家机关，国有独资、全资公司、企业，国家出资企业中负有管理监督国有和集体资产职责的组织，事业单位提名、推荐、任命、批准等，从事组织、领导、管理、监督等活动的人员，才属于监察对象。集体企业自主聘请的中层技术管理人员，不是由党组织或者国家机关提名、推荐，不体现国家或者组织意志，不属于监察对象。选项 C 错误。

法规依据

《中华人民共和国监察法实施条例》第四十三条　下列人员属于监察法第十五条第六项所称其他依法履行公职的人员：

（一）履行人民代表大会职责的各级人民代表大会代表履行公职的中国人民政治协商会议各级委员会委员、人民陪审员、人民监督员；

（二）虽未列入党政机关人员编制，但在党政机关中从事公务的人员；

① C
② C

（三）在集体经济组织等单位、组织中，由党组织或者国家机关，国有独资、全资公司、企业，国家出资企业中负有管理监督国有和集体资产职责的组织，事业单位提名、推荐、任命、批准等，从事组织、领导、管理、监督等活动的人员；

（四）在依法组建的评标、谈判、询价等组织中代表国家机关，国有独资、全资公司、企业，事业单位，人民团体临时履行公共事务组织、领导、管理、监督等职责的人员；

（五）其他依法行使公权力的人员。

□ 21. 关于留置措施的理解，表述或者理解错误的有：（ ）

A. 留置不仅适用于职务犯罪，也适用于严重职务违法

B. 留置对象涉嫌犯罪移送司法机关后，被依法判处管制、拘役和有期徒刑的，留置一日折抵管制二日，折抵拘役、有期徒刑一日

C. 留置期届满后，监察机关须将留置对象移送检察机关审查起诉

D. 监察对象虽然实施了醉驾、故意伤害等严重违法犯罪行为（非职务违法、职务犯罪），但如果没有实施严重职务违法犯罪行为，监察机关不能对其采取留置措施进行调查

参考答案：________①。

解析：选项 A 符合《中华人民共和国监察法》第二十二条第一款的规定。

选项 B 符合《中华人民共和国监察法》第四十四条第三款的规定。

留置不仅适用于职务犯罪，也适用于严重职务违法。对被调查人仅存在严重违法，监察机关调查结束后，依法作出相应政务处分、处理即可，不需要将被调查人移送检察机关审查起诉。对被调查人涉嫌职务犯罪需要追究刑事责任的，根据《中华人民共和国监察法》第四十五条第一款第四项的规定，才需要移送人民检察院依法审查、提起公诉。故选项 C 表述错误。

根据《中华人民共和国监察法》第二十二条第一款的规定，留置适用于被调查人涉嫌贪污贿赂、失职渎职等严重职务违法或者职务犯罪。对被调查人涉嫌醉驾、故意伤害等犯罪的，根据《中华人民共和国监察法实施条例》第五十一条规定和职权法定原则，应由公安机关依法管辖，而不是由监察机关采取留置措施进行调查。故选项 D 正确。

① C

法规依据

《中华人民共和国监察法》第二十二条第一款 被调查人涉嫌贪污贿赂、失职渎职等严重职务违法或者职务犯罪，监察机关已经掌握其部分违法犯罪事实及证据，仍有重要问题需要进一步调查，并有下列情形之一的，经监察机关依法审批，可以将其留置在特定场所：

(一)涉及案情重大、复杂的；

(二)可能逃跑、自杀的；

(三)可能串供或者伪造、隐匿、毁灭证据的；

(四)可能有其他妨碍调查行为的。

第四十四条第三款 被留置人员涉嫌犯罪移送司法机关后，被依法判处管制、拘役和有期徒刑的，留置一日折抵管制二日，折抵拘役、有期徒刑一日。

《中华人民共和国监察法实施条例》第五十一条 公职人员既涉嫌贪污贿赂、失职渎职等严重职务违法和职务犯罪，又涉嫌公安机关、人民检察院等机关管辖的犯罪，依法由监察机关为主调查的，应当由监察机关和其他机关分别依职权立案，监察机关承担组织协调职责，协调调查和侦查工作进度、重要调查和侦查措施使用等重要事项。

□ 22. 监察机关监督执法应经审批后严格按照规定程序。关于监察机关监督执法，下列说法不正确的有：(　　)

A. 小李说，市纪委监委欲查询市教育局局长的财产，须报市纪委监委主要负责人审批后才能进行

B. 小王说，某市纪委监委若对市水利局副局长违规收受的财物真伪进行鉴定，报所在调查部门负责人审批后就可进行

C. 小刘说，市纪委监委欲冻结市水利局副局长的财产，须报市纪委监委相关负责人审批后才能进行

D. 小杨说，市纪委监委欲查封扣押被调查人市公安局副局长的财产，须报市纪委监委主要负责人审批后才能进行

参考答案：________①。

解析：根据《监察机关监督执法工作规定》等文件的规定，市纪委监委欲查封扣押被调查人市公安局副局长的财产，报市纪委监委相关负责人审批后即可进行。选项 D 错误。

---

① D

□ **23. 关于贪污罪的认定，下列哪个选项是错误的？（ ）**

A. 国有公司中从事公务的甲，利用职务便利将本单位收受的回扣据为己有，数额较大。甲的行为构成贪污罪

B. 土地管理部门的工作人员乙，为农民多报青苗数，使其从房地产开发商处多领取20万元补偿款，自己分得10万元。乙的行为构成贪污罪

C. 村民委员会主任丙，在协助政府管理土地征用补偿费时，利用职务便利将其中数额较大款项据为己有。丙的行为构成贪污罪

D. 国有保险公司工作人员丁，利用职务便利编造未发生的保险事故进行虚假理赔，将骗取的5万元保险金据为己有。丁的行为构成贪污罪

参考答案：________①。

解析：选项A正确。甲为国家工作人员，利用职务便利，将国有公司收受的回扣据为己有，数额较大，成立贪污罪。

选项B错误。贪污罪的犯罪对象是公共财产。乙骗取的开发商的补偿款不属于《中华人民共和国刑法》第九十一条规定的公共财产。乙成立诈骗罪而非贪污罪。

选项C正确。丙属于《中华人民共和国刑法》第九十三条中规定的"其他依照法律从事公务的人员"，成立贪污罪。《全国人民代表大会常务委员会关于〈中华人民共和国刑法〉第九十三条第二款的解释》也有相关规定。

选项D正确。《中华人民共和国刑法》第一百八十三条规定，国有保险公司工作人员和国有保险公司委派到非国有保险公司从事公务的人员利用职务上的便利，故意编造未曾发生的保险事故进行虚假理赔，骗取保险金归自己所有的，依照贪污罪定罪处罚。

法规依据

《全国人民代表大会常务委员会关于〈中华人民共和国刑法〉第九十三条第二款的解释》 村民委员会等村基层组织人员协助人民政府从事下列行政管理工作，属于刑法第九十三条第二款规定的"其他依照法律从事公务的人员"：

（一）救灾、抢险、防汛、优抚、扶贫、移民、救济款物的管理；

（二）社会捐助公益事业款物的管理；

（三）国有土地的经营和管理；

---

① B

（四）土地征收、征用补偿费用的管理；

（五）代征、代缴税款；

（六）有关计划生育、户籍、征兵工作；

（七）协助人民政府从事的其他行政管理工作。

村民委员会等村基层组织人员从事前款规定的公务，利用职务上的便利，非法占有公共财物、挪用公款、索取他人财物或者非法收受他人财物，构成犯罪的，适用刑法第三百八十二条和第三百八十三条贪污罪、第三百八十四条挪用公款罪、第三百八十五条和第三百八十六条受贿罪的规定。

□ 24. 关于贪污罪、受贿罪构成要件的联系与区别，理解不正确的有：（　）

A. 两者犯罪主体均是国家工作人员，范围完全相同

B. 贪污罪侵犯的对象是公共财物，受贿罪侵犯的客体是国家工作人员职务廉洁性

C. 贪污罪中利用职务上便利是指行为人利用职务上主管、管理、经手公共财物的权力及方便条件，受贿罪中利用职务上便利是指行为人利用职务上主管、负责或者承办某项公共事务的职权及所形成的便利条件

D. 贪污罪、受贿罪的既遂未遂标准均是以行为人是否控制财物作为区分标准

参考答案：________①。

解析：受贿罪的主体只能是国家工作人员，而贪污罪的主体主要是国家工作人员，还包括受国家机关、国有公司、企业、事业单位、人民团体委托管理、经营国有财产的人员等。后者虽然并不具备国家工作人员的身份条件，但同样也能成为贪污犯罪的主体。而受贿罪的主体则仅局限于国家工作人员的范围，除此之外的人员是不能独立构成此罪的。由此可见，贪污罪的主体范围要比受贿罪的主体范围大，即凡是能构成受贿犯罪的主体，都能成为贪污犯罪的主体，但贪污犯罪的主体不一定能成为受贿犯罪的主体。选项 A 错误。

□ 25. 刘某以赵某对其犯故意伤害罪，向法院提起刑事附带民事诉讼。因赵某妹妹曾拒绝本案主审法官王某的求爱，故王某在明知证据不足、指控犯罪不能成立的情况下，毁灭赵某无罪证据，认定赵某构成故意伤害罪。对主审法官王某的定罪，下列哪一项是正确的？（　）

---

① A

A. 徇私枉法罪　　　　　　　　B. 滥用职权罪

C. 玩忽职守罪　　　　　　　　D. 帮助毁灭证据罪

参考答案：________①。

解析：选项 A 正确。徇私枉法罪是指司法工作人员徇私枉法、徇情枉法，对明知是无罪的人而使他受追诉，对明知是有罪的人而故意包庇不使他受追诉，或者在刑事审判活动中故意违背事实和法律作枉法裁判的行为。王某成立徇私枉法罪。

法规依据

《中华人民共和国刑法》第三百九十九条第一款　【徇私枉法罪】司法工作人员徇私枉法、徇情枉法，对明知是无罪的人而使他受追诉、对明知是有罪的人而故意包庇不使他受追诉，或者在刑事审判活动中故意违背事实和法律作枉法裁判的，处五年以下有期徒刑或者拘役；情节严重的，处五年以上十年以下有期徒刑；情节特别严重的，处十年以上有期徒刑。

□ 26. 关于受贿罪中“为他人谋取利益”的理解与界定，不准确的有：(　)

A. 要求国家工作人员成功为他人谋取利益

B. 要求国家工作人员明知他人有具体请托事项的

C. 国家工作人员履职时未被请托，但事后基于该履职事由收受他人财物的

D. 国家工作人员索取、收受具有上下级关系的下属或者具有行政管理关系的被管理人员的财物价值 3 万元以上，可能影响职权行使的

参考答案：________②。

解析：根据《最高人民法院、最高人民检察院关于办理贪污贿赂刑事案件适用法律若干问题的解释》第十三条规定，“为他人谋取利益”，包括实际或者承诺为他人谋取利益两种行为方式，选项 A 将其局限在实际为他人谋取利益，忽略了承诺为他人谋取利益情形，因而表述不准确。

---

① A

② A

法规依据

《最高人民法院、最高人民检察院关于办理贪污贿赂刑事案件适用法律若干问题的解释》第十三条 具有下列情形之一的,应当认定为“为他人谋取利益”,构成犯罪的,应当依照刑法关于受贿犯罪的规定定罪处罚:

(一)实际或者承诺为他人谋取利益的;

(二)明知他人有具体请托事项的;

(三)履职时未被请托,但事后基于该履职事由收受他人财物的。

国家工作人员索取、收受具有上下级关系的下属或者具有行政管理关系的被管理人员的财物价值三万元以上,可能影响职权行使的,视为承诺为他人谋取利益。

□ 27. 监察机关组织辨认人员时,被辨认的人数不得少于____人,照片不得少于____张。( )

A. 5,5 B. 5,7 C. 7,7 D. 7,10

参考答案:________①。

解析:《中华人民共和国监察法实施条例》第一百四十二条第一款规定:“辨认人员时,被辨认的人数不得少于七人,照片不得少于十张。”

□ 28. 监察机关组织辨认物品时,同类物品不得少于___件,照片不得少于___张。( )

A. 5,5 B. 5,7 C. 7,7 D. 7,10

参考答案:________②。

解析:《中华人民共和国监察法实施条例》第一百四十三条第二款规定:“辨认物品时,同类物品不得少于五件,照片不得少于五张。”

□ 29. 关于限制出境,说法不正确的有:( )

A. 监察机关为防止被调查人及相关人员逃匿境外,按规定报批后,可以依法决定采取限制出境措施,交由公安机关依法执行

B. 监察机关应当出具《采取限制出境措施决定书》

---

① D

② A

C. 限制出境措施有效期不超过三个月，到期自动解除

D. 监察机关接到口岸移民管理机构查获被决定采取留置措施的边控对象的通知后，应当于二十四小时以内到达口岸办理移交手续。无法及时到达的，应当委托当地监察机关及时前往口岸办理移交手续。当地监察机关应当予以协助

参考答案：________①。

解析：《中华人民共和国监察法实施条例》第一百六十二条规定，监察机关为防止被调查人及相关人员逃匿境外，按规定报批后，可以依法决定采取限制出境措施，交由"移民管理机构"依法执行。选项 A 错误。

《中华人民共和国监察法实施条例》第一百六十三条规定："监察机关采取限制出境措施应当出具有关函件，与《采取限制出境措施决定书》一并送交移民管理机构执行。其中，采取边控措施的，应当附《边控对象通知书》；采取法定不批准出境措施的，应当附《法定不准出境人员报备表》。"选项 B 正确。

《中华人民共和国监察法实施条例》第一百六十四条规定："限制出境措施有效期不超过三个月，到期自动解除。到期后仍有必要继续采取措施的，应当按原程序报批。承办部门应当出具有关函件，在到期前与《延长限制出境措施期限决定书》一并送交移民管理机构执行。延长期限每次不得超过三个月。"选项 C 正确。

《中华人民共和国监察法实施条例》第一百六十五条规定："监察机关接到口岸移民管理机构查获被决定采取留置措施的边控对象的通知后，应当于二十四小时以内到达口岸办理移交手续。无法及时到达的，应当委托当地监察机关及时前往口岸办理移交手续。当地监察机关应当予以协助。"选项 D 正确。

□ 30. 监察机关对于执法机关、司法机关等其他机关移送的问题线索，应当及时审核，办理方式不正确的有：(　)

A. 本单位有管辖权的，及时研究提出处置意见

B. 本单位没有管辖权但其他监察机关有管辖权的，告知执法机关、司法机关转送有管辖权的监察机关

C. 本单位对部分问题线索有管辖权的，对有管辖权的部分提出处置意见，并及时将其他问题线索转送有管辖权的机关

---

① A

D. 监察机关没有管辖权的，及时退回移送机关

参考答案：________①。

解析：《中华人民共和国监察法实施条例》第一百七十一条第二项规定："本单位没有管辖权但其他监察机关有管辖权的，在五个工作日以内转送有管辖权的监察机关。"转送的义务主体是监察机关，而不是执法机关、司法机关。选项 B 错误。

法规依据

《中华人民共和国监察法实施条例》第一百七十一条　监察机关对于执法机关、司法机关等其他机关移送的问题线索，应当及时审核，并按照下列方式办理：

（一）本单位有管辖权的，及时研究提出处置意见；

（二）本单位没有管辖权但其他监察机关有管辖权的，在五个工作日以内转送有管辖权的监察机关；

（三）本单位对部分问题线索有管辖权的，对有管辖权的部分提出处置意见，并及时将其他问题线索转送有管辖权的机关；

（四）监察机关没有管辖权的，及时退回移送机关。

□ 31. 监察机关调查职务违法或者职务犯罪案件，对被调查人没有采取留置措施的，应当在立案后________以内作出处理决定；对被调查人解除留置措施的，应当在解除留置措施后________以内作出处理决定。（　）

A. 1 年，1 年　　B. 半年，半年　　C. 1 年，半年　　D. 半年，1 年

参考答案：________②。

解析：《中华人民共和国监察法实施条例》第一百八十五条第二款规定："调查职务违法或者职务犯罪案件，对被调查人没有采取留置措施的，应当在立案后一年以内作出处理决定；对被调查人解除留置措施的，应当在解除留置措施后一年以内作出处理决定。案情重大复杂的案件，经上一级监察机关批准，可以适当延长，但延长期限不得超过六个月。"

① B
② A

□ **32. 关于撤职的表述，理解不正确的有：（　）**

A. 基层群众性自治组织中从事管理的人员有违法行为的，监察机关可以对其作出政务撤职处分

B. 国有企业管理人员被撤职的，降低职务或者岗位等级，同时降低薪酬待遇

C. 公务员被撤职的，按照规定降低职务、职级、衔级和级别，同时降低工资和待遇

D. 法律、法规授权或者受国家机关依法委托管理公共事务的组织中从事公务的人员，以及公办的教育、科研、文化、医疗卫生、体育等单位中从事管理的人员被撤职的，降低职务、岗位或者职员等级，同时降低薪酬待遇

参考答案：________①。

解析：《中华人民共和国公职人员政务处分法》第二十二条第一款规定："基层群众性自治组织中从事管理的人员有违法行为的，监察机关可以予以警告、记过、记大过。"选项 A 错误。《中华人民共和国村民委员会组织法》第十六条规定："本村五分之一以上有选举权的村民或者三分之一以上的村民代表联名，可以提出罢免村民委员会成员的要求，并说明要求罢免的理由。被提出罢免的村民委员会成员有权提出申辩意见。罢免村民委员会成员，须有登记参加选举的村民过半数投票，并须经投票的村民过半数通过。"基层群众性自治组织中从事管理的人员奉行村民自治原则，其职务罢免由村民按程序罢免。据此，监察机关不能对违法的村民委员会成员直接作出撤职处分。

《中华人民共和国公职人员政务处分法》第二十一条规定："国有企业管理人员在政务处分期内，不得晋升职务、岗位等级和职称；其中，被记过、记大过、降级、撤职的，不得晋升薪酬待遇等级。被撤职的，降低职务或者岗位等级，同时降低薪酬待遇。"选项 B 正确。

《中华人民共和国公职人员政务处分法》第十九条规定："公务员以及参照《中华人民共和国公务员法》管理的人员在政务处分期内，不得晋升职务、职级、衔级和级别；其中，被记过、记大过、降级、撤职的，不得晋升工资档次。被撤职的，按照规定降低职务、职级、衔级和级别，同时降低工资和待遇。"选项 C 正确。

《中华人民共和国公职人员政务处分法》第二十条规定："法律、法规授权或者受国家机关依法委托管理公共事务的组织中从事公务的人员，以及公办的教育、科研、文化、医疗卫生、体育等单位中从事管理的人员，在政务处分期内，不得晋升职务、岗位和职员等级、职称；其中，被记过、记大过、降级、撤职的，不得晋升薪酬待遇等级。被撤职的，降低职务、岗位或

---

① A

者职员等级，同时降低薪酬待遇。”选项D正确。

□ **33. 下列选项，理解错误的有：（ ）**

A. 某县长受到降级处分后，党组织可安排其任副县长

B. “降级”处分是指降低级别工资。如果本人级别为本职务对应最低级别的，不再降低级别，根据有关规定降低级别工资档次

C. 公务员级别共计27级，降级处分指降低27级中的级别

D. 公务员受降级处分的，从受处分的次月起，降低一个级别，级别工资就近就低套入降低后级别相应的工资档次，相应降低按级别确定标准的津贴补贴

参考答案：________①。

解析：选项A将降级与撤职处分混同。降级处分，是一种降低公职人员级别的处分方式。这里的“级”，对于公务员来说是级别，对其他公职人员则是工资或薪酬待遇等级。《中华人民共和国公职人员政务处分法》施行后，所有公职人员均适用统一的处分种类，不能以某类公职人员没有公务员级别为由不执行降级处分（法定不适用降级处分的人员除外）。撤职处分，是一种撤销公职人员所担任职务的处分方式。撤职适用于违法情节严重、不适宜继续担任现有职务的公职人员。根据《纪检监察机关监督执纪“四种形态”统计指标体系（试行）》的规定，降级处分系轻处分，撤职处分系重处分。选项A错误。

《中共中央组织部、人力资源和社会保障部、监察部、国家公务员局关于公务员受处分工资待遇处理有关问题的通知》规定：“公务员受降级处分的，从受处分的次月起，降低一个级别，级别工资就近就低套入降低后级别相应的工资档次，相应降低按级别确定标准的津贴补贴。受处分前的级别为本职务对应最低级别的，降低一个级别工资档次，级别工资为本级别最低档的，按本级别的一个工资档差降低级别工资，级别工资为二十七级1档的，可给予记大过处分。受处分期间，不得晋升级别和级别工资档次。”选项B、C、D正确。

□ **34. 公务员受到行政、刑事处罚后工资待遇处理问题的理解，不正确的有：（ ）**

A. 公务员被刑事拘留在逃或批准逮捕在逃的，应当停发工资待遇

B. 公务员被行政拘留期间，未被开除的，停发工资待遇，按本人原基本工资的75%计发生活费，不计算工作年限

---

① A

C. 公务员被取保候审、监视居住、刑事拘留、逮捕期间，停发工资待遇，按本人原基本工资的75%计发生活费，不计算工作年限

D. 公务员受到刑事处罚，处分决定机关尚未作出开除处分决定的，从人民法院判决生效的次月起，取消原工资待遇

参考答案：________①。

解析：《中共中央组织部、人力资源和社会保障部、监察部、国家公务员关于公务员被采取强制措施和受行政刑事处罚工资待遇处理有关问题的通知》规定："公务员受到刑事处罚，处分决定机关尚未作出开除处分决定的，从人民法院判决生效之日起，取消原工资待遇。"选项D错误。

《中共中央组织部、人力资源和社会保障部、监察部、国家公务员局关于公务员被采取强制措施和受行政刑事处罚工资待遇处理有关问题的通知》规定："公务员被刑事拘留在逃或批准逮捕在逃的，停发工资待遇。"选项A正确。

《中共中央组织部、人力资源和社会保障部、监察部、国家公务员局关于公务员被采取强制措施和受行政刑事处罚工资待遇处理有关问题的通知》规定："公务员被收容教育、强制隔离戒毒、劳动教养和行政拘留期间，未被开除的，停发工资待遇，按本人原基本工资的75%计发生活费。"选项B正确。

《中共中央组织部、人力资源和社会保障部、监察部、国家公务员局关于公务员被采取强制措施和受行政刑事处罚工资待遇处理有关问题的通知》规定："公务员被取保候审、监视居住、刑事拘留、逮捕期间，停发工资待遇，按本人原基本工资的75%计发生活费，不计算工作年限。"选项C正确。

□ 35. 公务员退休后被采取强制措施和受行政、刑事处罚的退休费待遇处理的理解，不正确的有：(　　)

A. 公务员退休后被取保候审、监视居住、刑事拘留、逮捕期间，停发退休费待遇，按本人原基本退休费的75%计发生活费

B. 公务员退休后被刑事拘留在逃或批准逮捕在逃的，停发退休费待遇

C. 公务员退休后被行政拘留期间，停发退休费待遇，按本人原基本退休费的75%计发生活费。期满后，按2%降低基本退休费

---

① D

D. 公务员退休后被判处管制、拘役、有期徒刑刑罚的，从人民法院判决生效之日起，取消原退休费待遇。刑罚执行完毕后的生活待遇，由原发给退休费的单位酌情处理

参考答案：________[①]。

解析：《中共中央组织部、人力资源和社会保障部、监察部、国家公务员关于公务员被采取强制措施和受行政刑事处罚工资待遇处理有关问题的通知》规定："公务员退休后被判处管制、拘役或拘役被宣告缓刑、有期徒刑被宣告缓刑期间，停发退休费待遇，按本人原基本退休费的60%计发生活费。刑罚执行完毕或缓刑考验期满不再执行原判刑罚的，按40%降低基本退休费，补贴按办事员确定。今后国家调整退休费时，按办事员的标准执行。""公务员退休后被判处有期徒刑以上刑罚的，从人民法院判决生效之日起，取消原退休费待遇。刑罚执行完毕后的生活待遇，由原发给退休费的单位酌情处理。"选项D错误。

《中共中央组织部、人力资源和社会保障部、监察部、国家公务员局关于公务员被采取强制措施和受行政刑事处罚工资待遇处理有关问题的通知》规定："公务员退休后被取保候审、监视居住、刑事拘留、逮捕期间，停发退休费待遇，按本人原基本退休费的75%计发生活费。"选项A正确。

《中共中央组织部、人力资源和社会保障部、监察部、国家公务员局关于公务员被采取强制措施和受行政刑事处罚工资待遇处理有关问题的通知》规定："公务员退休后被刑事拘留在逃或批准逮捕在逃的，停发退休费待遇。"选项B正确。

《中共中央组织部、人力资源和社会保障部、监察部、国家公务员局关于公务员被采取强制措施和受行政刑事处罚工资待遇处理有关问题的通知》规定："公务员退休后被行政拘留期间，停发退休费待遇，按本人原基本退休费的75%计发生活费。期满后，按2%降低基本退休费。今后国家调整退休费时，不受原处罚的影响。"选项C正确。

□ **36. 公务员退休后被追究法律责任的退休费待遇的理解或者表述，不正确的有：(　　)**

A. 公务员在处分决定机关作出处分决定前已经退休或退休后有违法违纪行为，依法应给予警告、记过、记大过处分的，不降低退休费待遇

B. 公务员在处分决定机关作出处分决定前已经退休或退休后有违法违纪行为，依法应给予降级处分的，从应受处分的次月起，按2%降低基本退休费。今后国家调整退休费时，不受应给予处分的影响

---

① D

C. 公务员在处分决定机关作出处分决定前已经退休或退休后有违法违纪行为，依法应给予撤职处分的，从应受处分的次月起调整退休费待遇。未重新明确执行退休待遇职务层次的，按12%降低基本退休费，补贴按降低一个职务层次确定，今后国家调整退休费时，按原执行退休待遇职务低一个职务层次的标准执行

D. 公务员在处分决定机关作出处分决定前已经退休或退休后有违法违纪行为，依法应给予开除处分但未被判处刑罚的，从应受处分的次月起，按25%降低基本退休费，补贴按降低二个职务层次确定，今后国家调整退休费时，按原执行退休待遇职务低一个职务层次的标准执行

参考答案：________①。

解析：选项D中“补贴”表述有误。《中共中央组织部、人力资源和社会保障部、监察部、国家公务员局关于公务员受处分工资待遇处理有关问题的通知》规定：“公务员在处分决定机关作出处分决定前已经退休或退休后有违法违纪行为，依法应给予开除处分但未被判处刑罚的，从应受处分的次月起，按25%降低基本退休费，补贴按办事员确定。今后国家调整退休费时，按办事员的标准执行。”

《中共中央组织部、人力资源和社会保障部、监察部、国家公务员局关于公务员受处分工资待遇处理有关问题的通知》规定：“公务员在处分决定机关作出处分决定前已经退休或退休后有违法违纪行为，依法应给予警告、记过、记大过处分的，不降低退休费待遇。”选项A正确。

《中共中央组织部、人力资源和社会保障部、监察部、国家公务员局关于公务员受处分工资待遇处理有关问题的通知》规定：“公务员在处分决定机关作出处分决定前已经退休或退休后有违法违纪行为，依法应给予降级处分的，从应受处分的次月起，按2%降低基本退休费。今后国家调整退休费时，不受应给予处分的影响。”选项B正确。

《中共中央组织部、人力资源和社会保障部、监察部、国家公务员局关于公务员受处分工资待遇处理有关问题的通知》规定：“公务员在处分决定机关作出处分决定前已经退休或退休后有违法违纪行为，依法应给予撤职处分的，从应受处分的次月起调整退休费待遇。未重新明确执行退休待遇职务层次的，按12%降低基本退休费，补贴按降低一个职务层次确定，今后国家调整退休费时，按原执行退休待遇职务低一个职务层次的标准执行。重新明确执行退休待遇职务层次的，按降低后的职务层次确定基本退休费和补贴，今后国家调整退休费

① D

时,按降低后职务层次的标准执行。"选项 C 正确。

□ 37. 下列哪一情形不属于"挪用公款归个人使用"?( )

A. 国家工作人员甲,将公款借给其弟炒股

B. 国家机关工作人员甲,以个人名义将公款借给原工作过的国有企业使用

C. 某县工商局局长甲,以单位名义将公款借给某公司使用

D. 某国有公司总经理甲,擅自决定以本公司名义将公款借给某国有事业单位使用,以安排其子在该单位就业

参考答案:________[①]。

解析:"挪用公款归个人使用"的含义几经变化,最后立法解释将其含义加以确定。根据《全国人民代表大会常务委员会关于〈中华人民共和国刑法〉第三百八十四条第一款的解释》的规定:"有下列情形之一的,属于挪用公款'归个人使用':(一)将公款供本人、亲友或者其他自然人使用的;(二)以个人名义将公款供其他单位使用的;(三)个人决定以单位名义将公款供其他单位使用,谋取个人利益的。"

立法解释的精神是将单位向单位借钱的情形排除出去,即单位向单位借钱的,不成立犯罪。凡是不属于单位向单位借钱,而将单位公款挪用的,都属于"挪用公款归个人使用":(1)如果借款方是个人,出借方无论以什么名义挪用公款的情形;(2)如果出借方以个人名义挪用,借款方无论是个人还是单位的情形;(3)个人决定以单位名义出借公款,谋取个人利益的(在本质上这种情形不属于单位向单位借钱)。

选项 A 属于将公款挪用给自然人使用的情形,选项 B 属于以个人名义将公款供其他单位使用的情形,选项 C 属于单位向单位借钱的情形(行为人没有谋取个人利益),选项 D 属于个人决定以单位名义将公款供其他单位使用,谋取个人利益的情形。所以选项 A、B、D 的情形属于"挪用公款归个人使用",而选项 C 不属于"挪用公款归个人使用"。

□ 38. 大学生甲为获得公务员面试高分,送给面试官乙(某机关领导)2 瓶高档白酒,乙拒绝。次日,甲再次到乙家,偷偷将一块价值 1 万元的金币放在茶几上离开。乙不知情。保姆以为乙知道此事,将金币放入乙的柜子。对于本案,下列哪一项是错误的?( )

A. 甲的行为成立行贿罪

---

① C

B. 乙的行为不构成受贿罪

C. 认定甲构成行贿罪与乙不构成受贿罪不矛盾

D. 保姆的行为成立利用影响力受贿罪

参考答案：________①。

解析：甲为了谋取不正当利益，送给乙财物，成立行贿罪，选项 A 正确。

乙没有收取酒，对于金币的事不知情，不成立受贿罪，选项 B 正确。

行贿罪的成立与受贿罪的不成立并不矛盾，故选项 C 正确。

保姆没有通过国家工作人员职务上的行为，为请托人谋取不正当利益，不成立利用影响力受贿罪。选项 D 错误。

□ 39. 甲恳求国有公司财务主管乙，从单位挪用 10 万元供他炒股，并将一块名表送给乙。乙做假账将 10 万元交给甲，甲表示尽快归还。20 日后，乙用个人财产归还单位 10 万元。关于本案，下列哪一项是错误的？（ ）

A. 甲、乙勾结，私自动用公款，构成挪用公款罪的共犯

B. 乙虽 20 日后主动归还 10 万元，甲、乙仍属于挪用公款罪既遂

C. 乙非法收受名表，构成受贿罪

D. 对乙不能以挪用公款罪与受贿罪进行数罪并罚

参考答案：________②。

解析：挪用公款构成犯罪的行为形态有三种：(1) 挪用公款进行非法活动的，无论时间长短、数额大小均构成犯罪。(2) 挪用公款进行营利活动的，只要数额较大，即便在 3 个月以内归还，也构成犯罪。(3) 挪用公款既不进行非法活动，也不进行营利活动，而是为了满足日常生活所需的，同时要求满足数额较大和超过 3 个月未还这两个条件才能构成犯罪。

甲恳求国有公司财务主管乙，从单位挪用 10 万元供他炒股，属于指使他人挪用公款归自己使用，应当以挪用公款罪共犯论处，故选项 A 正确。

甲挪用公款炒股，属于挪用公款进行营利活动，因为挪用数额巨大，即便乙在 20 日后，用个人财产归还单位 10 万元，也构成挪用公款罪既遂，选项 B 正确。

甲将一块名表送给乙，乙成立受贿罪，选项 C 正确。

---

① D

② D

《最高人民法院关于审理挪用公款案件具体应用法律若干问题的解释》第七条规定，因挪用公款索取、收受贿赂构成犯罪的，依照数罪并罚的规定处罚。故选项D说法错误。

法规依据

《中华人民共和国刑法》第三百八十四条 【挪用公款罪】国家工作人员利用职务上的便利，挪用公款归个人使用，进行非法活动的，或者挪用公款数额较大、进行营利活动的，或者挪用公款数额较大、超过三个月未还的，是挪用公款罪，处五年以下有期徒刑或者拘役；情节严重的，处五年以上有期徒刑。挪用公款数额巨大不退还的，处十年以上有期徒刑或者无期徒刑。

□ 40. 下列哪一行为应以玩忽职守罪论处？（ ）

A. 法官执行判决时严重不负责任，因未履行法定执行职责，致当事人利益遭受重大损失

B. 检察官讯问犯罪嫌疑人甲，甲要求上厕所，因检察官违规打开械具后未跟随，致甲在厕所翻窗逃跑

C. 值班警察与女友电话聊天时接到杀人报警，又闲聊10分钟后才赶往现场，因延迟出警，致被害人被杀、歹徒逃走

D. 市政府基建负责人因听信朋友介绍，未经审查便与对方签订建楼合同，致被骗300万元

参考答案：________[①]。

解析：《中华人民共和国刑法》第三百九十七条规定，在执行判决、裁定活动中，严重不负责任或者滥用职权，不依法采取诉讼保全措施、不履行法定执行职责，或者违法采取诉讼保全措施、强制执行措施，致使当事人或者其他人的利益遭受重大损失的，构成执行判决、裁定失职罪，执行判决、裁定滥用职权罪。

选项A法官执行判决时严重不负责任，因未履行法定执行职责，致当事人利益遭受重大损失的，构成执行判决、裁定失职罪，而非玩忽职守罪。

选项B检察官违规打开犯罪嫌疑人的械具后未跟随，致其逃跑的，构成《中华人民共和国刑法》第四百条第二款所规定的失职致使在押人员脱逃罪。

选项C值班警察接到杀人报警后延迟出警，致被害人被杀、歹徒逃走的，因刑法并未对

---

① C

类似行为规定特殊的渎职罪名,其行为应该构成玩忽职守罪。

选项D市政府基建负责人未经审查便与对方签订建楼合同,被骗300万元的,构成《中华人民共和国刑法》第四百零六条所规定的国家机关工作人员签订履行合同失职被骗罪,而非玩忽职守罪。

□ **41. 国家工作人员甲与民办小学教师乙是夫妻。甲、乙支出明显超过合法收入,差额达800万元。甲、乙拒绝说明财产来源。一审中,甲交代800万元系受贿所得,经查证属实。关于本案,下列哪个选项是错误的?( )**

A. 甲构成受贿罪　　B. 甲不构成巨额财产来源不明罪

C. 乙不构成巨额财产来源不明罪　　D. 乙构成掩饰、隐瞒犯罪所得罪

参考答案:________[①]。

解析:选项A、选项B正确。国家工作人员甲的财产800万元经查明系受贿所得,其构成受贿罪,不再构成巨额财产来源不明罪。

选项C正确。乙没有国家工作人员身份,也没有说明财产来源的义务,不构成巨额财产来源不明罪。

选项D错误。乙只是单纯拒绝说明财产来源,不构成掩饰、隐瞒犯罪所得罪。

□ **42. 交警甲和无业人员乙勾结,让乙告知超载司机"只交罚款一半的钱,即可优先通行";司机交钱后,乙将交钱司机的车号报给甲,由在高速路口执勤的甲放行。二人利用此法共得40万元,乙留下10万元,余款归甲。关于本案的分析,下列哪一项是错误的?( )**

A. 甲、乙构成受贿罪共犯　　B. 甲、乙构成贪污罪共犯

C. 甲、乙构成滥用职权罪共犯　　D. 乙的受贿数额是40万元

参考答案:________[②]。

解析:选项A正确。根据《中华人民共和国刑法》第三百八十五条第一款规定:"国家工作人员利用职务上的便利,索取他人财物的,或者非法收受他人财物,为他人谋取利益的,是受贿罪。"本题中,甲、乙行为的实质是"送给我罚款一半的钱,就可以不用再罚款了"。交警甲利用其职务上的便利,指使乙非法向超载司机索取钱财,其本质是受贿,构成受贿罪。另

① D

② B

外，不具有构成身份的人与具有构成身份的人共同实施真正身份犯罪时，成立共同犯罪。因此，乙与甲成立受贿罪的共犯。

选项B错误。《中华人民共和国刑法》第三百八十二条第一款规定："国家工作人员利用职务上的便利，侵吞、窃取、骗取或者以其他手段非法占有公共财物的，是贪污罪。"贪污是将已经属于国家的钱利用职务便利非法据为已有，而甲是要求超载司机向其行贿。本题中交警甲和无业人员乙并未将已经收到的罚款据为已有，而是要求超载司机向其行贿，甲、乙收获的"罚款"属于司机的贿赂款项，因此不构成贪污罪。

选项C正确。《中华人民共和国刑法》第三百九十七条第一款规定："国家机关工作人员滥用职权或者玩忽职守，致使公共财产、国家和人民利益遭受重大损失的，处三年以下有期徒刑或者拘役；情节特别严重的，处三年以上七年以下有期徒刑。本法另有规定的，依照规定。"本题中，甲滥用其放行车辆的权力，与无业人员乙共谋让提前给其缴纳半数罚款的超载车辆通行，致使国家损失60万元，并威胁到高速公路上的行车安全，构成滥用职权罪的共犯。

选项D正确。在共同受贿犯罪中，犯罪数额不是个人分得赃款的数额，而是二人共同犯罪涉及的总金额。因此，甲、乙的受贿罪金额均为40万元。

□ **43. 挪用公款"归个人使用"，理解不正确的有：（ ）**

A. 将公款供本人、亲友或者其他自然人使用的

B. 以个人名义将公款供其他单位使用的

C. 个人决定以单位名义将公款供其他单位使用，谋取个人利益的

D. 单位集体研究决定将以单位名义将公款供某个自然人使用

参考答案：________①。

解析：选项D错误。《全国法院审理经济犯罪案件工作座谈会纪要》规定："经单位领导集体研究决定将公款给个人使用，或者单位负责人为了单位的利益，决定将公款给个人使用的，不以挪用公款罪定罪处罚。上述行为致使单位遭受重大损失，构成其他犯罪的，依照刑法的有关规定对责任人员定罪处罚。"

选项A、B、C符合《全国人民代表大会常务委员会关于〈中华人民共和国刑法〉第三百八十四条第一款的解释》。该解释规定："国家工作人员利用职务上的便利，挪用公款'归个

① D

人使用’的含义问题，解释如下：有下列情形之一的，属于挪用公款‘归个人使用’：（一）将公款供本人、亲友或者其他自然人使用的；（二）以个人名义将公款供其他单位使用的；（三）个人决定以单位名义将公款供其他单位使用，谋取个人利益的。”

□ 44. 以下关于行贿罪的表述，不正确的有：（　）

A. 构成行贿罪，必须具备“为谋取不正当利益”的主观要件

B. 行贿罪“为谋取不正当利益”，既包括为自己谋取不正当利益，也包括为他人谋取不正当利益

C. 因被勒索给予国家工作人员以财物，获得不正当利益的，仍然构成行贿

D. 行贿犯罪、受贿犯罪，不会在近亲属（如叔侄）之间发生

参考答案：________①。

解析：行贿犯罪，也可以在近亲属之间发生。国家工作人员如果利用职务上的便利，为近亲属谋取利益，收受近亲属（如兄弟姐妹）所送巨额财物，也可以构成受贿罪。近亲属之间也可以构成行贿罪。选项D错误。

《中华人民共和国刑法》第三百八十九条第一款规定：“为谋取不正当利益，给予国家工作人员以财物的，是行贿罪。”选项A、B正确。

《中华人民共和国刑法》第三百八十九条第三款规定：“因被勒索给予国家工作人员以财物，没有获得不正当利益的，不是行贿。”选项C正确。

□ 45. 关于挪用公款犯罪的理解，不正确的有：（　）

A. 有证据证明行为人有能力归还所挪用的公款而拒不归还，并隐瞒挪用的公款去向的，应当以贪污罪定罪处罚

B. 挪用“公物”变卖款或者将“公物”抵押、担保，将担保所得用于个人使用的，也属于挪用公款

C. 挪用公款罪的犯罪对象是公款，挪用国库券等有价证券或者汇票等金融凭证的行为，不能认定为挪用公款犯罪

D. 挪用公款用于满足“揽储”需要的，属于挪用公款用于营利活动

① D

参考答案：________[①]。

解析：最高人民检察院1997年10月13日在给宁夏回族自治区人民检察院的《关于挪用国库券如何定性问题的批复》中指出："国家工作人员利用职务上的便利，挪用公有或本单位的国库券的行为以挪用公款论；符合刑法第三百八十四条、第二百七十二条第二款规定的情形构成犯罪的，按挪用公款罪追究刑事责任。"另外，《全国法院审理经济犯罪案件工作座谈会纪要》指出，挪用有价证券或者金融凭证用于质押，使公款处于风险之中，与挪用公款为他人提供担保没有实质的区别，符合刑法关于挪用公款罪规定的，以挪用公款罪定罪处罚，挪用公款数额以实际或者可能承担的风险数额认定。选项C错误，选项B正确。

最高人民法院《全国法院审理经济犯罪案件工作座谈会纪要》规定："有证据证明行为人有能力归还所挪用的公款而拒不归还，并隐瞒挪用的公款去向的，应当以贪污罪定罪处罚。"故选项A正确。

选项D正确。在单位不知情的情况下，擅自将公款用于满足"揽储"需要的，有将此种情形认定为挪用公款用于营利活动的典型案例。如江西省修水县旅发委原主任、县旅游投资发展有限公司原总经理丁某某因挪用公款帮助其女完成储蓄任务被判刑。

□ 46. 挪用公款归个人使用，进行营利活动或者超过3个月未还，数额在________以上的，应当认定为刑法第三百八十四条第一款规定的"数额较大"。（　）

A. 1万元　　B. 2万元　　C. 3万元　　D. 5万元

参考答案：________[②]。

解析：《最高人民法院、最高人民检察院关于办理贪污贿赂刑事案件适用法律若干问题的解释》第六条规定："挪用公款归个人使用，进行营利活动或者超过三个月未还，数额在五万元以上的，应当认定为刑法第三百八十四条第一款规定的'数额较大'；数额在五百万元以上的，应当认定为刑法第三百八十四条第一款规定的'数额巨大'。具有下列情形之一的，应当认定为刑法第三百八十四条第一款规定的'情节严重'：（一）挪用公款数额在二百万元以上的；（二）挪用救灾、抢险、防汛、优抚、扶贫、移民、救济特定款物，数额在一百万元以上不满二百万元的；（三）挪用公款不退还，数额在一百万元以上不满二百万元的；（四）其他严重的情节。"

---

① C

② D

□ **47. 关于贪污犯罪的追诉标准,说法不准确的有:(　　)**

A. 曾因犯罪受过刑事追究的,贪污数额在 1 万元以上不满 3 万元,可以立案追究其刑事责任

B. 贪污救灾、抢险、防汛、优抚、扶贫、移民、救济、防疫、社会捐助等特定款物,数额在 1 万元以上不满 3 万元,可以立案追究其刑事责任

C. 曾因贪污、受贿、挪用公款受过党纪、政务处分或者处分,贪污数额在 1 万元以上不满 3 万元,可以立案追究其刑事责任

D. 拒不交待赃款赃物去向或者拒不配合追缴工作,致使无法追缴,贪污数额在 1 万元以上不满 3 万元,可以立案追究其刑事责任

参考答案:________①。

解析:根据《最高人民法院、最高人民检察院关于办理贪污贿赂刑事案件适用法律若干问题的解释》的规定,曾因故意犯罪受过刑事追究的,贪污数额在 1 万元以上不满 3 万元,才可以立案追究其刑事责任。若系过失犯罪受过刑事追究的,贪污数额在 1 万元以上不满 3 万元,尚不能立案追究其刑事责任。选项 A 不准确。

《最高人民法院、最高人民检察院关于办理贪污贿赂刑事案件适用法律若干问题的解释》第一条第二款第一项规定,"贪污救灾、抢险、防汛、优抚、扶贫、移民、救济、防疫、社会捐助等特定款物","贪污数额在一万元以上不满三万元"的,应当认定为刑法第三百八十三条第一款规定的"其他较重情节",依法判处三年以下有期徒刑或者拘役,并处罚金。选项 B 正确。

《最高人民法院、最高人民检察院关于办理贪污贿赂刑事案件适用法律若干问题的解释》第一条第二款第二项规定,"曾因贪污、受贿、挪用公款受过党纪、行政处分","贪污数额在一万元以上不满三万元"的,应当认定为刑法第三百八十三条第一款规定的"其他较重情节",依法判处三年以下有期徒刑或者拘役,并处罚金。选项 C 正确。

《最高人民法院、最高人民检察院关于办理贪污贿赂刑事案件适用法律若干问题的解释》第一条第二款第五项规定,"拒不交待赃款赃物去向或者拒不配合追缴工作,致使无法追缴","贪污数额在一万元以上不满三万元"的,应当认定为刑法第三百八十三条第一款规定的"其他较重情节",依法判处三年以下有期徒刑或者拘役,并处罚金。选项 D 正确。

---

① A

□ **48. 关于受贿犯罪的追诉标准,说法不准确的有:(　　)**

A. 将受贿所得用于非法活动,受贿数额在 1 万元以上不满 3 万元,可以立案追究其刑事责任

B. 多次索贿,受贿数额在 1 万元以上不满 3 万元,可以立案追究其刑事责任

C. 受贿数额在 1 万元以上不满 3 万元,为他人谋取不正当利益,致使公共财产、国家和人民利益遭受损失的,可以立案追究其刑事责任

D. 为他人谋取职务提拔、调整,受贿数额在 3 万元以上的,才可以立案追究其刑事责任

参考答案:________①。

解析:根据《最高人民法院、最高人民检察院关于办理贪污贿赂刑事案件适用法律若干问题的解释》的规定,为他人谋取职务提拔、调整,受贿数额在 1 万元以上不满 3 万元,可以立案追究其刑事责任。选项 D 错误。

《最高人民法院、最高人民检察院关于办理贪污贿赂刑事案件适用法律若干问题的解释》第一条第二款规定,"赃款赃物用于非法活动的","贪污数额在一万元以上不满三万元"的,应当认定为刑法第三百八十三条第一款规定的"其他较重情节",依法判处 3 年以下有期徒刑或者拘役,并处罚金。选项 A 正确。

《最高人民法院、最高人民检察院关于办理贪污贿赂刑事案件适用法律若干问题的解释》第一条第三款规定,受贿数额在 1 万元以上不满 3 万元,具有下列情形之一的,应当认定为刑法第三百八十三条第一款规定的"其他较重情节",依法判处 3 年以下有期徒刑或者拘役,并处罚金:"(一)多次索贿的;(二)为他人谋取不正当利益,致使公共财产、国家和人民利益遭受损失的;(三)为他人谋取职务提拔、调整的。"选项 B、C 正确。

□ **49. 关于行贿罪的表述,不正确的有:(　　)**

A. 行贿罪的成立,要求行为人主观上有"为谋取不正当利益"的主观故意,谋取正当利益而给国家工作人员财物的,不构成行贿罪

B. 为谋取不正当利益,既包括为自己谋取不正当利益,也包括为他人谋取不正当利益

C. 受贿罪与行贿罪是对向犯:若收受财物的国家工作人员构成受贿罪,那么给予国家工作人员财物的人必然构成行贿罪

D. 国家工作人员是先为他人谋取利益后收受财物,还是先收受财物后为他人谋取利益,

---

① D

不影响受贿罪的认定

参考答案：________[①]。

解析：选项 C 表述不准确。收受财物的国家工作人员构成受贿罪，给予国家工作人员财物的人，不一定构成行贿罪。如在谋取正当利益的场合，送钱的人的行为就不构成行贿罪，但收受财物的国家工作人员可以构成受贿罪。

□ 50. 关于利用影响力受贿罪的表述，不正确的有：(　)

A. 利用影响力受贿罪的犯罪主体是国家工作人员的近亲属或者其他与该国家工作人员关系密切的人

B. 离职的国家工作人员也可以成为此罪主体

C. 利用影响力受贿罪的成立标准是行为人收受财物金额达到 3 万元

D. 非国家工作人员利用国家工作人员的影响力为他人谋取利益的过程中，如果国家工作人员知情，并共同收受财物，应对其分别定罪（非国家工作人员构成利用影响力受贿罪、国家工作人员构成受贿罪）

参考答案：________[②]。

解析：《中华人民共和国刑法》第三百八十八条之一规定了“利用影响力受贿罪”：“国家工作人员的近亲属或者其他与该国家工作人员关系密切的人，通过该国家工作人员职务上的行为，或者利用该国家工作人员职权或者地位形成的便利条件，通过其他国家工作人员职务上的行为，为请托人谋取不正当利益，索取请托人财物或者收受请托人财物，数额较大或者有其他较重情节的，处三年以下有期徒刑或者拘役，并处罚金；数额巨大或者有其他严重情节的，处三年以上七年以下有期徒刑，并处罚金；数额特别巨大或者有其他特别严重情节的，处七年以上有期徒刑，并处罚金或者没收财产。离职的国家工作人员或者其近亲属以及其他与其关系密切的人，利用该离职的国家工作人员原职权或者地位形成的便利条件实施前款行为的，依照前款的规定定罪处罚。”选项 A、B 正确。

《最高人民法院、最高人民检察院关于办理贪污贿赂刑事案件适用法律若干问题的解释》第十条第一款中规定：“利用影响力受贿罪的定罪量刑适用标准，参照本解释关于受贿罪的规定执行。”受贿罪的入罪标准，出自该司法解释第一条：“贪污或者受贿数额在三万元以

---

① C

② D

上不满二十万元的，应当认定为刑法第三百八十三条第一款规定的‘数额较大’，依法判处三年以下有期徒刑或者拘役，并处罚金。”因此，利用影响力受贿罪的成立标准是行为人收受财物金额达到3万元。选项C正确。

根据《最高人民法院、最高人民检察院关于办理受贿刑事案件适用法律若干问题的意见》和《最高人民法院、最高人民检察院关于办理商业贿赂刑事案件适用法律若干问题的意见》以及刑法关于共同犯罪的规定，非国家工作人员利用国家工作人员的影响力为他人谋取利益的过程中，如果国家工作人员知情，并共同收受财物，应以受贿罪（共犯）定罪处理。故选项D错误。

□ 51. 国家工作人员甲为了在竞争上岗过程中顺利得到提拔，到分管领导乙家中讲明来意，乙未当场表态同意。在乙送甲走时，甲偷偷将一块价值10万元的名表放在客厅茶几上离开，但乙没有注意到。乙69岁的母亲丁刚好进入客厅看到甲把手表放到茶几上，丁以为乙知道此事，将名表放入乙的柜子。直至案发，乙才知道甲将手表留在自己家中。对于本案，下列哪一选项是正确的？（　）

A. 甲的行为成立行贿罪

B. 乙的行为构成受贿罪

C. 因为行贿罪和受贿罪是对合犯罪，甲构成行贿罪，所以乙构成受贿罪

D. 丁的行为成立利用影响力受贿罪

参考答案：________[①]。

解析：选项A说法正确。行贿罪是指为了谋取不正当利益，给予国家工作人员以财物的行为。本题中，甲为了谋取不正当利益，在竞争上岗过程中获得竞争优势，向乙送名表的行为，构成行贿罪。

选项B说法错误。受贿罪是指国家工作人员利用职务上的便利，索取他人财物，或者非法收受他人财物，为他人谋取利益的行为。本题中，乙没有为甲谋取利益，也没有收甲送的名表，对于名表的事情也不知情，因此，不成立受贿罪。

选项C说法错误。行贿罪和受贿罪属于对向犯，在通常情况下，行贿方与受贿方均成立犯罪，但是，这并不意味着一方行为成立犯罪时，另一方的行为也必然成立犯罪，仅一方成立犯罪的现象也是大量存在的。本题中，甲虽然有行贿行为，但乙并没有受贿的意思表示，也

---

① A

没有实际接受甲的贿赂。因此,甲成立行贿,但乙不构成受贿。

选项D说法错误。利用影响力受贿罪要求行为人具有利用国家工作人员的地位或职权,为请托人谋取不正当利益的故意。本题中,丁既没有这种犯罪意图也没有为请托人谋取不正当利益,因此,不能成立本罪。

□ 52. 陈某因涉嫌故意伤害罪(致人重伤)被起诉至某市中级人民法院,主审法官麻某接受他人请托,故意歪曲事实,采信有利于被告人陈某的证据,认定陈某构成过失致人重伤罪,后陈某被判处有期徒刑2年6个月,对于麻某的行为,下列哪一选项是正确的?( )

A. 构成徇私枉法罪　　B. 构成滥用职权罪

C. 构成玩忽职守罪　　D. 构成帮助犯罪分子逃避处罚罪

参考答案:______[①]。

解析:《中华人民共和国刑法》第三百九十九条第一款针对"徇私枉法罪"规定:"司法工作人员徇私枉法、徇情枉法,对明知是无罪的人而使他受追诉、对明知是有罪的人而故意包庇不使他受追诉,或者在刑事审判活动中故意违背事实和法律作枉法裁判的,处五年以下有期徒刑或者拘役;情节严重的,处五年以上十年以下有期徒刑;情节特别严重的,处十年以上有期徒刑。"本题中,《中华人民共和国刑法》第二百三十四条中规定:"故意伤害他人身体的,处三年以下有期徒刑、拘役或者管制。犯前款罪,致人重伤的,处三年以上十年以下有期徒刑。"《中华人民共和国刑法》第二百三十五条中规定:"过失伤害他人致人重伤的,处三年以下有期徒刑或者拘役。"所以法官麻某故意歪曲事实,采信有利于被告人陈某的证据,认定陈某构成过失致人重伤罪,导致陈某重罪轻判,属于违背事实和法律枉法裁判的行为。因此,麻某应构成徇私枉法罪。选项A正确。

《中华人民共和国刑法》第四百一十七条规定:"有查禁犯罪活动职责的国家机关工作人员,向犯罪分子通风报信、提供便利,帮助犯罪分子逃避处罚的,处三年以下有期徒刑或者拘役;情节严重的,处三年以上十年以下有期徒刑。"主审法官麻某没有查禁犯罪活动职责,也没有实施向犯罪分子通风报信的行为。因此选项D不符合要求。

□ 53. 税务稽查员甲发现A公司欠税80万元,便私下与A公司有关人员联系,要求对方汇10万元到自己存折上以了结此事。A公司将10万元汇到甲的存折上后,甲利用职务

---

① A

上的便利为 A 公司免交 80 万元税款办理了手续。对甲的行为应如何处理？（ ）

A. 认定为徇私舞弊不征、少征税款罪，从重处罚

B. 认定为受贿罪，从重处罚

C. 认定为徇私舞弊不征、少征税款罪与受贿罪的竞合，从一重罪处罚

D. 认定为徇私舞弊不征、少征税款罪与受贿罪，实行并罚

参考答案：________①。

解析：《中华人民共和国刑法》第四百零四条规定："税务机关的工作人员徇私舞弊，不征或者少征应征税款，致使国家税收遭受重大损失的，处五年以下有期徒刑或者拘役；造成特别重大损失的，处五年以上有期徒刑。"本题中，税务稽查员甲向 A 公司索要 10 万元贿赂后，"利用职务上的便利为 A 公司免交 80 万元税款办理了手续"，完全符合徇私舞弊不征、少征税款罪的犯罪构成，故甲构成徇私舞弊不征、少征税款罪。

《中华人民共和国刑法》第三百八十五条规定："国家工作人员利用职务上的便利，索取他人财物的，或者非法收受他人财物，为他人谋取利益的，是受贿罪。国家工作人员在经济往来中，违反国家规定，收受各种名义的回扣、手续费，归个人所有的，以受贿论处。"本题中税务稽查员甲向 A 公司索要 10 万元贿赂，又符合受贿罪的犯罪构成，故甲还构成受贿罪。

甲的受贿行为和徇私舞弊不征税款行为实际上是一个行为，属于同一行为触犯两个法条的想象竞合犯，应从一重罪处罚。因此应选 C。

□ 54. 某看守所值班民警甲值班期间打瞌睡，导致在押的犯罪嫌疑人乙趁机逃走，乙逃至老家被抓回。关于本案，下列哪一选项是正确的？（ ）

A. 甲主观上是过失，乙是故意　　B. 甲、乙是事前无通谋的共犯

C. 甲构成私放在押人员罪　　D. 乙不构成脱逃罪

参考答案：________②。

解析：选项 A 正确。看守所值班民警甲擅离职守，导致乙趁机逃走，并非甲故意将乙放走，因此，甲主观上是过失；在押的犯罪嫌疑人乙出于脱逃的故意，实施脱逃的行为，因此，乙主观上是故意。

选项 B 错误。共同犯罪的成立要求行为人之间存在共同的犯罪故意，其中一人为过失

---

① C

② A

的，不构成共犯。因此，甲乙不成立共犯。

选项C错误。私放在押人员罪的主观方面为故意，过失不构成此罪，本题中甲主观上是过失，不是故意，因此不构成私放在押人员罪。

选项D错误。只要实施脱逃的行为即成立既遂，本题中，乙虽然最终被抓回，但仍然构成脱逃罪。

法规依据

《中华人民共和国刑法》第三百一十六条第一款　【脱逃罪】依法被关押的罪犯、被告人、犯罪嫌疑人脱逃的，处五年以下有期徒刑或者拘役。

第四百条第一款　【私放在押人员罪】司法工作人员私放在押的犯罪嫌疑人、被告人或者罪犯的，处五年以下有期徒刑或者拘役；情节严重的，处五年以上十年以下有期徒刑；情节特别严重的，处十年以上有期徒刑。

□ 55. 宋某系某汽车销售服务有限公司区域负责人，宋某在代表公司参与某市政府公开招标采购50台教育安全监管车辆的过程中，根据公司安排，向该市教育委员会原主任蒋某某行贿30万元现金。本案中，该公司构成何罪？（　）

A. 行贿罪　　B. 对非国家工作人员行贿罪

C. 单位行贿罪　　D. 对单位行贿罪

参考答案：______[①]。

解析：根据《中华人民共和国刑法》第三百九十三条对于“单位行贿罪”的规定，单位为谋取不正当利益而行贿，或者违反国家规定，给予国家工作人员以回扣、手续费，情节严重的，对单位判处罚金，并对其直接负责的主管人员和其他直接责任人员，处5年以下有期徒刑或者拘役，并处罚金。因行贿取得的违法所得归个人所有的，依照该法第三百八十九条、第三百九十条关于行贿罪的规定定罪处罚。因此，该公司构成单位行贿罪。应选C项。

□ 56. 下列哪种行为构成玩忽职守罪？（　）

A. 某公办中学分管校长，明知校舍大门存在安全隐患需要加固维修，却一直没有采取任何措施，某天放学时大门倒塌，造成2名学生死亡，3人重伤

① C

B. 某国有企业工作人员严重不负责任，玩忽职守造成该国有企业停产 2 年

C. 某国有企业对安全生产负有管理职责的人员，在工作中玩忽职守，导致该单位发生重大事故，造成直接经济损失 200 万元

D. 某派出所副所长，负责对辖区内的旅馆业治安、消防等方面进行巡查管理职责。对辖区内某宾馆未取得《消防许可证》长期非法经营的情况，未按规定及时上报相关部门予以查处，致该宾馆发生火灾，造成 1 名旅客死亡

参考答案：________[①]。

解析：选项 D 构成玩忽职守罪。玩忽职守罪是指国家机关工作人员严重不负责任，不履行或者不正确履行职责，致使公共财产、国家和人民利益遭受重大损失的行为。《中华人民共和国刑法》第三百九十七条对“玩忽职守罪”规定：“国家机关工作人员滥用职权或者玩忽职守，致使公共财产、国家和人民利益遭受重大损失的，处三年以下有期徒刑或者拘役；情节特别严重的，处三年以上七年以下有期徒刑。本法另有规定的，依照规定。国家机关工作人员徇私舞弊，犯前款罪的，处五年以下有期徒刑或者拘役；情节特别严重的，处五年以上十年以下有期徒刑。本法另有规定的，依照规定。”

选项 A 构成教育设施重大安全事故罪。《中华人民共和国刑法》第一百三十八条对“教育设施重大安全事故罪”规定：“明知校舍或者教育教学设施有危险，而不采取措施或者不及时报告，致使发生重大伤亡事故的，对直接责任人员，处三年以下有期徒刑或者拘役；后果特别严重的，处三年以上七年以下有期徒刑。”

选项 B 构成国有公司、企业、事业单位人员失职罪。《中华人民共和国刑法》第一百六十八条对“国有公司、企业、事业单位人员失职罪”规定：“国有公司、企业的工作人员，由于严重不负责任或者滥用职权，造成国有公司、企业破产或者严重损失，致使国家利益遭受重大损失的，处三年以下有期徒刑或者拘役；致使国家利益遭受特别重大损失的，处三年以上七年以下有期徒刑。国有事业单位的工作人员有前款行为，致使国家利益遭受重大损失的，依照前款的规定处罚。国有公司、企业、事业单位的工作人员，徇私舞弊，犯前两款罪的，依照第一款的规定从重处罚。”

2010 年 5 月 7 日《最高人民检察院、公安部关于公安机关管辖的刑事案件立案追诉标准的规定（二）》第十五条对《中华人民共和国刑法》第一百六十八条“国有公司、企业、事业单位人员失职罪”的立案追诉标准规定如下：“国有公司、企业、事业单位的工作人员，严重不负

① D

责任,涉嫌下列情形之一的,应予立案追诉:(一)造成国家直接经济损失数额在五十万元以上的;(二)造成有关单位破产,停业、停产一年以上,或者被吊销许可证和营业执照、责令关闭、撤销、解散的;(三)其他致使国家利益遭受重大损失的情形。"

选项C构成重大劳动安全事故罪。《中华人民共和国刑法》第一百三十五条对"重大劳动安全事故罪"规定:"安全生产设施或者安全生产条件不符合国家规定,因而发生重大伤亡事故或者造成其他严重后果的,对直接负责的主管人员和其他直接责任人员,处三年以下有期徒刑或者拘役;情节特别恶劣的,处三年以上七年以下有期徒刑。"

2015年12月14日《最高人民法院、最高人民检察院关于办理危害生产安全刑事案件适用法律若干问题的解释》第六条就《中华人民共和国刑法》第一百三十五条"重大劳动安全事故罪"的适用,解释如下:"实施刑法第一百三十二条、第一百三十四条第一款、第一百三十五条、第一百三十五条之一、第一百三十六条、第一百三十九条规定的行为,因而发生安全事故,具有下列情形之一的,应当认定为'造成严重后果'或者'发生重大伤亡事故或者造成其他严重后果',对相关责任人员,处三年以下有期徒刑或者拘役:(一)造成死亡一人以上,或者重伤三人以上的;(二)造成直接经济损失一百万元以上的;(三)其他造成严重后果或者重大安全事故的情形。"

□ 57. 某法官甲利用职务上的便利为某律师介绍案源。事成之后,律师送给甲1张购物卡,并告知其购物卡的价值为3万元、使用期限为1年。甲收下购物卡后忘记使用,导致购物卡过期作废,卡内的3万元被退回。关于法官甲的行为,下列哪一选项是正确的?( )

A. 甲的行为不构成受贿罪

B. 甲的行为构成受贿罪,属于既遂

C. 甲的行为构成受贿罪,但属于未遂

D. 甲的行为构成受贿罪,属于犯罪预备

参考答案:________[①]。

解析:《中华人民共和国刑法》第三百八十五条规定:"国家工作人员利用职务上的便利,索取他人财物的,或者非法收受他人财物,为他人谋取利益的,是受贿罪。"本题中法官甲利用职务上的便利为某律师谋取利益后,收受律师财物的行为属于受贿既遂,甲由于忘记使用而导致钱款被退回,是在受贿既遂后发生的,不能使受贿罪退回到未遂形态。另外,甲未

---

① B

能及时利用导致所收受的钱款失效，属于犯罪后对赃物的处置，不影响犯罪的既遂。因此甲构成受贿罪的既遂。

□ **58. 关于贿赂犯罪，下列选项正确的是：(　)**

A. 国家工作人员利用职务便利，为请托人谋取利益并收受其财物而构成受贿罪的，请托人当然构成行贿罪

B. 因被勒索给予国家工作人员以财物，如果谋取了不正当利益，仍然构成行贿罪

C. 行贿人在被追诉前主动交待行贿行为的，可以从轻或者减轻处罚

D. 某国家机关利用其职权或地位形成的便利条件，通过其他国家机关的职务行为，为请托人谋取利益，索取请托人财物的，构成单位受贿罪

参考答案：________①。

解析：选项A说法错误。《中华人民共和国刑法》第三百八十九条第一款规定："为谋取不正当利益，给予国家工作人员以财物的，是行贿罪。"请托人如果谋取正当利益而给予国家工作人员财物，不构成行贿罪。

选项B说法正确。《中华人民共和国刑法》第三百八十九条第四款规定："因被勒索给予国家工作人员以财物，没有获得不正当利益的，不是行贿。"即虽是被勒索但如果获得了不正当利益，仍成立行贿罪。

选项C说法错误。《中华人民共和国刑法》第一百六十四条第三款规定："行贿人在被追诉前主动交待行贿行为的，可以减轻处罚或者免除处罚。"

选项D说法错误。《中华人民共和国刑法》第三百八十八条针对"受贿罪"规定："国家工作人员利用本人职权或者地位形成的便利条件，通过其他国家工作人员职务上的行为，为请托人谋取不正当利益，索取请托人财物或者收受请托人财物的，以受贿论处。"据此可知，该规定仅限于国家工作人员，不包括国家机关。

□ **59. 甲为谋取不正当利益向某行政机关干部乙行贿10万元现金，乙收下并答应为甲办事，后发现该10万元现金全部为假币，经调查甲系明知是假币而向乙行贿。下列哪一选项是正确的？(　)**

A. 甲用假币行贿，其行为成立行贿罪未遂，是实行终了的未遂

① B

B. 甲明知是假币而行贿，构成诈骗罪

C. 乙虽然收受假币，但其行为仍构成受贿罪

D. 乙收受假币的行为不构成受贿罪

参考答案：________[1]。

解析：用假币行贿的，对甲不能以行贿罪论，因为假币不具有使用价值，而甲完全是在利用欺骗手段来谋取不正当利益，应对甲以使用假币罪论处。选项A错误。

甲明知是假币而行贿，符合《中华人民共和国刑法》第一百七十二条持有、使用假币罪的构成要件。成立诈骗罪，要求造成被害人财产损失，甲的行为并未造成乙的财产损失，因此甲的行为不构成诈骗罪，选项B错误。

本题中当乙收受"财物"时，是基于错误认识收受的，假币虽属于物的范畴，没有使用价值，不能实现受贿罪的犯罪构成，但并不影响受贿罪的成立，乙的行为构成受贿罪未遂。所以选项C正确，选项D错误。

□ 60. 某市人社局会计甲见同事出纳乙将从银行取出的慰问金放入保险柜中，甲在夜间经过伪装潜入自己办公室，使用铁棍将保险柜撬开并取走现金10万元，甲离开时还破坏了作案现场，第二天上班后乙发现现金被盗并报警。关于本案，下列哪一选项是正确的？（ ）

A. 甲虽然是国家工作人员，但没有利用职务上的便利，故应认定为盗窃罪

B. 甲虽然没有利用职务上的便利，但也不属于将他人占有的财物转移为自己占有，故应认定为侵占罪

C. 甲将自己基于职务保管的财物据为己有，应成立贪污罪

D. 甲实际上是通过欺骗手段获得财物的，应认定为诈骗罪

参考答案：________[2]。

解析：根据《中华人民共和国刑法》第三百八十二条的规定，贪污罪是指国家工作人员利用职务上的便利，侵吞、窃取、骗取或者以其他手段非法占有公共财物的行为。本案中，甲是国有公司的会计，所取走的10万元现金并不是自己保管，不具备利用职务便利这一贪污罪的要件，故甲不满足贪污罪主体要件的要求，甲秘密窃取单位的现金10万元的行为成立盗

---

① C

② A

窃罪。因此，本题的正确答案是选项A。

□ **61. 关于罪刑法定原则，下列哪一选项是正确的？( )**

A. 罪刑法定原则的思想基础之一是民主主义，而习惯最能反映民意，所以，将习惯作为刑法的渊源并不违反罪刑法定原则

B. 罪刑法定原则中的"法"不仅包括国家立法机关制定的法，而且包括国家最高行政机关制定的法

C. 罪刑法定原则禁止不利于行为人的溯及既往，但允许有利于行为人的溯及既往

D. 刑法分则的部分条文对犯罪的状况不作具体描述，只是表述该罪的罪名。这种立法体例违反罪刑法定原则

参考答案：________①。

解析：罪刑法定原则要求刑法应以制定法为依据，排斥习惯法，故选项A错误。

根据《中华人民共和国立法法》第八条第四项的规定，关于犯罪和刑罚的事项只能制定法律，故选项B错误。

刑法只禁止犯罪化，强化惩罚或对行为人不利的法律追溯既往，对非犯罪化，弱化惩罚或有利于行为人的法律则允许有溯及既往的效力。《中华人民共和国刑法》第十二条第一款规定了刑法的溯及力问题："中华人民共和国成立以后本法施行以前的行为，如果当时的法律不认为是犯罪的，适用当时的法律；如果当时的法律认为是犯罪的，依照本法总则第四章第八节的规定应当追诉的，按照当时的法律追究刑事责任，但是如果本法不认为是犯罪或者处刑较轻的，适用本法。"故选项C正确。

刑法分则中部分条文没有具体描述犯罪的特征，只是表述该罪的罪名，之所以采取这种简单罪状的方式，往往是因为这些犯罪的特征为众人所知，无须具体描述，所以并不违反罪刑法定原则，故选项D错误。

□ **62. 监察机关使用调取措施，下列选项中不规范的有：( )**

A. 调取作为证明涉嫌职务违法、职务犯罪的证据使用的材料时，只出具《调取证据通知书》，未出具《调取证据清单》

B. 调取同级党委管理的干部的人事档案、个人有关事项报告材料等信息只报监委分管

---

① C

领导审批，未报监委主要领导审批

C. 向组织部门调取领导干部个人有关事项报告、干部人事档案，一名是正式纪检监察干部（党员），另一名是借调外单位的非党员干部

D. 调取涉及具体通信内容的信息，经审批按有关规定向公安机关或者国家有关执法机关调取，调取不涉及具体通信内容的信息经审批按有关规定向基础电信企业调取

参考答案：________①。

解析：根据《关于规范组织人事部门协助纪监机关（机构）查阅、调取领导干部个人有关事项报告等材料工作的通知》的规定，监察机关向组织人事部门调取领导干部个人有关事项报告、干部人事档案等相关材料，应当由调取单位2名以上均为党员的正式干部，持函、证件前往。选项C，一名是正式纪检监察干部（党员），另一名是借调外单位的非党员干部，就不符合规范。

《中华人民共和国监察法实施条例》第一百二十条第一款规定："调取证据材料时，调查人员不得少于二人。调查人员应当依法出具《调取证据通知书》，必要时附《调取证据清单》。"选项A符合要求。

---

① C

多选题

□ **1. 下列选项中,关于宪法规定的表述或者理解,正确的有:(　)**

A. 全国人民代表大会会议每年举行一次,由全国人民代表大会常务委员会召集。如果全国人民代表大会常务委员会认为必要,或者有五分之一以上的全国人民代表大会代表提议,可以临时召集全国人民代表大会会议

B. 全国人民代表大会任期届满的两个月以前,全国人民代表大会常务委员会必须完成下届全国人民代表大会代表的选举。如果遇到不能进行选举的非常情况,由全国人民代表大会常务委员会以全体组成人员的三分之二以上的多数通过,可以推迟选举,延长本届全国人民代表大会的任期。在非常情况结束后一年内,必须完成下届全国人民代表大会代表的选举

C. 全国人民代表大会任期届满的两个月以前,全国人民代表大会常务委员会必须完成下届全国人民代表大会代表的选举。如果遇到不能进行选举的非常情况,由全国人民代表大会常务委员会以全体组成人员的二分之一以上的多数通过,可以推迟选举,延长本届全国人民代表大会的任期。在非常情况结束后一年内,必须完成下届全国人民代表大会代表的选举

D. 全国人民代表大会举行会议的时候,选举主席团主持会议

参考答案:________①。

解析:《中华人民共和国宪法》第六十一条第一款规定:"全国人民代表大会会议每年举行一次,由全国人民代表大会常务委员会召集。如果全国人民代表大会常务委员会认为必要,或者有五分之一以上的全国人民代表大会代表提议,可以临时召集全国人民代表大会会议。"选项 A 正确。

《中华人民共和国宪法》第六十条第二款规定:"全国人民代表大会任期届满的两个月

① ABD

以前,全国人民代表大会常务委员会必须完成下届全国人民代表大会代表的选举。如果遇到不能进行选举的非常情况,由全国人民代表大会常务委员会以全体组成人员的三分之二以上的多数通过,可以推迟选举,延长本届全国人民代表大会的任期。在非常情况结束后一年内,必须完成下届全国人民代表大会代表的选举。”选项 B 正确。选项 C 错误。

《中华人民共和国宪法》第六十一条第二款规定:“全国人民代表大会举行会议的时候,选举主席团主持会议。”选项 D 正确。

□ 2. 根据监察法的规定,留置需要具备以下条件:(　)

A. 被调查人涉嫌贪污贿赂、失职渎职等严重职务违法或者职务犯罪

B. 监察机关已经掌握其部分违法犯罪事实及证据

C. 仍有重要问题需要进一步调查

D. 被调查人有逃跑、自杀、串供或者伪造、隐匿、毁灭证据等妨碍调查的可能

参考答案:________①。

解析:《中华人民共和国监察法》第二十二条第一款规定:“被调查人涉嫌贪污贿赂、失职渎职等严重职务违法或者职务犯罪,监察机关已经掌握其部分违法犯罪事实及证据,仍有重要问题需要进一步调查,并有下列情形之一的,经监察机关依法审批,可以将其留置在特定场所:(一)涉及案情重大、复杂的;(二)可能逃跑、自杀的;(三)可能串供或者伪造、隐匿、毁灭证据的;(四)可能有其他妨碍调查行为的。”据此,选项 A、B、C、D 正确。

□ 3. 涉嫌职务犯罪的被调查人主动认罪认罚,有哪些情形的,监察机关经领导人员集体研究,并报上一级监察机关批准,可以在移送人民检察院时提出从宽处罚的建议:(　)

A. 自动投案,真诚悔罪悔过的

B. 积极退赃,减少损失的

C. 积极配合调查工作,如实供述监察机关还未掌握的违法犯罪行为的

D. 具有重大立功表现或者案件涉及国家重大利益等情形的

参考答案:________②。

解析:《中华人民共和国监察法》第三十一条规定:“涉嫌职务犯罪的被调查人主动认罪

---

① ABCD

② ABCD

认罚,有下列情形之一的,监察机关经领导人员集体研究,并报上一级监察机关批准,可以在移送人民检察院时提出从宽处罚的建议:(一)自动投案,真诚悔罪悔过的;(二)积极配合调查工作,如实供述监察机关还未掌握的违法犯罪行为的;(三)积极退赃,减少损失的;(四)具有重大立功表现或者案件涉及国家重大利益等情形的。”据此,选项A、B、C、D正确。

□ 4. 关于监察机关及监察人员的调查,应当履行的义务有:( )

A. 调查人员采取讯问、询问、留置、搜查、调取、查封、扣押、勘验检查等调查措施,依照规定出示证件,出具书面通知,由二人以上进行,形成笔录、报告等书面材料,并由相关人员签名、盖章

B. 调查人员进行讯问以及搜查、查封、扣押等重要取证工作,全程录音录像,留存备查

C. 只收集被调查人违法犯罪以及情节重的证据

D. 严格执行调查方案,不随意扩大调查范围、变更调查对象和事项。

参考答案:________①。

解析:《中华人民共和国监察法》第四十条第一款规定,监察机关对职务违法和职务犯罪案件,应当进行调查,收集被调查人有无违法犯罪以及情节“轻重”的证据,查明违法犯罪事实,形成相互印证、完整稳定的证据链。选项C错误。

《中华人民共和国监察法》第四十一条第一款规定:“调查人员采取讯问、询问、留置、搜查、调取、查封、扣押、勘验检查等调查措施,均应当依照规定出示证件,出具书面通知,由二人以上进行,形成笔录、报告等书面材料,并由相关人员签名、盖章。”选项A正确。

《中华人民共和国监察法》第四十一条第二款规定:“调查人员进行讯问以及搜查、查封、扣押等重要取证工作,应当对全过程进行录音录像,留存备查。”选项B正确。

《中华人民共和国监察法》第四十二条第一款规定:“调查人员应当严格执行调查方案,不得随意扩大调查范围、变更调查对象和事项。”选项D正确。

□ 5. 监察机关根据监督、调查结果,可以依法作出哪些处置?( )

A. 对有职务违法行为但情节较轻的公职人员,按照管理权限,直接或者委托有关机关、人员,进行谈话提醒、批评教育、责令检查,或者予以诫勉

B. 对违法的公职人员依照法定程序作出警告、记过、记大过、降级、撤职、开除等政务处

---

① ABD

分决定

C. 对不履行或者不正确履行职责负有责任的领导人员，按照管理权限对其直接作出问责决定，或者向有权作出问责决定的机关提出问责建议

D. 对涉嫌职务犯罪的，监察机关经调查认为犯罪事实清楚，证据确实、充分的，制作起诉意见书，连同案卷材料、证据一并移送人民检察院依法审查、提起公诉

E. 对监察对象所在单位廉政建设和履行职责存在的问题等提出监察建议

F. 对没有证据证明被调查人存在违法犯罪行为的，应当撤销案件，并通知被调查人所在单位

参考答案：________①。

解析：《中华人民共和国监察法》第四十五条规定："监察机关根据监督、调查结果，依法作出如下处置：（一）对有职务违法行为但情节较轻的公职人员，按照管理权限，直接或者委托有关机关、人员，进行谈话提醒、批评教育、责令检查，或者予以诫勉；（二）对违法的公职人员依照法定程序作出警告、记过、记大过、降级、撤职、开除等政务处分决定；（三）对不履行或者不正确履行职责负有责任的领导人员，按照管理权限对其直接作出问责决定，或者向有权作出问责决定的机关提出问责建议；（四）对涉嫌职务犯罪的，监察机关经调查认为犯罪事实清楚，证据确实、充分的，制作起诉意见书，连同案卷材料、证据一并移送人民检察院依法审查、提起公诉；（五）对监察对象所在单位廉政建设和履行职责存在的问题等提出监察建议。监察机关经调查，对没有证据证明被调查人存在违法犯罪行为的，应当撤销案件，并通知被调查人所在单位。"选项 A、B、C、D、E、F 正确。

□ 6. 办理监察事项的监察人员有下列情形之一的，应当自行回避，监察对象、检举人及其他有关人员也有权要求其回避：（　）

A. 监察对象或者检举人的近亲属的

B. 担任过本案的证人的

C. 本人或者其近亲属与办理的监察事项有利害关系的

D. 有可能影响监察事项公正处理的其他情形的

参考答案：________②。

---

① ABCDEF

② ABCD

解析:《中华人民共和国监察法》第五十八条规定:“办理监察事项的监察人员有下列情形之一的,应当自行回避,监察对象、检举人及其他有关人员也有权要求其回避:(一)是监察对象或者检举人的近亲属的;(二)担任过本案的证人的;(三)本人或者其近亲属与办理的监察事项有利害关系的;(四)有可能影响监察事项公正处理的其他情形的。”选项 A、B、C、D 正确。

□ **7. 监察机关及其工作人员有下列哪些行为,被调查人及其近亲属有权向该机关申诉?( )**

A. 留置法定期限届满,不予以解除的

B. 查封、扣押、冻结与案件无关的财物的

C. 应当解除查封、扣押、冻结措施而不解除的

D. 贪污、挪用、私分、调换以及违反规定使用查封、扣押、冻结的财物的

E. 其他违反法律法规、侵害被调查人合法权益的行为

参考答案:________①。

解析:《中华人民共和国监察法》第六十条第一款规定:“监察机关及其工作人员有下列行为之一的,被调查人及其近亲属有权向该机关申诉:(一)留置法定期限届满,不予以解除的;(二)查封、扣押、冻结与案件无关的财物的;(三)应当解除查封、扣押、冻结措施而不解除的;(四)贪污、挪用、私分、调换以及违反规定使用查封、扣押、冻结的财物的;(五)其他违反法律法规、侵害被调查人合法权益的行为。”选项 A、B、C、D、E 正确。

□ **8. 有关人员违反规定,有下列情形的,由其所在单位、主管部门、上级机关或者监察机关责令改正,依法给予处理:( )**

A. 不按要求提供有关材料,拒绝、阻碍调查措施实施等拒不配合监察机关调查的

B. 提供虚假情况,掩盖事实真相的

C. 串供或者伪造、隐匿、毁灭证据的

D. 阻止他人揭发检举、提供证据的

E. 其他违反本法规定的行为,情节严重的

---

① ABCDE

参考答案：________①。

解析：《中华人民共和国监察法》第六十三条规定："有关人员违反本法规定，有下列行为之一的，由其所在单位、主管部门、上级机关或者监察机关责令改正，依法给予处理：（一）不按要求提供有关材料，拒绝、阻碍调查措施实施等拒不配合监察机关调查的；（二）提供虚假情况，掩盖事实真相的；（三）串供或者伪造、隐匿、毁灭证据的；（四）阻止他人揭发检举、提供证据的；（五）其他违反本法规定的行为，情节严重的。"选项 A、B、C、D、E 正确。

□ 9. 公职人员在被立案调查期间，公职人员、被调查公职人员所在机关、单位及上级机关、单位应遵守的规定有哪些？（　）

A. 未经监察机关同意，公职人员不得出境

B. 未经监察机关同意，公职人员不得辞去公职

C. 公职人员单位不得对其交流、晋升

D. 公职人员单位不得对其奖励

E. 公职人员单位不得为其办理退休手续

参考答案：________②。

解析：《中华人民共和国公职人员政务处分法》第五十二条第二款规定："公职人员在被立案调查期间，未经监察机关同意，不得出境、辞去公职；被调查公职人员所在机关、单位及上级机关、单位不得对其交流、晋升、奖励、处分或者办理退休手续。"应选 A、B、C、D、E 项。

□ 10. 可以从轻或者减轻给予政务处分的有：（　）

A. 主动交代本人应当受到政务处分的违法行为的

B. 配合调查，如实说明本人违法事实的

C. 检举他人违纪违法行为，经查证属实的

D. 主动采取措施，有效避免、挽回损失或者消除不良影响的

E. 主动上交或者退赔违法所得的

参考答案：________③。

解析：《中华人民共和国公职人员政务处分法》第十一条规定："公职人员有下列情形之

---

① ABCDE

② ABCDE

③ ABCDE

一的，可以从轻或者减轻给予政务处分：（一）主动交代本人应当受到政务处分的违法行为的；（二）配合调查，如实说明本人违法事实的；（三）检举他人违纪违法行为，经查证属实的；（四）主动采取措施，有效避免、挽回损失或者消除不良影响的；（五）在共同违法行为中起次要或者辅助作用的；（六）主动上交或者退赔违法所得的；（七）法律、法规规定的其他从轻或者减轻情节。”选项 A、B、C、D、E 正确。

□ 11. 应当从重给予政务处分的有：（　）

A. 在受政务处分期间再次故意实施违法行为，应当受到政务处分的

B. 串供或者阻止他人揭发检举、提供证据材料的

C. 伪造、隐匿、毁灭证据的

D. 包庇同案人员的

E. 强迫、唆使他人实施违法行为的

F. 拒不上交或者退赔违法所得的

参考答案：________①。

解析：《中华人民共和国公职人员政务处分法》第十三条规定：“公职人员有下列情形之一的，应当从重给予政务处分：（一）在政务处分期内再次故意违法，应当受到政务处分的；（二）阻止他人检举、提供证据的；（三）串供或者伪造、隐匿、毁灭证据的；（四）包庇同案人员的；（五）胁迫、唆使他人实施违法行为的；（六）拒不上交或者退赔违法所得的；（七）法律、法规规定的其他从重情节。”选项 A、B、C、D、E、F 正确。

□ 12. 公职人员犯罪，具有下列哪些情形，予以开除？（　）

A. 因故意犯罪被判处管制、拘役、有期徒刑以上刑罚的（含宣告缓刑）

B. 因过失犯罪被判处有期徒刑，刑期超过三年的

C. 因犯罪被单处或者并处剥夺政治权利的

D. 公职人员因犯罪被单处罚金的，或者因犯罪情节轻微被人民检察院依法作出不起诉决定，或者被人民法院依法免予刑事处罚的

参考答案：________②。

---

① ABCDEF

② ABC

解析:《中华人民共和国公职人员政务处分法》第十四条第三款规定:"公职人员因犯罪被单处罚金,或者犯罪情节轻微,人民检察院依法作出不起诉决定或者人民法院依法免予刑事处罚的,予以撤职;造成不良影响的,予以开除。"选项D错误。

《中华人民共和国公职人员政务处分法》第十四条第一款规定:"公职人员犯罪,有下列情形之一的,予以开除:(一)因故意犯罪被判处管制、拘役或者有期徒刑以上刑罚(含宣告缓刑)的;(二)因过失犯罪被判处有期徒刑,刑期超过三年的;(三)因犯罪被单处或者并处剥夺政治权利的。"选项A、B、C正确。

□ 13. 公职人员政务处分的种类有:( )

A. 警告　B. 记过、记大过　C. 降级　D. 降低岗位等级　E. 撤职、开除

参考答案:________①。

解析:《中华人民共和国公职人员政务处分法》第七条规定:"政务处分的种类为:(一)警告;(二)记过;(三)记大过;(四)降级;(五)撤职;(六)开除。"降低岗位等级,未被列入政务处分种类。应选A、B、C、E项。

□ 14. 给予公职人员政务处分,应当做到:( )

A. 事实清楚　B. 证据确凿　C. 定性准确
D. 处理恰当　E. 程序合法　F. 手续完备

参考答案:________②。

解析:《中华人民共和国公职人员政务处分法》第五条规定:"给予公职人员政务处分,应当事实清楚、证据确凿、定性准确、处理恰当、程序合法、手续完备。"

□ 15. 给予公职人员政务处分,应坚持哪些原则?( )

A. 党管干部原则
B. 集体讨论决定
C. 坚持法律面前一律平等
D. 以事实为根据,以法律为准绳

① ABCE
② ABCDEF

E. 给予的政务处分与违法行为的性质、情节、危害程度相适应

F. 坚持惩戒与教育相结合,宽严相济

参考答案:________[1]。

解析:《中华人民共和国公职人员政务处分法》第四条规定:“给予公职人员政务处分,坚持党管干部原则,集体讨论决定;坚持法律面前一律平等,以事实为根据,以法律为准绳,给予的政务处分与违法行为的性质、情节、危害程度相当;坚持惩戒与教育相结合,宽严相济。”

□ 16. 政务处分决定书应当载明下列事项:(　)

A. 被处分人的姓名、工作单位和职务

B. 违法事实和证据

C. 政务处分的种类和依据

D. 不服政务处分决定,申请复审、复核的途径和期限

E. 作出政务处分决定的机关名称和日期

F. 盖有作出决定的监察机关的印章

参考答案:________[2]。

解析:《中华人民共和国公职人员政务处分法》第四十五条规定:“决定给予政务处分的,应当制作政务处分决定书。政务处分决定书应当载明下列事项:(一)被处分人的姓名、工作单位和职务;(二)违法事实和证据;(三)政务处分的种类和依据;(四)不服政务处分决定,申请复审、复核的途径和期限;(五)作出政务处分决定的机关名称和日期。政务处分决定书应当盖有作出决定的监察机关的印章。”

□ 17. 监察机关调查终结后,根据不同情况,可作出哪些处理?(　)

A. 确有应受政务处分的违法行为的,根据情节轻重,按照政务处分决定权限,依法履行审批手续后,作出政务处分决定

B. 违法事实不能成立的,不予政务处分,并撤销案件

C. 符合免予政务处分条件的,作出免予政务处分决定

---

① ABCDEF

② ABCDEF

D. 被调查人涉嫌其他违法或者犯罪行为的，依照法律和有关规定移送主管机关处理

参考答案：________①。

解析：《中华人民共和国公职人员政务处分法》第四十四条规定："调查终结后，监察机关应当根据下列不同情况，分别作出处理：(一)确有应受政务处分的违法行为的，根据情节轻重，按照政务处分决定权限，履行规定的审批手续后，作出政务处分决定；(二)违法事实不能成立的，撤销案件；(三)符合免予、不予政务处分条件的，作出免予、不予政务处分决定；(四)被调查人涉嫌其他违法或者犯罪行为的，依法移送主管机关处理。"

□ 18. 参与公职人员违法案件调查、处理的人员有下列哪些情形之一的，应当自行回避，被调查人、检举人及其他有关人员也有权要求其回避？（ ）

A. 是被调查人或者检举人的近亲属的

B. 担任过本案的证人的

C. 本人或者其近亲属与调查的案件有利害关系的

D. 可能影响案件公正调查、处理的其他情形

参考答案：________②。

解析：《中华人民共和国公职人员政务处分法》第四十七条规定："参与公职人员违法案件调查、处理的人员有下列情形之一的，应当自行回避，被调查人、检举人及其他有关人员也有权要求其回避：(一)是被调查人或者检举人的近亲属的；(二)担任过本案的证人的；(三)本人或者其近亲属与调查的案件有利害关系的；(四)可能影响案件公正调查、处理的其他情形。"

□ 19. 监察官依法履行哪些职责？（ ）

A. 对公职人员开展廉政教育

B. 对公职人员依法履职、秉公用权、廉洁从政从业以及道德操守情况进行监督检查

C. 对法律规定由监察机关管辖的职务违法和职务犯罪进行调查

D. 根据监督、调查的结果，对办理的监察事项提出处置意见

E. 开展反腐败国际合作方面的工作

---

① ABCD

② ABCD

F. 法律规定的其他职责

参考答案：________①。

解析：《中华人民共和国监察官法》第九条第一款规定："监察官依法履行下列职责：(一)对公职人员开展廉政教育；(二)对公职人员依法履职、秉公用权、廉洁从政从业以及道德操守情况进行监督检查；(三)对法律规定由监察机关管辖的职务违法和职务犯罪进行调查；(四)根据监督、调查的结果，对办理的监察事项提出处置意见；(五)开展反腐败国际合作方面的工作；(六)法律规定的其他职责。"

□ **20. 监察官包括下列哪些人员？( )**

A. 各级监察委员会的主任、副主任、委员

B. 各级监察委员会机关中的监察人员

C. 各级监察委员会派驻或者派出到中国共产党机关、国家机关、法律法规授权或者委托管理公共事务的组织和单位以及所管辖的行政区域等监察机构中的监察人员、监察专员

D. 其他依法行使监察权的监察机构中的监察人员

参考答案：________②。

解析：《中华人民共和国监察官法》第三条规定："监察官包括下列人员：(一)各级监察委员会的主任、副主任、委员；(二)各级监察委员会机关中的监察人员；(三)各级监察委员会派驻或者派出到中国共产党机关、国家机关、法律法规授权或者委托管理公共事务的组织和单位以及所管辖的行政区域等的监察机构中的监察人员、监察专员；(四)其他依法行使监察权的监察机构中的监察人员。对各级监察委员会派驻到国有企业的监察机构工作人员、监察专员，以及国有企业中其他依法行使监察权的监察机构工作人员的监督管理，参照执行本法有关规定。"

□ **21. 监察官应当履行哪些义务？( )**

A. 自觉坚持中国共产党领导，严格执行中国共产党和国家的路线方针政策、重大决策部署

B. 模范遵守宪法和法律

---

① ABCDEF

② ABCD

C. 维护国家和人民利益,秉公执法,勇于担当、敢于监督,坚决同腐败现象作斗争

D. 依法保障监察对象及有关人员的合法权益

E. 保守国家秘密和监察工作秘密,对履行职责中知悉的商业秘密和个人隐私、个人信息予以保密

F. 自觉接受监督

参考答案:________①。

解析:《中华人民共和国监察官法》第十条规定:"监察官应当履行下列义务:(一)自觉坚持中国共产党领导,严格执行中国共产党和国家的路线方针政策、重大决策部署;(二)模范遵守宪法和法律;(三)维护国家和人民利益,秉公执法,勇于担当、敢于监督,坚决同腐败现象作斗争;(四)依法保障监察对象及有关人员的合法权益;(五)忠于职守,勤勉尽责,努力提高工作质量和效率;(六)保守国家秘密和监察工作秘密,对履行职责中知悉的商业秘密和个人隐私、个人信息予以保密;(七)严守纪律,恪守职业道德,模范遵守社会公德、家庭美德;(八)自觉接受监督;(九)法律规定的其他义务。"

□ 22. 监察官享有哪些权利?( )

A. 履行监察官职责应当具有的职权和工作条件

B. 履行监察官职责应当享有的职业保障和福利待遇

C. 人身、财产和住所安全受法律保护

D. 提出申诉或者控告

参考答案:________②。

解析:《中华人民共和国监察官法》第十一条规定:"监察官享有下列权利:(一)履行监察官职责应当具有的职权和工作条件;(二)履行监察官职责应当享有的职业保障和福利待遇;(三)人身、财产和住所安全受法律保护;(四)提出申诉或者控告;(五)《中华人民共和国公务员法》等法律规定的其他权利。"

□ 23.《中华人民共和国监察法》施行后,下列哪些是担任监察官应当具备的?( )

A. 是中国共产党党员

---

① ABCDEF

② ABCD

B. 具有良好的政治素质、道德品行和廉洁作风

C. 具备运用法律、法规、政策实施监督、调查、处置等能力

D. 具备高等学校本科及以上学历

E. 从事纪检监察工作满5年

参考答案：________[①]。

解析：根据《中华人民共和国监察官法》第十二条的规定，不要求从事纪检监察工作满5年，也不要求是中国共产党党员。

法规依据

《中华人民共和国监察官法》第十二条 担任监察官应当具备下列条件：

（一）具有中华人民共和国国籍；

（二）忠于宪法，坚持中国共产党领导和社会主义制度；

（三）具有良好的政治素质、道德品行和廉洁作风；

（四）熟悉法律、法规、政策，具有履行监督、调查、处置等职责的专业知识和能力；

（五）具有正常履行职责的身体条件和心理素质；

（六）具备高等学校本科及以上学历；

（七）法律规定的其他条件。

本法施行前的监察人员不具备前款第六项规定的学历条件的，应当接受培训和考核，具体办法由国家监察委员会制定。

□ 24. 有下列哪些情形之一的，不得担任监察官？（　）

A. 因犯罪受过刑事处罚，以及因犯罪情节轻微被人民检察院依法作出不起诉决定或者被人民法院依法免予刑事处罚的

B. 被撤销中国共产党党内职务、留党察看、开除党籍的

C. 被撤职或者开除公职的

D. 配偶已移居国（境）外，或者没有配偶但是子女均已移居国（境）外的

参考答案：________[②]。

---

① BCD

② ABCD

解析:《中华人民共和国监察官法》第十三条规定:“有下列情形之一的,不得担任监察官:(一)因犯罪受过刑事处罚,以及因犯罪情节轻微被人民检察院依法作出不起诉决定或者被人民法院依法免予刑事处罚的;(二)被撤销中国共产党党内职务、留党察看、开除党籍的;(三)被撤职或者开除公职的;(四)被依法列为失信联合惩戒对象的;(五)配偶已移居国(境)外,或者没有配偶但是子女均已移居国(境)外的;(六)法律规定的其他情形。”

□ 25. 应当免去其监察官职务的情形有哪些?( )

A. 丧失中华人民共和国国籍的

B. 职务变动不需要保留监察官职务的

C. 退休的

D. 辞职或者依法应当予以辞退的

E. 存在违纪违法行为的

参考答案:________①。

解析:《中华人民共和国监察官法》第二十一条规定:“监察官有下列情形之一的,应当免去其监察官职务:(一)丧失中华人民共和国国籍的;(二)职务变动不需要保留监察官职务的;(三)退休的;(四)辞职或者依法应当予以辞退的;(五)因违纪违法被调离或者开除的;(六)法律规定的其他情形。”选项 A、B、C、D 正确。因违纪违法被调离或开除的才应当免去其监察官职务,选项 E 错误。

□ 26. 除下列情形外,不得将监察官调离:( )

A. 按规定需要任职回避的

B. 按规定实行任职交流的

C. 因机构、编制调整需要调整工作的

D. 因违纪违法不适合继续从事监察工作的

参考答案:________②。

解析:《中华人民共和国监察官法》第五十五条规定:“除下列情形外,不得将监察官调离:(一)按规定需要任职回避的;(二)按规定实行任职交流的;(三)因机构、编制调整需要

---

① ABCD

② ABCD

调整工作的;(四)因违纪违法不适合继续从事监察工作的;(五)法律规定的其他情形。"

□ **27. 监察官被暂时停止履行职务的法定情形有:(　)。**

A. 监察官涉嫌违纪违法,已经被初核,不宜继续履行职责的

B. 监察官涉嫌违纪违法,已经被立案审查,不宜继续履行职责的

C. 监察官涉嫌违纪违法,已经被调查,不宜继续履行职责的

D. 监察官涉嫌违纪违法,已经被侦查,不宜继续履行职责的

参考答案:________①。

解析:《中华人民共和国监察官法》第五十三条规定:"监察官涉嫌违纪违法,已经被立案审查、调查、侦查,不宜继续履行职责的,按照管理权限和规定的程序暂时停止其履行职务。"选项 B、C、D 正确。

□ **28. 具有下列哪些情形的,案件审理人员应当与被调查人谈话?(　)**

A. 对被调查人采取留置措施,拟移送起诉的

B. 可能存在以非法方法收集证据情形的

C. 被调查人对涉嫌违法犯罪事实材料签署不同意见或者拒不签署意见的

D. 被调查人要求向案件审理人员当面陈述的

参考答案:________②。

解析:《中华人民共和国监察法实施条例》第一百九十五条第二款规定:"具有下列情形之一的,一般应当与被调查人谈话:(一)对被调查人采取留置措施,拟移送起诉的;(二)可能存在以非法方法收集证据情形的;(三)被调查人对涉嫌违法犯罪事实材料签署不同意见或者拒不签署意见的;(四)被调查人要求向案件审理人员当面陈述的;(五)其他有必要与被调查人进行谈话的情形。"

□ **29. 对涉嫌职务犯罪的案件材料应当按照刑事诉讼要求单独立卷,与________等材料一并移送审理。(　)**

A.《起诉建议书》　　B. 涉案财物报告

---

① BCD

② ABCD

C. 同步录音录像资料　　　　　　　　　　D. 自查报告

参考答案:________[①]。

解析:详见《中华人民共和国监察法实施条例》第一百九十条第二款规定:"对涉嫌职务犯罪的案件材料应当按照刑事诉讼要求单独立卷,与《起诉建议书》、涉案财物报告、同步录音录像资料及其自查报告等材料一并移送审理。"

□ 30. 监察机关应当建立健全检举控告保密制度,对检举控告人的________等有关情况以及检举控告内容必须严格保密。(　)

A. 姓名或单位名称　　B. 工作单位　　C. 住址　　D. 电话　　E. 邮箱

参考答案:________[②]。

解析:《中华人民共和国监察法实施条例》第二百六十七条第二款规定:"监察机关应当建立健全检举控告保密制度,对检举控告人的姓名(单位名称)、工作单位、住址、电话和邮箱等有关情况以及检举控告内容必须严格保密。"

□ 31. 监察机关对监察人员在履行职责中存在违法行为的,可以根据情节轻重,依法进行________。构成犯罪的,依法追究刑事责任。(　)

A. 提醒谈话　　　　　　　　　　B. 批评教育、责令检查

C. 诫勉　　　　　　　　　　　　D. 给予政务处分

参考答案:________[③]。

解析:《中华人民共和国监察法实施条例》第二百七十九条规定:"对监察人员在履行职责中存在违法行为的,可以根据情节轻重,依法进行谈话提醒、批评教育、责令检查、诫勉,或者给予政务处分。构成犯罪的,依法追究刑事责任。"此外,"谈话提醒"不同于"提醒谈话",选项 A 错误。

□ 32. 下列哪些人员不得录用为公务员?(　)

A. 因犯罪受过刑事处罚的　　　　　B. 被开除中国共产党党籍的

C. 被开除公职的　　　　　　　　　D. 被依法列为失信联合惩戒对象的

---

① ABCD

② ABCDE

③ BCD

参考答案：________①。

解析：《中华人民共和国公务员法》第二十六条规定："下列人员不得录用为公务员：（一）因犯罪受过刑事处罚的；（二）被开除中国共产党党籍的；（三）被开除公职的；（四）被依法列为失信联合惩戒对象的；（五）有法律规定不得录用为公务员的其他情形的。"

□ **33. 公务员或者公务员集体有下列情形之一的，撤销奖励：（　）**

A. 弄虚作假，骗取奖励的

B. 申报奖励时隐瞒严重错误或者严重违反规定程序的

C. 有严重违纪违法等行为，影响称号声誉的

D. 有法律、法规规定应当撤销奖励的其他情形的

参考答案：________②。

解析：《中华人民共和国公务员法》第五十六条规定："公务员或者公务员集体有下列情形之一的，撤销奖励：（一）弄虚作假，骗取奖励的；（二）申报奖励时隐瞒严重错误或者严重违反规定程序的；（三）有严重违纪违法等行为，影响称号声誉的；（四）有法律、法规规定应当撤销奖励的其他情形的。"

□ **34. 监察机关负责调查的职务违法是指公职人员实施的与其职务相关联，虽不构成犯罪但依法应当承担法律责任的下列违法行为：（　）**

A. 利用职权实施的违法行为

B. 利用职务上的影响实施的违法行为

C. 履行职责不力、失职失责的违法行为

D. 其他违反与公职人员职务相关的特定义务的违法行为

参考答案：________③。

解析：《中华人民共和国监察法实施条例》第二十三条规定："监察机关负责调查的职务违法是指公职人员实施的与其职务相关联，虽不构成犯罪但依法应当承担法律责任的下列违法行为：（一）利用职权实施的违法行为；（二）利用职务上的影响实施的违法行为；（三）履行职责不力、失职失责的违法行为；（四）其他违反与公职人员职务相关的特定义务的违法行为。"

---

① ABCD

② ABCD

③ ABCD

□ 35.《中华人民共和国监察法》第二十八条规定，监察机关调查涉嫌重大贪污贿赂等职务犯罪，根据需要，经过严格的批准手续，可以采取技术调查措施。这里的重大贪污贿赂等职务犯罪，是指（　）

A. 案情重大复杂，涉及国家利益或者重大公共利益的

B. 被调查人可能被判处10年以上有期徒刑

C. 案件在全国或者本省、自治区、直辖市范围内有较大影响的

D. 被调查人可能被判处无期徒刑或者死刑的

参考答案：________①。

解析：《中华人民共和国监察法实施条例》第一百五十三条规定："监察机关根据调查涉嫌重大贪污贿赂等职务犯罪需要，依照规定的权限和程序报经批准，可以依法采取技术调查措施，按照规定交公安机关或者国家有关执法机关依法执行。前款所称重大贪污贿赂等职务犯罪，是指具有下列情形之一：（一）案情重大复杂，涉及国家利益或者重大公共利益的；（二）被调查人可能被判处十年以上有期徒刑、无期徒刑或者死刑的；（三）案件在全国或者本省、自治区、直辖市范围内有较大影响的。"

□ 36. 渎职罪的主体包括（　）

A. 在国家机关中从事公务的人员，包括在国家权力机关、行政机关、审判机关、检察机关、军事机关等国家机关中从事公务的人员。如政府公务员、审判人员、检察人员

B. 在依照法律、法规规定行使国家行政管理职权的组织中从事公务的人员。如证券监督管理委员会、地方烟草专卖局、土地所及房产所工作的人员

C. 在受国家机关委托代表国家机关行使职权的组织中从事公务的人员。如新疆生产建设兵团工作人员

D. 虽未列入国家机关人员编制，但在国家机关中从事公务的人员。如合同制、聘用制人员等属于"准国家机关工作人员"

参考答案：________②。

解析：渎职罪的主体不唯"身份论"，而是主要看职责。《最高人民检察院关于渎职侵权犯罪案件立案标准的规定》规定："本规定中的'国家机关工作人员'，是指在国家机关中从

---

① ABCD

② ABCD

事公务的人员，包括在各级国家权力机关、行政机关、司法机关和军事机关中从事公务的人员。在依照法律、法规规定行使国家行政管理职权的组织中从事公务的人员，或者在受国家机关委托代表国家行使职权的组织中从事公务的人员，或者虽未列入国家机关人员编制但在国家机关中从事公务的人员，在代表国家机关行使职权时，视为国家机关工作人员。在乡(镇)以上中国共产党机关、人民政协机关中从事公务的人员，视为国家机关工作人员。”选项 A、B、C、D 正确。

□ 37. 关于受贿罪，理解正确的有：（　）

A. 国家工作人员收受请托人财物后及时退还或者上交的，就不是受贿

B. 国家工作人员受贿后，因自身或者与其受贿有关联的人、事被查处，为掩饰犯罪而退还或者上交的，不影响认定受贿罪

C. 国家工作人员索贿的，不要求为他人谋取利益客观要件

D. 国家工作人员出于受贿的故意，非法收受他人财物之后，将赃款赃物用于单位公务支出或者社会捐赠的，不影响受贿罪的认定

参考答案：________①。

解析：《最高人民法院、最高人民检察院关于办理受贿刑事案件适用法律若干问题的意见》规定了“关于收受财物后退还或者上交问题”：“国家工作人员收受请托人财物后及时退还或者上交的，不是受贿。国家工作人员受贿后，因自身或者与其受贿有关联的人、事被查处，为掩饰犯罪而退还或者上交的，不影响认定受贿罪。”选项 A、B 正确。

《中华人民共和国刑法》第三百八十五条第一款规定了受贿罪：“国家工作人员利用职务上的便利，索取他人财物的，或者非法收受他人财物，为他人谋取利益的，是受贿罪。”索贿不要求具备为他人谋取利益的要件，选项 C 正确。

《最高人民法院、最高人民检察院关于办理贪污贿赂刑事案件适用法律若干问题的解释》第十六条第一款规定：“国家工作人员出于贪污、受贿的故意，非法占有公共财物、收受他人财物之后，将赃款赃物用于单位公务支出或者社会捐赠的，不影响贪污罪、受贿罪的认定，但量刑时可以酌情考虑。”选项 D 正确。

从实践来看，下列情况可认定为“及时”退还或上交：

(1)国家工作人员明确拒绝请托人给付的财物，但请托人强行将财物留下，国家工作人

---

① ABCD

员事后及时退还或者上交。

(2)由他人代为收受,国家工作人员知情后及时退回或者上交。

(3)为让请托人放心,暂时接受财物,事后及时退回或者上交。

(4)请托人在国家工作人员不知情的情况下,暗地里将财物置于国家工作人员所在场所,国家工作人员发现后及时退还或者上交。

(5)请托人将数额较大的财物伪装成价值微薄的小礼品送给国家工作人员,国家工作人员误以为是小额礼品而接受。国家工作人员事后发现自己所接收的并非小额礼品,而是数额较大的财物而退还或者上交。

□ 38. 关于刑罚的种类、适用,表述正确的有:( )

A. 刑罚可分为主刑和附加刑

B. 主刑的种类有:管制、拘役、缓刑、有期徒刑、无期徒刑、死刑

C. 附加刑的种类有:罚金、剥夺政治权利、没收财产

D. 驱逐出境只适用于犯罪的外国人

参考答案:________[1]。

解析:《中华人民共和国刑法》第三十二条规定:"刑罚分为主刑和附加刑。"选项 A 正确。根据《中华人民共和国刑法》第三十四条的规定,选项 C 正确。

《中华人民共和国刑法》第三十三条规定:"主刑的种类如下:(一)管制;(二)拘役;(三)有期徒刑;(四)无期徒刑;(五)死刑。"缓刑不属于主刑,不是刑罚的种类,只是刑罚的一种实现方式。选项 B 错误。

《中华人民共和国刑法》第三十五条规定:"对于犯罪的外国人,可以独立适用或者附加适用驱逐出境。"选项 D 正确。

□ 39. 对有证据证明有犯罪事实,可能判处徒刑以上刑罚的犯罪嫌疑人、被告人,采取取保候审尚不足以防止发生下列社会危险性的,应当予以逮捕:( )

A. 可能实施新的犯罪的

B. 有危害国家安全、公共安全或者社会秩序的现实危险的

C. 可能毁灭、伪造证据,干扰证人作证或者串供的

---

① ACD

D. 可能对被害人、举报人、控告人实施打击报复的

E. 企图自杀或者逃跑的

参考答案：________①。

解析：此知识点是关于逮捕的规定，较为重要。《中华人民共和国刑事诉讼法》第八十一条规定："对有证据证明有犯罪事实，可能判处徒刑以上刑罚的犯罪嫌疑人、被告人，采取取保候审尚不足以防止发生下列社会危险性的，应当予以逮捕：(一)可能实施新的犯罪的；(二)有危害国家安全、公共安全或者社会秩序的现实危险的；(三)可能毁灭、伪造证据，干扰证人作证或者串供的；(四)可能对被害人、举报人、控告人实施打击报复的；(五)企图自杀或者逃跑的。批准或者决定逮捕，应当将犯罪嫌疑人、被告人涉嫌犯罪的性质、情节，认罪认罚等情况，作为是否可能发生社会危险性的考虑因素。对有证据证明有犯罪事实，可能判处十年有期徒刑以上刑罚的，或者有证据证明有犯罪事实，可能判处徒刑以上刑罚，曾经故意犯罪或者身份不明的，应当予以逮捕。被取保候审、监视居住的犯罪嫌疑人、被告人违反取保候审、监视居住规定，情节严重的，可以予以逮捕。"

□ 40. 对一切案件的判处都要重证据，重调查研究，不轻信口供。只有被告人供述，没有其他证据的，不能认定被告人有罪和处以刑罚；没有被告人供述，证据确实、充分的，可以认定被告人有罪和处以刑罚。证据确实、充分，应当符合以下条件：(　)

A. 定罪量刑的事实都有证据证明

B. 据以定案的证据均经法定程序查证属实

C. 综合全案证据，对所认定事实已排除合理怀疑

D. 没有直接证据而仅凭间接证据定案时，所有间接证据必须查证属实；每个证据与案件事实都有着客观联系；取得的证据必须形成一个完整的证明体系，这个证明体系足以排除其他可能性，才能定案

参考答案：________②。

解析：《中华人民共和国刑事诉讼法》第五十五条规定："对一切案件的判处都要重证据，重调查研究，不轻信口供。只有被告人供述，没有其他证据的，不能认定被告人有罪和处以刑罚；没有被告人供述，证据确实、充分的，可以认定被告人有罪和处以刑罚。证据确实、

---

① ABCDE

② ABCD

充分，应当符合以下条件：(一)定罪量刑的事实都有证据证明；(二)据以定案的证据均经法定程序查证属实；(三)综合全案证据，对所认定事实已排除合理怀疑。”选项 A、B、C 正确。

《中共中央纪律检查委员会关于查处党员违纪案件中收集、鉴别、使用证据的具体规定》第二十一条规定：“没有直接证据而仅凭间接证据定案时，所有间接证据必须查证属实；每个证据与案件事实都有着客观联系；取得的证据必须形成一个完整的证明体系，这个证明体系足以排除其他可能性，才能定案。不能排除其他可能时，不能定案。”选项 D 正确。

□ **41. 刑事诉讼的证据种类包括：(　)**

A. 书证、物证

B. 证人证言、被害人陈述、犯罪嫌疑人、被告人供述和辩解

C. 鉴定意见

D. 勘验、检查、辨认、侦查实验等笔录

E. 视听资料、电子数据

参考答案：________①。

解析：《中华人民共和国刑事诉讼法》第五十条规定：“可以用于证明案件事实的材料，都是证据。证据包括：(一)物证；(二)书证；(三)证人证言；(四)被害人陈述；(五)犯罪嫌疑人、被告人供述和辩解；(六)鉴定意见；(七)勘验、检查、辨认、侦查实验等笔录；(八)视听资料、电子数据。证据必须经过查证属实，才能作为定案的根据。”

提醒：2012 年《中华人民共和国刑事诉讼法》正式将证据中的“鉴定结论”修改为“鉴定意见”。

□ **42. 办理死刑案件时，对鉴定意见的审查判断着重从哪些方面进行？(　)**

A. 鉴定人是否存在应当回避而未回避的情形，鉴定机构和鉴定人是否具有合法的资质

B. 鉴定程序是否符合法律及有关规定，鉴定的程序、方法、分析过程是否符合本专业的检验鉴定规程和技术方法要求

C. 检材的来源、取得、保管、送检是否符合法律及有关规定，与相关提取笔录、扣押物品清单等记载的内容是否相符，检材是否充足、可靠

D. 鉴定意见是否明确，鉴定意见的形式要件是否完备，是否注明提起鉴定的事由、鉴定

---

① ABCDE

委托人、鉴定机构、鉴定要求、鉴定过程、检验方法、鉴定文书的日期等相关内容，是否由鉴定机构加盖鉴定专用章并由鉴定人签名盖章

E. 鉴定意见与案件待证事实有无关联，鉴定意见与其他证据之间是否有矛盾，鉴定意见与检验笔录及相关照片是否有矛盾，鉴定意见是否依法及时告知相关人员，当事人对鉴定意见是否有异议

参考答案：________①。

解析：《关于办理死刑案件审查判断证据若干问题的规定》第二十三条规定："对鉴定意见应当着重审查以下内容：（一）鉴定人是否存在应当回避而未回避的情形。（二）鉴定机构和鉴定人是否具有合法的资质。（三）鉴定程序是否符合法律及有关规定。（四）检材的来源、取得、保管、送检是否符合法律及有关规定，与相关提取笔录、扣押物品清单等记载的内容是否相符，检材是否充足、可靠。（五）鉴定的程序、方法、分析过程是否符合本专业的检验鉴定规程和技术方法要求。（六）鉴定意见的形式要件是否完备，是否注明提起鉴定的事由、鉴定委托人、鉴定机构、鉴定要求、鉴定过程、检验方法、鉴定文书的日期等相关内容，是否由鉴定机构加盖鉴定专用章并由鉴定人签名盖章。（七）鉴定意见是否明确。（八）鉴定意见与案件待证事实有无关联。（九）鉴定意见与其他证据之间是否有矛盾，鉴定意见与检验笔录及相关照片是否有矛盾。（十）鉴定意见是否依法及时告知相关人员，当事人对鉴定意见是否有异议。"

□ 43. 哪些辨认笔录不得作为认定案件的依据？（ ）

A. 辨认开始前使辨认人见到辨认对象的

B. 辨认活动没有个别进行的

C. 辨认对象没有混杂在具有类似特征的其他对象中，或者供辨认的对象数量不符合规定的，但特定辨认对象除外

D. 辨认中给辨认人明显暗示或者明显有指认嫌疑的

E. 辨认不是在调查人员主持下进行的

参考答案：________②。

解析：《中华人民共和国监察法实施条例》第一百四十四条规定："辨认笔录具有下列情

---

① ABCDE
② ABCDE

形之一的，不得作为认定案件的依据：(一)辨认开始前使辨认人见到辨认对象的；(二)辨认活动没有个别进行的；(三)辨认对象没有混杂在具有类似特征的其他对象中，或者供辨认的对象数量不符合规定的，但特定辨认对象除外；(四)辨认中给辨认人明显暗示或者明显有指认嫌疑的；(五)辨认不是在调查人员主持下进行的；(六)违反有关规定，不能确定辨认笔录真实性的其他情形。辨认笔录存在其他瑕疵的，应当结合全案证据审查其真实性和关联性，作出综合判断。”

□ **44. 根据办案实践需要，监察机关可以依法对哪些事项进行鉴定？( )**

A. 对人体造成的损害或者死因进行人身伤亡医学鉴定

B. 对录音录像资料进行鉴定

C. 对案件中涉及的财务会计资料及相关财物进行会计鉴定

D. 对笔迹、制成时间不明的文件进行鉴定

参考答案：________①。

解析：《中华人民共和国监察法实施条例》第一百四十六条规定：“监察机关可以依法开展下列鉴定：(一)对笔迹、印刷文件、污损文件、制成时间不明的文件和以其他形式表现的文件等进行鉴定；(二)对案件中涉及的财务会计资料及相关财物进行会计鉴定；(三)对被调查人、证人的行为能力进行精神病鉴定；(四)对人体造成的损害或者死因进行人身伤亡医学鉴定；(五)对录音录像资料进行鉴定；(六)对因电子信息技术应用而出现的材料及其派生物进行电子证据鉴定；(七)其他可以依法进行的专业鉴定。”

□ **45. 监察机关根据办案实践需要，对具有哪些情形的鉴定应当重新鉴定？( )**

A. 鉴定程序违法或者违反相关专业技术要求的

B. 鉴定机构、鉴定人不具备鉴定资质和条件的

C. 鉴定人故意作出虚假鉴定或者违反回避规定的

D. 鉴定意见依据明显不足的，检材虚假或者被损坏的

E. 发现新的有鉴定意义的证物的

参考答案：________②。

---

① ABCD

② ABCD

解析：根据《中华人民共和国监察法实施条例》第一百五十条第二项的规定，发现新的有鉴定意义的证物的，应当补充鉴定。故选项 E 不符合要求。

《中华人民共和国监察法实施条例》第一百五十一条规定："经审查具有下列情形之一的，应当重新鉴定：（一）鉴定程序违法或者违反相关专业技术要求的；（二）鉴定机构、鉴定人不具备鉴定资质和条件的；（三）鉴定人故意作出虚假鉴定或者违反回避规定的；（四）鉴定意见依据明显不足的；（五）检材虚假或者被损坏的；（六）其他应当重新鉴定的情形。决定重新鉴定的，应当另行确定鉴定机构和鉴定人。"选项 A、B、C、D 正确。

□ 46. 根据《中华人民共和国刑法》有关规定，下列哪些说法是正确的？（　）

A. 甲系某国有公司总经理的情人，甲受其闺蜜刘某之托，请该国有公司总经理在一起合同执行过程中给刘某予以照顾，事后，刘某送给甲现金 20 万元，甲收下。甲构成犯罪

B. 乙系已退休的某市经信局副局长，向该局中小企业科科长打招呼，为某企业申请创业扶持资金提供帮助，收取该企业法人代表 10 万元。乙构成犯罪

C. 丙系某领导干部的司机，利用领导的影响力，请该领导下属将不合条件的某企业列入政府采购范围，收受该企业 5 万元。丙构成犯罪

D. 丁系国家工作人员，在主持某技术设备采购项目期间，向一家企业提供了设备重要参数，后该企业中标。丁退休后，该企业负责人为表示感谢，主动送给丁价值 3 万元的按摩椅。丁构成犯罪

参考答案：________①。

解析：《中华人民共和国刑法》第三百九十条之一关于"对有影响力的人行贿罪"的规定："为谋取不正当利益，向国家工作人员的近亲属或者其他与该国家工作人员关系密切的人，或者向离职的国家工作人员或者其近亲属以及其他与其关系密切的人行贿的，处三年以下有期徒刑或者拘役，并处罚金；情节严重的，或者使国家利益遭受重大损失的，处三年以上七年以下有期徒刑，并处罚金；情节特别严重的，或者使国家利益遭受特别重大损失的，处七年以上十年以下有期徒刑，并处罚金。单位犯前款罪的，对单位判处罚金，并对其直接负责的主管人员和其他直接责任人员，处三年以下有期徒刑或者拘役，并处罚金。"根据上述规定，选项 A、B、C 的行为均构成对有影响力的人行贿罪。

《最高人民法院、最高人民检察院关于办理受贿刑事案件适用法律若干问题的意见》第

---

① ABC

十条规定:“国家工作人员利用职务上的便利为请托人谋取利益之前或者之后,约定在其离职后收受请托人财物,并在离职后收受的,以受贿论处。国家工作人员利用职务上的便利为请托人谋取利益,离职前后连续收受请托人财物的,离职前后收受部分均应计入受贿数额。”从本题题干中可以看出,丁与该公司没有事先约定,且退休之前没有收受企业的好处,所以在离退休后收受原请托人财物的,不以受贿论处,选项D错误。

□ 47. 逮捕条件中“有证据证明有犯罪事实”是指同时具备下列哪些情形?(　　)

A. 有证据证明犯罪事实已经发生

B. 有证据证明的犯罪事实应当是主要犯罪事实

C. 有证据证明犯罪事实是该犯罪嫌疑人实施的

D. 证明犯罪嫌疑人实施犯罪的证据已有查证属实的

参考答案:________[①]。

解析:本题考核逮捕的条件。《最高人民检察院、公安部关于依法适用逮捕措施有关问题的规定》规定:“‘有证据证明有犯罪事实’是指同时具备以下三种情形:1. 有证据证明发生了犯罪事实;2. 有证据证明犯罪事实是犯罪嫌疑人实施的;3. 证明犯罪嫌疑人实施犯罪行为的证据已有查证属实的。”

---

① ACD

填 空 题

1. 政务处分的期间为：

政务警告，______[①]；

政务记过，______[②]个月；

政务记大过，______[③]个月；

政务降级、撤职，______[④]个月。

政务处分的期间________________________[⑤]计算。公职人员被开除的，____________________[⑥]，解除其与单位的劳动人事关系。

解析：《中华人民共和国公职人员政务处分法》第八条规定："政务处分的期间为：(一)警告，六个月；(二)记过，十二个月；(三)记大过，十八个月；(四)降级、撤职，二十四个月。政务处分决定自作出之日起生效，政务处分期自政务处分决定生效之日起计算。"

《中华人民共和国公职人员政务处分法》第二十六条规定："公职人员被开除的，自政务处分决定生效之日起，应当解除其与所在机关、单位的人事关系或者劳动关系。"

2. 公职人员受到政务处分的，应当将政务处分决定书存入其________[⑦]；对于受到________[⑧]政务处分的，应当由人事部门按照管理权限在政务处分决定作出后的______[⑨]内办理职务、工资及其他有关待遇等相应变更手续。特殊情况下，经批准可以适当延长办理期限，

---

① 六个月

② 十二

③ 十八

④ 二十四

⑤ 自政务处分决定生效之日起

⑥ 自政务处分决定生效之日起

⑦ 本人档案

⑧ 降级以上

⑨ 一个月

但最长不得超过______①。

解析：出自《中华人民共和国公职人员政务处分法》第五十四条，请牢记。

3. 公职人员的政务处分决定被变更，需要调整该公职人员的职务、职级、衔级、级别或者薪酬待遇等的，应当按照规定予以调整；政务处分决定被撤销的，应当恢复该公职人员的______②，按照原职务、职级、衔级安排相应的职务、职级、衔级，并在______③为其恢复名誉。

解析：出自《中华人民共和国公职人员政务处分法》第六十条第一款，请牢记。

4. 有关机关、单位无正当理由拒不采纳监察建议的，由其上级机关、主管部门责令改正，对单位给予（______④），对（______⑤）依法给予处理。

解析：出自《中华人民共和国公职人员政务处分法》第六十一条，请牢记。

5. 公职人员因犯罪被单处罚金的，或者因犯罪情节轻微，被人民检察院依法作出不起诉决定，或者被人民法院依法免予刑事处罚的，予以______⑥。

解析：《中华人民共和国公职人员政务处分法》第十四条第三款规定："公职人员因犯罪被单处罚金，或者犯罪情节轻微，人民检察院依法作出不起诉决定或者人民法院依法免予刑事处罚的，予以撤职；造成不良影响的，予以开除。"

6. 公职人员有两个以上违法行为的，应当______⑦。依法应当给予政务处分的种类不同的，______⑧；依法应当给予撤职以下多个相同种类政务处分的，可以在一个政务处分期间以上、多个政务处分期间之和以下，确定政务处分期间，但是最长不得超过______⑨。

解析：出自《中华人民共和国公职人员政务处分法》第十五条，请牢记。

7. 公职人员二人以上共同违法，根据______⑩，分别给

---

① 六个月
② 级别、薪酬待遇
③ 原政务处分决定公布范围内
④ 通报批评
⑤ 负有责任的领导人员和直接责任人员
⑥ 撤职或者开除
⑦ 分别确定政务处分
⑧ 执行其中最重的政务处分
⑨ 四十八个月
⑩ 各自在违法行为中所起的作用和应当承担的法律责任

予政务处分。

解析：出自《中华人民共和国公职人员政务处分法》第九条，请牢记。

8. 公职人员所在机关、单位、组织集体作出的决定违法或者实施违法行为的，对________①公职人员依法给予政务处分。

解析：出自《中华人民共和国公职人员政务处分法》第十条，请牢记。

9. 基层群众性自治组织中从事管理的人员有违法行为的，监察机关可以予以____②、____③、______④。

解析：出自《中华人民共和国公职人员政务处分法》第二十二条，请牢记。

10. 公务员的________⑤、____⑥与____⑦是确定公务员工资以及其他待遇的依据。

解析：出自《中华人民共和国公务员法》第二十一条第四款，请牢记。

11. 定期考核的结果分为____⑧、____⑨、________⑩和________⑪四个等次。

解析：出自《公务员法》第三十八条第一款，请牢记。

12. 对公务员的处分，应当________⑫、________⑬、________⑭、________⑮、________⑯、________⑰。

解析：出自《中华人民共和国公务员法》第六十三条第一款，请牢记。

13. 引咎辞职、责令辞职和因问责被免职的党政领导干部，________⑱不安排领导职务，

---

① 负有责任的领导人员和直接责任人员中的

② 警告

③ 记过

④ 记大过

⑤ 领导职务

⑥ 职级

⑦ 级别

⑧ 优秀

⑨ 称职

⑩ 基本称职

⑪ 不称职

⑫ 事实清楚

⑬ 证据确凿

⑭ 定性准确

⑮ 处理恰当

⑯ 程序合法

⑰ 手续完备

⑱ 一年内

________[1]不得担任高于原任职务层次的领导职务。同时受到党纪政务处分的，按照影响期长的规定执行。

解析：出自《党政领导干部选拔任用工作条例》第五十六条，请牢记。

14. 纪检监察机关信访举报部门收到属于上级纪检监察机关受理的检举控告，应当径送本机关主要负责人，并在收到之日起__________[2]内报送上一级纪检监察机关信访举报部门；收到反映本机关主要负责人问题的检举控告，应当径送上一级纪检监察机关信访举报部门。

解析：出自《纪检监察机关处理检举控告工作规则》第十五条第一款，请牢记。

15. 监督检查部门对属于本级受理的检举控告，应当结合日常监督掌握的情况，进行综合分析、适当了解，经集体研究并履行报批程序后，以________[3]、________[4]、________[5]、________[6]等方式处置，或者按规定________________[7]处置。

解析：出自《纪检监察机关处理检举控告工作规则》第十七条第二款，请牢记。

---

① 两年内
② 5个工作日
③ 谈话函询
④ 初步核实
⑤ 暂存待查
⑥ 予以了结
⑦ 移送审查调查部门

案例分析题

案例分析题一

基本案情：

A 市 B 县某局局长 H，长期在 B 县任职，因涉嫌严重违纪违法，经 A 市纪委监委指定，该案由 A 市 C 县纪委监委管辖（C 县纪委监委办案力量强，且距离本市留置场所较近）。后查明 H 涉嫌职务犯罪。

问题：

局长 H 严重违纪违法，涉嫌严重职务犯罪，对其作出党纪政务处分决定的程序该如何运转？

解析：按照《中华人民共和国监察法实施条例》第一百九十九条规定的要求，指定管辖案件实行“双审理、双审议”的模式。此案中，B 县和 C 县纪委监委均需要进行审理，经协商，B 县可以在 C 县案件调查结束移送审理阶段提前阅卷。B 县和 C 县纪委监委分别进行集体审议达成一致意见后，由 B 县作出党纪政务处分决定并履行相应的报批、备案程序。对于涉嫌职务犯罪，A 市监委商 A 市检察院同意后，由 C 县移送审查起诉。

法规依据

《中华人民共和国监察法实施条例》第一百九十九条 被指定管辖的监察机关在调查结束后应当将案件移送审理，提请监察机关集体审议。

上级监察机关将其所管辖的案件指定管辖的，被指定管辖的下级监察机关应当按照前款规定办理后，将案件报上级监察机关依法作出政务处分决定。上级监察机关在作出决定前，应当进行审理。

上级监察机关将下级监察机关管辖的案件指定其他下级监察机关管辖的，被指定管辖的监察机关应当按照第一款规定办理后，将案件送交有管理权限的监察机关依法作出政务处分决定。有管理权限的监察机关应当进行审理，审理意见与被指定管辖的监察机关意见不一致的，双方应当进行沟通；经沟通不能取得一致意见的，报请有权决定的上级监察机关决定。经协商，有管理权限的监察机关在被指定管辖的监察机关审理阶段可以提前阅卷，沟通了解情况。

对于前款规定的重大、复杂案件，被指定管辖的监察机关经集体审议后将处理意见报有权决定的上级监察机关审核同意的，有管理权限的监察机关可以经集体审议后依法处置。

案例分析题二

基本案情：

李某某，某县副县长、公安局局长，中共党员。因涉嫌严重违纪违法，市纪委监委对其立案审查调查。调查期间，发现李某某除涉嫌受贿犯罪，还涉嫌非法持有枪支罪。

问题：

该案如何确定管辖分工？以谁为主进行调查？

解析：《中华人民共和国监察法实施条例》第五十一条规定："公职人员既涉嫌贪污贿赂、失职渎职等严重职务违法和职务犯罪，又涉嫌公安机关、人民检察院等机关管辖的犯罪，依法由监察机关为主调查的，应当由监察机关和其他机关分别依职权立案，监察机关承担组织协调职责，协调调查和侦查工作进度、重要调查和侦查措施使用等重要事项。"

本案中，监察机关在调查李某某涉嫌受贿犯罪的同时，发现其还涉嫌非法持有枪支罪，一般应当由监察机关和公安机关分别依职权立案调查（侦查）。在案件调查（侦查）过程中，监察机关要承担组织协调职责，确保监察机关和公安机关各司其职、相互配合，促进执纪执法贯通，推动双方共同形成反腐败工作合力。

案例分析题三

基本案情：

2020年，某公职人员龙某在接受调查期间，其手机、身份证和银行卡均被暂扣，交由纪委工作人员保管，负责办理该案的纪委监委工作人员杨某某利用职务便利，多次盗用龙某银行卡和支付宝"花呗"内资金，盗刷银行信用卡并冒充她的身份在多个平台贷款共计35万元，用于赌博和还款。后案发。

问题：

如何对纪检监察干部杨某某的行为定性？

解析:杨某某作为纪检监察干部,利用职务便利,窃取其所在单位扣押和管理的财产共计35万元用于赌博和还款,在国家机关管理的私人财产,以公共财产论述,根据《中华人民共和国刑法》第九十一条第二款和第三百八十二条的规定,应以贪污罪追究其刑事责任。

法规依据

《中华人民共和国刑法》第九十一条 本法所称公共财产,是指下列财产:

(一)国有财产;

(二)劳动群众集体所有的财产;

(三)用于扶贫和其他公益事业的社会捐助或者专项基金的财产。

在国家机关、国有公司、企业、集体企业和人民团体管理、使用或者运输中的私人财产,以公共财产论。

知识点梳理

纪检监察干部·手记

监察机关有权管辖的101个职务犯罪罪名

第一百三十一条　【重大飞行事故罪】航空人员违反规章制度,致使发生重大飞行事故,造成严重后果的,处三年以下有期徒刑或者拘役;造成飞机坠毁或者人员死亡的,处三年以上七年以下有期徒刑。

第一百三十二条　【铁路运营安全事故罪】铁路职工违反规章制度,致使发生铁路运营安全事故,造成严重后果的,处三年以下有期徒刑或者拘役;造成特别严重后果的,处三年以上七年以下有期徒刑。

第一百三十四条　【重大责任事故罪】在生产、作业中违反有关安全管理的规定,因而发生重大伤亡事故或者造成其他严重后果的,处三年以下有期徒刑或者拘役;情节特别恶劣的,处三年以上七年以下有期徒刑。

【强令、组织他人违章冒险作业罪】强令他人违章冒险作业,或者明知存在重大事故隐患而不排除,仍冒险组织作业,因而发生重大伤亡事故或者造成其他严重后果的,处五年以下有期徒刑或者拘役;情节特别恶劣的,处五年以上有期徒刑。

第一百三十四条之一　【危险作业罪】在生产、作业中违反有关安全管理的规定,有下列情形之一,具有发生重大伤亡事故或者其他严重后果的现实危险的,处一年以下有期徒刑、拘役或者管制:

(一)关闭、破坏直接关系生产安全的监控、报警、防护、救生设备、设施,或者篡改、隐瞒、销毁其相关数据、信息的;

(二)因存在重大事故隐患被依法责令停产停业、停止施工、停止使用有关设备、设施、场所或者立即采取排除危险的整改措施,而拒不执行的;

(三)涉及安全生产的事项未经依法批准或者许可,擅自从事矿山开采、金属冶炼、建筑施工,以及危险物品生产、经营、储存等高度危险的生产作业活动的。

第一百三十五条　【重大劳动安全事故罪】安全生产设施或者安全生产条件不符合国家规定,因而发生重大伤亡事故或者造成其他严重后果的,对直接负责的主管人员和其他直接责任人员，处三年以下有期徒刑或者拘役；情节特别恶劣的，处三年以上七年以下有期徒刑。

第一百三十五条之一 【大型群众性活动重大安全事故罪】举办大型群众性活动违反安全管理规定，因而发生重大伤亡事故或者造成其他严重后果的，对直接负责的主管人员和其他直接责任人员，处三年以下有期徒刑或者拘役；情节特别恶劣的，处三年以上七年以下有期徒刑。

第一百三十六条 【危险物品肇事罪】违反爆炸性、易燃性、放射性、毒害性、腐蚀性物品的管理规定，在生产、储存、运输、使用中发生重大事故，造成严重后果的，处三年以下有期徒刑或者拘役；后果特别严重的，处三年以上七年以下有期徒刑。

第一百三十七条 【工程重大安全事故罪】建设单位、设计单位、施工单位、工程监理单位违反国家规定，降低工程质量标准，造成重大安全事故的，对直接责任人员，处五年以下有期徒刑或者拘役，并处罚金；后果特别严重的，处五年以上十年以下有期徒刑，并处罚金。

第一百三十八条 【教育设施重大安全事故罪】明知校舍或者教育教学设施有危险，而不采取措施或者不及时报告，致使发生重大伤亡事故的，对直接责任人员，处三年以下有期徒刑或者拘役；后果特别严重的，处三年以上七年以下有期徒刑。

第一百三十九条 【消防责任事故罪】违反消防管理法规，经消防监督机构通知采取改正措施而拒绝执行，造成严重后果的，对直接责任人员，处三年以下有期徒刑或者拘役；后果特别严重的，处三年以上七年以下有期徒刑。

第一百三十九条之一 【不报、谎报安全事故罪】在安全事故发生后，负有报告职责的人员不报或者谎报事故情况，贻误事故抢救，情节严重的，处三年以下有期徒刑或者拘役；情节特别严重的，处三年以上七年以下有期徒刑。

第一百六十三条 【非国家工作人员受贿罪】公司、企业或者其他单位的工作人员，利用职务上的便利，索取他人财物或者非法收受他人财物，为他人谋取利益，数额较大的，处三年以下有期徒刑或者拘役，并处罚金；数额巨大或者有其他严重情节的，处三年以上十年以下有期徒刑，并处罚金；数额特别巨大或者有其他特别严重情节的，处十年以上有期徒刑或者无期徒刑，并处罚金。

公司、企业或者其他单位的工作人员在经济往来中，利用职务上的便利，违反国家规定，收受各种名义的回扣、手续费，归个人所有的，依照前款的规定处罚。

国有公司、企业或者其他国有单位中从事公务的人员和国有公司、企业或者其他国有单位委派到非国有公司、企业以及其他单位从事公务的人员有前两款行为的，依照本法第三百八十五条、第三百八十六条的规定定罪处罚。

第一百六十四条 【对非国家工作人员行贿罪】为谋取不正当利益，给予公司、企业或者其他单位的工作人员以财物，数额较大的，处三年以下有期徒刑或者拘役，并处罚金；数额巨大的，处三年以上十年以下有期徒刑，并处罚金。

【对外国公职人员、国际公共组织官员行贿罪】为谋取不正当商业利益，给予外国公职人员或者国际公共组织官员以财物的，依照前款的规定处罚。

单位犯前两款罪的，对单位判处罚金，并对其直接负责的主管人员和其他直接责任人员，依照第一款的规定处罚。

行贿人在被追诉前主动交待行贿行为的，可以减轻处罚或者免除处罚。

第一百六十五条 【非法经营同类营业罪】国有公司、企业的董事、经理利用职务便利，自己经营或者为他人经营与其所任职公司、企业同类的营业，获取非法利益，数额巨大的，处三年以下有期徒刑或者拘役，并处或者单处罚金；数额特别巨大的，处三年以上七年以下有期徒刑，并处罚金。

第一百六十六条 【为亲友非法牟利罪】国有公司、企业、事业单位的工作人员，利用职务便利，有下列情形之一，使国家利益遭受重大损失的，处三年以下有期徒刑或者拘役，并处或者单处罚金；致使国家利益遭受特别重大损失的，处三年以上七年以下有期徒刑，并处罚金：

（一）将本单位的盈利业务交由自己的亲友进行经营的；

（二）以明显高于市场的价格向自己的亲友经营管理的单位采购商品或者以明显低于市场的价格向自己的亲友经营管理的单位销售商品的；

（三）向自己的亲友经营管理的单位采购不合格商品的。

第一百六十七条 【签订、履行合同失职被骗罪】国有公司、企业、事业单位直接负责的主管人员，在签订、履行合同过程中，因严重不负责任被诈骗，致使国家利益遭受重大损失的，处三年以下有期徒刑或者拘役；致使国家利益遭受特别重大损失的，处三年以上七年以下有期徒刑。

第一百六十八条 【国有公司、企业、事业单位人员失职罪；国有公司、企业、事业单位人员滥用职权罪】国有公司、企业的工作人员，由于严重不负责任或者滥用职权，造成国有公司、企业破产或者严重损失，致使国家利益遭受重大损失的，处三年以下有期徒刑或者拘役；致使国家利益遭受特别重大损失的，处三年以上七年以下有期徒刑。

国有事业单位的工作人员有前款行为，致使国家利益遭受重大损失的，依照前款的规定处罚。

国有公司、企业、事业单位的工作人员，徇私舞弊，犯前两款罪的，依照第一款的规定从重处罚。

第一百六十九条　【徇私舞弊低价折股、出售国有资产罪】国有公司、企业或者其上级主管部门直接负责的主管人员，徇私舞弊，将国有资产低价折股或者低价出售，致使国家利益遭受重大损失的，处三年以下有期徒刑或者拘役；致使国家利益遭受特别重大损失的，处三年以上七年以下有期徒刑。

第一百六十九条之一　【背信损害上市公司利益罪】上市公司的董事、监事、高级管理人员违背对公司的忠实义务，利用职务便利，操纵上市公司从事下列行为之一，致使上市公司利益遭受重大损失的，处三年以下有期徒刑或者拘役，并处或者单处罚金；致使上市公司利益遭受特别重大损失的，处三年以上七年以下有期徒刑，并处罚金：

（一）无偿向其他单位或者个人提供资金、商品、服务或者其他资产的；

（二）以明显不公平的条件，提供或者接受资金、商品、服务或者其他资产的；

（三）向明显不具有清偿能力的单位或者个人提供资金、商品、服务或者其他资产的；

（四）为明显不具有清偿能力的单位或者个人提供担保，或者无正当理由为其他单位或者个人提供担保的；

（五）无正当理由放弃债权、承担债务的；

（六）采用其他方式损害上市公司利益的。

上市公司的控股股东或者实际控制人，指使上市公司董事、监事、高级管理人员实施前款行为的，依照前款的规定处罚。

犯前款罪的上市公司的控股股东或者实际控制人是单位的，对单位判处罚金，并对其直接负责的主管人员和其他直接责任人员，依照第一款的规定处罚。

第一百七十一条第二款　【金融工作人员购买假币、以假币换取货币罪】银行或者其他金融机构的工作人员购买伪造的货币或者利用职务上的便利，以伪造的货币换取货币的，处三年以上十年以下有期徒刑，并处二万元以上二十万元以下罚金；数额巨大或者有其他严重情节的，处十年以上有期徒刑或者无期徒刑，并处二万元以上二十万元以下罚金或者没收财产；情节较轻的，处三年以下有期徒刑或者拘役，并处或者单处一万元以上十万元以下罚金。

第一百八十条第四款　【利用未公开信息交易罪】证券交易所、期货交易所、证券公司、期货经纪公司、基金管理公司、商业银行、保险公司等金融机构的从业人员以及有关监管部门或者行业协会的工作人员，利用因职务便利获取的内幕信息以外的其他未公开的信息，违反规定，从事与该信息相关的证券、期货交易活动，或者明示、暗示他人从事相关交易活动，情节严重的，依照第一款的规定处罚。

第一百八十一条第二款、第三款 **【诱骗投资者买卖证券、期货合约罪】**证券交易所、期货交易所、证券公司、期货经纪公司的从业人员，证券业协会、期货业协会或者证券期货监督管理部门的工作人员，故意提供虚假信息或者伪造、变造、销毁交易记录，诱骗投资者买卖证券、期货合约，造成严重后果的，处五年以下有期徒刑或者拘役，并处或者单处一万元以上十万元以下罚金；情节特别恶劣的，处五年以上十年以下有期徒刑，并处二万元以上二十万元以下罚金。

单位犯前两款罪的，对单位判处罚金，并对其直接负责的主管人员和其他直接责任人员，处五年以下有期徒刑或者拘役。

第一百八十三条 保险公司的工作人员利用职务上的便利，故意编造未曾发生的保险事故进行虚假理赔，骗取保险金归自己所有的，依照本法第二百七十一条的规定定罪处罚。

国有保险公司工作人员和国有保险公司委派到非国有保险公司从事公务的人员有前款行为的，依照本法第三百八十二条、第三百八十三条的规定定罪处罚。

第一百八十四条 **【非国家工作人员受贿罪】**银行或者其他金融机构的工作人员在金融业务活动中索取他人财物或者非法收受他人财物，为他人谋取利益的，或者违反国家规定，收受各种名义的回扣、手续费，归个人所有的，依照本法第一百六十三条的规定定罪处罚。

【受贿罪】国有金融机构工作人员和国有金融机构委派到非国有金融机构从事公务的人员有前款行为的，依照本法第三百八十五条、第三百八十六条的规定定罪处罚。

第一百八十五条 **【挪用资金罪】**商业银行、证券交易所、期货交易所、证券公司、期货经纪公司、保险公司或者其他金融机构的工作人员利用职务上的便利，挪用本单位或者客户资金的，依照本法第二百七十二条的规定定罪处罚。

【挪用公款罪】国有商业银行、证券交易所、期货交易所、证券公司、期货经纪公司、保险公司或者其他国有金融机构的工作人员和国有商业银行、证券交易所、期货交易所、证券公司、期货经纪公司、保险公司或者其他国有金融机构委派到前款规定中的非国有机构从事公务的人员有前款行为的，依照本法第三百八十四条的规定定罪处罚。

第一百八十五条之一 **【背信运用受托财产罪】**商业银行、证券交易所、期货交易所、证券公司、期货经纪公司、保险公司或者其他金融机构，违背受托义务，擅自运用客户资金或者其他委托、信托的财产，情节严重的，对单位判处罚金，并对其直接负责的主管人员和其他直接责任人员，处三年以下有期徒刑或者拘役，并处三万元以上三十万元以下罚金；情节特别严重的，处三年以上十年以下有期徒刑，并处五万元以上五十万元以下罚金。

【违法运用资金罪】社会保障基金管理机构、住房公积金管理机构等公众资金管理机构，以及保险公司、保险资产管理公司、证券投资基金管理公司，违反国家规定运用资金的，对其直接负责的主管人员和其他直接责任人员，依照前款的规定处罚。

第一百八十六条 **【违法发放贷款罪】**银行或者其他金融机构的工作人员违反国家规定发放贷款，数额巨大或者造成重大损失的，处五年以下有期徒刑或者拘役，并处一万元以上十万元以下罚金；数额特别巨大或者造成特别重大损失的，处五年以上有期徒刑，并处二万元以上二十万元以下罚金。

银行或者其他金融机构的工作人员违反国家规定，向关系人发放贷款的，依照前款的规定从重处罚。

单位犯前两款罪的，对单位判处罚金，并对其直接负责的主管人员和其他直接责任人员，依照前两款的规定处罚。

关系人的范围，依照《中华人民共和国商业银行法》和有关金融法规确定。

第一百八十七条 **【吸收客户资金不入账罪】**银行或者其他金融机构的工作人员吸收客户资金不入帐，数额巨大或者造成重大损失的，处五年以下有期徒刑或者拘役，并处二万元以上二十万元以下罚金；数额特别巨大或者造成特别重大损失的，处五年以上有期徒刑，并处五万元以上五十万元以下罚金。

单位犯前款罪的，对单位判处罚金，并对其直接负责的主管人员和其他直接责任人员，依照前款的规定处罚。

第一百八十八条 **【违规出具金融票证罪】**银行或者其他金融机构的工作人员违反规定，为他人出具信用证或者其他保函、票据、存单、资信证明，情节严重的，处五年以下有期徒刑或者拘役；情节特别严重的，处五年以上有期徒刑。

单位犯前款罪的，对单位判处罚金，并对其直接负责的主管人员和其他直接责任人员，依照前款的规定处罚。

第一百八十九条 **【对违法票据承兑、付款、保证罪】**银行或者其他金融机构的工作人员在票据业务中，对违反票据法规定的票据予以承兑、付款或者保证，造成重大损失的，处五年以下有期徒刑或者拘役；造成特别重大损失的，处五年以上有期徒刑。

单位犯前款罪的，对单位判处罚金，并对其直接负责的主管人员和其他直接责任人员，依照前款的规定处罚。

第二百二十八条 **【非法转让、倒卖土地使用权罪】**以牟利为目的，违反土地管理法规，非法转让、倒卖土地使用权，情节严重的，处三年以下有期徒刑或者拘役，并处或者单处非法转让、倒卖土地使用权价额百分之五以上百分之二十以下罚金；情节特别严重的，处三年以上七年以下有期徒刑，并处非法转让、倒卖土地使用权价额百分之五以上百分之二十以下罚金。

第二百三十八条 【非法拘禁罪】非法拘禁他人或者以其他方法非法剥夺他人人身自由的，处三年以下有期徒刑、拘役、管制或者剥夺政治权利。具有殴打、侮辱情节的，从重处罚。

犯前款罪，致人重伤的，处三年以上十年以下有期徒刑；致人死亡的，处十年以上有期徒刑。使用暴力致人伤残、死亡的，依照本法第二百三十四条、第二百三十二条的规定定罪处罚。

为索取债务非法扣押、拘禁他人的，依照前两款的规定处罚。

国家机关工作人员利用职权犯前三款罪的，依照前三款的规定从重处罚。

第二百四十五条 【非法搜查罪；非法侵入住宅罪】非法搜查他人身体、住宅，或者非法侵入他人住宅的，处三年以下有期徒刑或者拘役。

司法工作人员滥用职权，犯前款罪的，从重处罚。

第二百四十七条 【刑讯逼供罪；暴力取证罪】司法工作人员对犯罪嫌疑人、被告人实行刑讯逼供或者使用暴力逼取证人证言的，处三年以下有期徒刑或者拘役。致人伤残、死亡的，依照本法第二百三十四条、第二百三十二条的规定定罪从重处罚。

第二百四十八条 【虐待被监管人罪】监狱、拘留所、看守所等监管机构的监管人员对被监管人进行殴打或者体罚虐待，情节严重的，处三年以下有期徒刑或者拘役；情节特别严重的，处三年以上十年以下有期徒刑。致人伤残、死亡的，依照本法第二百三十四条、第二百三十二条的规定定罪从重处罚。

监管人员指使被监管人殴打或者体罚虐待其他被监管人的，依照前款的规定处罚。

第二百五十一条 【非法剥夺公民宗教信仰自由罪；侵犯少数民族风俗习惯罪】国家机关工作人员非法剥夺公民的宗教信仰自由和侵犯少数民族风俗习惯，情节严重的，处二年以下有期徒刑或者拘役。

第二百五十三条第一款 【私自开拆、隐匿、毁弃邮件、电报罪】邮政工作人员私自开拆或者隐匿、毁弃邮件、电报的，处二年以下有期徒刑或者拘役。

第二百五十四条 【报复陷害罪】国家机关工作人员滥用职权、假公济私，对控告人、申诉人、批评人、举报人实行报复陷害的，处二年以下有期徒刑或者拘役；情节严重的，处二年以上七年以下有期徒刑。

第二百五十五条 【打击报复会计、统计人员罪】公司、企业、事业单位、机关、团体的领导人,对依法履行职责、抵制违反会计法、统计法行为的会计、统计人员实行打击报复,情节恶劣的,处三年以下有期徒刑或者拘役。

第二百五十六条 【破坏选举罪】在选举各级人民代表大会代表和国家机关领导人员时,以暴力、威胁、欺骗、贿赂、伪造选举文件、虚报选举票数等手段破坏选举或者妨害选民和代表自由行使选举权和被选举权,情节严重的,处三年以下有期徒刑、拘役或者剥夺政治权利。

第二百七十一条 【职务侵占罪】公司、企业或者其他单位的工作人员,利用职务上的便利,将本单位财物非法占为己有,数额较大的,处三年以下有期徒刑或者拘役,并处罚金;数额巨大的,处三年以上十年以下有期徒刑,并处罚金;数额特别巨大的,处十年以上有期徒刑或者无期徒刑,并处罚金。

【贪污罪】国有公司、企业或者其他国有单位中从事公务的人员和国有公司、企业或者其他国有单位委派到非国有公司、企业以及其他单位从事公务的人员有前款行为的,依照本法第三百八十二条、第三百八十三条的规定定罪处罚。

第二百七十二条 【挪用资金罪】公司、企业或者其他单位的工作人员,利用职务上的便利,挪用本单位资金归个人使用或者借贷给他人,数额较大、超过三个月未还的,或者虽未超过三个月,但数额较大、进行营利活动的,或者进行非法活动的,处三年以下有期徒刑或者拘役;挪用本单位资金数额巨大的,处三年以上七年以下有期徒刑;数额特别巨大的,处七年以上有期徒刑。

【挪用公款罪】国有公司、企业或者其他国有单位中从事公务的人员和国有公司、企业或者其他国有单位委派到非国有公司、企业以及其他单位从事公务的人员有前款行为的,依照本法第三百八十四条的规定定罪处罚。

有第一款行为,在提起公诉前将挪用的资金退还的,可以从轻或者减轻处罚。其中,犯罪较轻的,可以减轻或者免除处罚。

第二百七十三条 【挪用特定款物罪】挪用用于救灾、抢险、防汛、优抚、扶贫、移民、救济款物,情节严重,致使国家和人民群众利益遭受重大损害的,对直接责任人员,处三年以下有期徒刑或者拘役;情节特别严重的,处三年以上七年以下有期徒刑。

第三百零四条 【故意延误投递邮件罪】邮政工作人员严重不负责任,故意延误投递邮件,致使公共财产、国家和人民利益遭受重大损失的,处二年以下有期徒刑或者拘役。

第三百零八条之一 【泄露不应公开的案件信息罪】司法工作人员、辩护人、诉讼代理人或者其他诉讼参与人,泄露依法不公开审理的案件中不应当公开的信息,造成信息公开传播或者其他严重后果的，处三年以下有期徒刑、拘役或者管制，并处或者单处罚金。

【故意泄露国家秘密罪；过失泄露国家秘密罪】有前款行为，泄露国家秘密的，依照本法第三百九十八条的规定定罪处罚。

【披露、报道不应公开的案件信息罪】公开披露、报道第一款规定的案件信息，情节严重的，依照第一款的规定处罚。

单位犯前款罪的，对单位判处罚金，并对其直接负责的主管人员和其他直接责任人员，依照第一款的规定处罚。

第三百七十四条　【接送不合格兵员罪】在征兵工作中徇私舞弊，接送不合格兵员，情节严重的，处三年以下有期徒刑或者拘役；造成特别严重后果的，处三年以上七年以下有期徒刑。

第三百八十二条　【贪污罪】国家工作人员利用职务上的便利，侵吞、窃取、骗取或者以其他手段非法占有公共财物的，是贪污罪。

受国家机关、国有公司、企业、事业单位、人民团体委托管理、经营国有财产的人员，利用职务上的便利，侵吞、窃取、骗取或者以其他手段非法占有国有财物的，以贪污论。

与前两款所列人员勾结，伙同贪污的，以共犯论处。

第三百八十三条　【贪污罪的处罚规定】对犯贪污罪的，根据情节轻重，分别依照下列规定处罚：

（一）贪污数额较大或者有其他较重情节的，处三年以下有期徒刑或者拘役，并处罚金。

（二）贪污数额巨大或者有其他严重情节的，处三年以上十年以下有期徒刑，并处罚金或者没收财产。

（三）贪污数额特别巨大或者有其他特别严重情节的，处十年以上有期徒刑或者无期徒刑，并处罚金或者没收财产；数额特别巨大，并使国家和人民利益遭受特别重大损失的，处无期徒刑或者死刑，并处没收财产。

对多次贪污未经处理的，按照累计贪污数额处罚。

犯第一款罪，在提起公诉前如实供述自己罪行、真诚悔罪、积极退赃，避免、减少损害结果的发生，有第一项规定情形的，可以从轻、减轻或者免除处罚；有第二项、第三项规定情形的，可以从轻处罚。

犯第一款罪，有第三项规定情形被判处死刑缓期执行的，人民法院根据犯罪情节等情况可以同时决定在其死刑缓期执行二年期满依法减为无期徒刑后，终身监禁，不得减刑、假释。

第三百八十四条　【挪用公款罪】国家工作人员利用职务上的便利，挪用公款归个人使用,进行非法活动的,或者挪用公款数额较大、进行营利活动的,或者挪用公款数额较大、超过三个月未还的,是挪用公款罪,处五年以下有期徒刑或者拘役;情节严重的,处五年以上有期徒刑。挪用公款数额巨大不退还的,处十年以上有期徒刑或者无期徒刑。

挪用用于救灾、抢险、防汛、优抚、扶贫、移民、救济款物归个人使用的,从重处罚。

第三百八十五条 **【受贿罪】**国家工作人员利用职务上的便利,索取他人财物的,或者非法收受他人财物,为他人谋取利益的,是受贿罪。

国家工作人员在经济往来中,违反国家规定,收受各种名义的回扣、手续费,归个人所有的,以受贿论处。

第三百八十六条 **【受贿罪的处罚规定】**对犯受贿罪的,根据受贿所得数额及情节,依照本法第三百八十三条的规定处罚。索贿的从重处罚。

第三百八十七条 **【单位受贿罪】**国家机关、国有公司、企业、事业单位、人民团体,索取、非法收受他人财物,为他人谋取利益,情节严重的,对单位判处罚金,并对其直接负责的主管人员和其他直接责任人员,处五年以下有期徒刑或者拘役。

前款所列单位,在经济往来中,在帐外暗中收受各种名义的回扣、手续费的,以受贿论,依照前款的规定处罚。

第三百八十八条 **【受贿罪】**国家工作人员利用本人职权或者地位形成的便利条件,通过其他国家工作人员职务上的行为,为请托人谋取不正当利益,索取请托人财物或者收受请托人财物的,以受贿论处。

第三百八十八条之一 **【利用影响力受贿罪】**国家工作人员的近亲属或者其他与该国家工作人员关系密切的人,通过该国家工作人员职务上的行为,或者利用该国家工作人员职权或者地位形成的便利条件,通过其他国家工作人员职务上的行为,为请托人谋取不正当利益,索取请托人财物或者收受请托人财物,数额较大或者有其他较重情节的,处三年以下有期徒刑或者拘役,并处罚金;数额巨大或者有其他严重情节的,处三年以上七年以下有期徒刑,并处罚金;数额特别巨大或者有其他特别严重情节的,处七年以上有期徒刑,并处罚金或者没收财产。

离职的国家工作人员或者其近亲属以及其他与其关系密切的人,利用该离职的国家工作人员原职权或者地位形成的便利条件实施前款行为的,依照前款的规定定罪处罚。

第三百八十九条 **【行贿罪】**为谋取不正当利益,给予国家工作人员以财物的,是行贿罪。

在经济往来中,违反国家规定,给予国家工作人员以财物,数额较大的,或者违反国家规定，给予国家工作人员以各种名义的回扣、手续费的，以行贿论处。

因被勒索给予国家工作人员以财物，没有获得不正当利益的，不是行贿。

第三百九十条 【行贿罪的处罚规定】对犯行贿罪的，处五年以下有期徒刑或者拘役，并处罚金；因行贿谋取不正当利益，情节严重的，或者使国家利益遭受重大损失的，处五年以上十年以下有期徒刑，并处罚金；情节特别严重的，或者使国家利益遭受特别重大损失的，处十年以上有期徒刑或者无期徒刑，并处罚金或者没收财产。

行贿人在被追诉前主动交待行贿行为的，可以从轻或者减轻处罚。其中，犯罪较轻的，对侦破重大案件起关键作用的，或者有重大立功表现的，可以减轻或者免除处罚。

第三百九十条之一 【对有影响力的人行贿罪】为谋取不正当利益，向国家工作人员的近亲属或者其他与该国家工作人员关系密切的人，或者向离职的国家工作人员或者其近亲属以及其他与其关系密切的人行贿的，处三年以下有期徒刑或者拘役，并处罚金；情节严重的，或者使国家利益遭受重大损失的，处三年以上七年以下有期徒刑，并处罚金；情节特别严重的，或者使国家利益遭受特别重大损失的，处七年以上十年以下有期徒刑，并处罚金。

单位犯前款罪的，对单位判处罚金，并对其直接负责的主管人员和其他直接责任人员，处三年以下有期徒刑或者拘役，并处罚金。

第三百九十一条 【对单位行贿罪】为谋取不正当利益，给予国家机关、国有公司、企业、事业单位、人民团体以财物的，或者在经济往来中，违反国家规定，给予各种名义的回扣、手续费的，处三年以下有期徒刑或者拘役，并处罚金。

单位犯前款罪的，对单位判处罚金，并对其直接负责的主管人员和其他直接责任人员，依照前款的规定处罚。

第三百九十二条 【介绍贿赂罪】向国家工作人员介绍贿赂，情节严重的，处三年以下有期徒刑或者拘役，并处罚金。

介绍贿赂人在被追诉前主动交待介绍贿赂行为的，可以减轻处罚或者免除处罚。

第三百九十三条 【单位行贿罪】单位为谋取不正当利益而行贿，或者违反国家规定，给予国家工作人员以回扣、手续费，情节严重的，对单位判处罚金，并对其直接负责的主管人员和其他直接责任人员，处五年以下有期徒刑或者拘役，并处罚金。因行贿取得的违法所得归个人所有的，依照本法第三百八十九条、第三百九十条的规定定罪处罚。

第三百九十四条 【贪污罪】国家工作人员在国内公务活动或者对外交往中接受礼物，依照国家规定应当交公而不交公，数额较大的，依照本法第三百八十二条、第三百八十三条的规定定罪处罚。

第三百九十五条 【巨额财产来源不明罪】国家工作人员的财产、支出明显超过合法收入，差额巨大的，可以责令该国家工作人员说明来源，不能说明来源的，差额部分以非法所得论，处五年以下有期徒刑或者拘役；差额特别巨大的，处五年以上十年以下有期徒刑。财产的差额部分予以追缴。

【隐瞒境外存款罪】国家工作人员在境外的存款，应当依照国家规定申报。数额较大、隐瞒不报的，处二年以下有期徒刑或者拘役；情节较轻的，由其所在单位或者上级主管机关酌情给予行政处分。

第三百九十六条 【私分国有资产罪】国家机关、国有公司、企业、事业单位、人民团体，违反国家规定，以单位名义将国有资产集体私分给个人，数额较大的，对其直接负责的主管人员和其他直接责任人员，处三年以下有期徒刑或者拘役，并处或者单处罚金；数额巨大的，处三年以上七年以下有期徒刑，并处罚金。

【私分罚没财物罪】司法机关、行政执法机关违反国家规定，将应当上缴国家的罚没财物，以单位名义集体私分给个人的，依照前款的规定处罚。

第九章 渎 职 罪[①]

第三百九十七条 【滥用职权罪、玩忽职守罪】国家机关工作人员滥用职权或者玩忽职守，致使公共财产、国家和人民利益遭受重大损失的，处三年以下有期徒刑或者拘役；情节特别严重的，处三年以上七年以下有期徒刑。本法另有规定的，依照规定。

国家机关工作人员徇私舞弊，犯前款罪的，处五年以下有期徒刑或者拘役；情节特别严重的，处五年以上十年以下有期徒刑。本法另有规定的，依照规定。

第三百九十八条 【故意泄露国家秘密罪；过失泄露国家秘密罪】国家机关工作人员违反保守国家秘密法的规定，故意或者过失泄露国家秘密，情节严重的，处三年以下有期徒刑或者拘役；情节特别严重的，处三年以上七年以下有期徒刑。

非国家机关工作人员犯前款罪的，依照前款的规定酌情处罚。

第三百九十九条 【徇私枉法罪】司法工作人员徇私枉法、徇情枉法，对明知是无罪的人而使他受追诉、对明知是有罪的人而故意包庇不使他受追诉，或者在刑事审判活动中故意违

① 检察机关直接进行立案侦查的14个具体罪名：1.非法拘禁罪；2.非法搜查罪；3.刑讯逼供罪；4.暴力取证罪；5.虐待被监管人罪；6.滥用职权罪；7.玩忽职守罪；8.徇私枉法罪；9.民事、行政枉法裁判罪；10.执行判决、裁定失职罪；11.执行判决、裁定滥用职权罪；12.私放在押人员罪；13.失职致使在押人员脱逃罪；14.徇私舞弊减刑、假释、暂予监外执行罪。

背事实和法律作枉法裁判的，处五年以下有期徒刑或者拘役；情节严重的，处五年以上十年以下有期徒刑；情节特别严重的，处十年以上有期徒刑。

【民事、行政枉法裁判罪】在民事、行政审判活动中故意违背事实和法律作枉法裁判，情节严重的，处五年以下有期徒刑或者拘役；情节特别严重的，处五年以上十年以下有期徒刑。

【执行判决、裁定失职罪；执行判决、裁定滥用职权罪】在执行判决、裁定活动中，严重不负责任或者滥用职权，不依法采取诉讼保全措施、不履行法定执行职责，或者违法采取诉讼保全措施、强制执行措施，致使当事人或者其他人的利益遭受重大损失的，处五年以下有期徒刑或者拘役；致使当事人或者其他人的利益遭受特别重大损失的，处五年以上十年以下有期徒刑。

司法工作人员收受贿赂，有前三款行为的，同时又构成本法第三百八十五条规定之罪的，依照处罚较重的规定定罪处罚。

第三百九十九条之一　【枉法仲裁罪】依法承担仲裁职责的人员，在仲裁活动中故意违背事实和法律作枉法裁决，情节严重的，处三年以下有期徒刑或者拘役；情节特别严重的，处三年以上七年以下有期徒刑。

第四百条　【私放在押人员罪】司法工作人员私放在押的犯罪嫌疑人、被告人或者罪犯的，处五年以下有期徒刑或者拘役；情节严重的，处五年以上十年以下有期徒刑；情节特别严重的，处十年以上有期徒刑。

【失职致使在押人员脱逃罪】司法工作人员由于严重不负责任，致使在押的犯罪嫌疑人、被告人或者罪犯脱逃，造成严重后果的，处三年以下有期徒刑或者拘役；造成特别严重后果的，处三年以上十年以下有期徒刑。

第四百零一条　【徇私舞弊减刑、假释、暂予监外执行罪】司法工作人员徇私舞弊，对不符合减刑、假释、暂予监外执行条件的罪犯，予以减刑、假释或者暂予监外执行的，处三年以下有期徒刑或者拘役；情节严重的，处三年以上七年以下有期徒刑。

第四百零二条　【徇私舞弊不移交刑事案件罪】行政执法人员徇私舞弊，对依法应当移交司法机关追究刑事责任的不移交，情节严重的，处三年以下有期徒刑或者拘役；造成严重后果的，处三年以上七年以下有期徒刑。

第四百零三条　【滥用管理公司、证券职权罪】国家有关主管部门的国家机关工作人员，徇私舞弊，滥用职权，对不符合法律规定条件的公司设立、登记申请或者股票、债券发行、上市申请，予以批准或者登记，致使公共财产、国家和人民利益遭受重大损失的，处五年以下有期徒刑或者拘役。

上级部门强令登记机关及其工作人员实施前款行为的,对其直接负责的主管人员,依照前款的规定处罚。

第四百零四条 【徇私舞弊不征、少征税款罪】税务机关的工作人员徇私舞弊,不征或者少征应征税款,致使国家税收遭受重大损失的,处五年以下有期徒刑或者拘役;造成特别重大损失的,处五年以上有期徒刑。

第四百零五条 【徇私舞弊发售发票、抵扣税款、出口退税罪】税务机关的工作人员违反法律、行政法规的规定,在办理发售发票、抵扣税款、出口退税工作中,徇私舞弊,致使国家利益遭受重大损失的,处五年以下有期徒刑或者拘役;致使国家利益遭受特别重大损失的,处五年以上有期徒刑。

【违法提供出口退税凭证罪】其他国家机关工作人员违反国家规定,在提供出口货物报关单、出口收汇核销单等出口退税凭证的工作中,徇私舞弊,致使国家利益遭受重大损失的,依照前款的规定处罚。

第四百零六条 【国家机关工作人员签订、履行合同失职被骗罪】国家机关工作人员在签订、履行合同过程中,因严重不负责任被诈骗,致使国家利益遭受重大损失的,处三年以下有期徒刑或者拘役;致使国家利益遭受特别重大损失的,处三年以上七年以下有期徒刑。

第四百零七条 【违法发放林木采伐许可证罪】林业主管部门的工作人员违反森林法的规定,超过批准的年采伐限额发放林木采伐许可证或者违反规定滥发林木采伐许可证,情节严重,致使森林遭受严重破坏的,处三年以下有期徒刑或者拘役。

第四百零八条 【环境监管失职罪】负有环境保护监督管理职责的国家机关工作人员严重不负责任,导致发生重大环境污染事故,致使公私财产遭受重大损失或者造成人身伤亡的严重后果的,处三年以下有期徒刑或者拘役。

第四百零八条之一 【食品、药品监管渎职罪】负有食品药品安全监督管理职责的国家机关工作人员,滥用职权或者玩忽职守,有下列情形之一,造成严重后果或者有其他严重情节的,处五年以下有期徒刑或者拘役;造成特别严重后果或者有其他特别严重情节的,处五年以上十年以下有期徒刑:

(一)瞒报、谎报食品安全事故、药品安全事件的;

(二)对发现的严重食品药品安全违法行为未按规定查处的;

(三)在药品和特殊食品审批审评过程中,对不符合条件的申请准予许可的;

(四)依法应当移交司法机关追究刑事责任不移交的;

(五)有其他滥用职权或者玩忽职守行为的。

徇私舞弊犯前款罪的，从重处罚。

第四百零九条 【传染病防治失职罪】从事传染病防治的政府卫生行政部门的工作人员严重不负责任，导致传染病传播或者流行，情节严重的，处三年以下有期徒刑或者拘役。

第四百一十条 【非法批准征收、征用、占用土地罪；非法低价出让国有土地使用权罪】国家机关工作人员徇私舞弊，违反土地管理法规，滥用职权，非法批准征收、征用、占用土地，或者非法低价出让国有土地使用权，情节严重的，处三年以下有期徒刑或者拘役；致使国家或者集体利益遭受特别重大损失的，处三年以上七年以下有期徒刑。

第四百一十一条 【放纵走私罪】海关工作人员徇私舞弊，放纵走私，情节严重的，处五年以下有期徒刑或者拘役；情节特别严重的，处五年以上有期徒刑。

第四百一十二条 【商检徇私舞弊罪】国家商检部门、商检机构的工作人员徇私舞弊，伪造检验结果的，处五年以下有期徒刑或者拘役；造成严重后果的，处五年以上十年以下有期徒刑。

【商检失职罪】前款所列人员严重不负责任，对应当检验的物品不检验，或者延误检验出证、错误出证，致使国家利益遭受重大损失的，处三年以下有期徒刑或者拘役。

第四百一十三条 【动植物检疫徇私舞弊罪】动植物检疫机关的检疫人员徇私舞弊，伪造检疫结果的，处五年以下有期徒刑或者拘役；造成严重后果的，处五年以上十年以下有期徒刑。

【动植物检疫失职罪】前款所列人员严重不负责任，对应当检疫的检疫物不检疫，或者延误检疫出证、错误出证，致使国家利益遭受重大损失的，处三年以下有期徒刑或者拘役。

第四百一十四条 【放纵制售伪劣商品犯罪行为罪】对生产、销售伪劣商品犯罪行为负有追究责任的国家机关工作人员，徇私舞弊，不履行法律规定的追究职责，情节严重的，处五年以下有期徒刑或者拘役。

第四百一十五条 【办理偷越国(边)境人员出入境证件罪；放行偷越国(边)境人员罪】负责办理护照、签证以及其他出入境证件的国家机关工作人员，对明知是企图偷越国(边)境的人员，予以办理出入境证件的，或者边防、海关等国家机关工作人员，对明知是偷越国(边)境的人员，予以放行的，处三年以下有期徒刑或者拘役；情节严重的，处三年以上七年以下有期徒刑。

第四百一十六条 【不解救被拐卖、绑架妇女、儿童罪】对被拐卖、绑架的妇女、儿童负有解救职责的国家机关工作人员，接到被拐卖、绑架的妇女、儿童及其家属的解救要求或者接到其他人的举报，而对被拐卖、绑架的妇女、儿童不进行解救，造成严重后果的，处五年以下有期徒刑或者拘役。

【阻碍解救被拐卖、绑架妇女、儿童罪】负有解救职责的国家机关工作人员利用职务阻碍解救的,处二年以上七年以下有期徒刑;情节较轻的,处二年以下有期徒刑或者拘役。

第四百一十七条 【帮助犯罪分子逃避处罚罪】有查禁犯罪活动职责的国家机关工作人员,向犯罪分子通风报信、提供便利,帮助犯罪分子逃避处罚的,处三年以下有期徒刑或者拘役;情节严重的,处三年以上十年以下有期徒刑。

第四百一十八条 【招收公务员、学生徇私舞弊罪】国家机关工作人员在招收公务员、学生工作中徇私舞弊,情节严重的,处三年以下有期徒刑或者拘役。

第四百一十九条 【失职造成珍贵文物损毁、流失罪】国家机关工作人员严重不负责任,造成珍贵文物损毁或者流失,后果严重的,处三年以下有期徒刑或者拘役。

纪检监察机关（巡视巡察机构）履职期限一览表

序号	名称/内容	期限要求	条规索引
1	上报属于上级纪检监察机关受理的检举控告	纪检监察机关信访举报部门收到属于上级纪检监察机关受理的检举控告，应当径送本机关主要负责人，并在收到之日起5个工作日内报送上一级纪检监察机关信访举报部门。	《纪检监察机关处理检举控告工作规则》第十五条
2	完成检举控告的受理或者转办工作	纪检监察机关信访举报部门收到属于下级纪检监察机关受理的检举控告，应当及时予以转送。 下一级纪检监察机关对转送的检举控告，应当进行登记，在收到之日起5个工作日内完成受理或者转办工作。	《纪检监察机关处理检举控告工作规则》第十六条
3	反馈	纪检监察机关监督检查、审查调查部门应当每季度向信访举报部门反馈已办结的检举控告处理结果。	《纪检监察机关处理检举控告工作规则》第十八条
4	交办件的办结	下级纪检监察机关接到交办的检举控告后，一般应当在3个月内办结，并报送核查处理情况；经本机关主要负责人批准，可以延长3个月，并向上级纪检监察机关报告。特殊情况需要再次延长办理期限的，应当报上级纪检监察机关批准。	《纪检监察机关处理检举控告工作规则》第二十一条
5	实名检举控告、受理情况告知	纪检监察机关信访举报部门对属于本机关受理的实名检举控告，应当在收到检举控告之日起15个工作日内告知实名检举控告人受理情况。重复检举控告的，不再告知。	《纪检监察机关处理检举控告工作规则》第二十六条

续表

序号	名称/内容	期限要求	条规索引
6	向实名检举控告人反馈处理结果	承办的监督检查、审查调查部门应当将实名检举控告的处理结果在办结之日起 15 个工作日内向检举控告人反馈,并记录反馈情况。检举控告人提出异议的,承办部门应当如实记录,并予以说明;提供新的证据材料的,承办部门应当核查处理。	《纪检监察机关处理检举控告工作规则》第二十七条
7	线索处置	线索处置不得拖延和积压,处置意见应当在收到问题线索之日起 1 个月内提出,并制定处置方案,履行审批手续。	《中国共产党纪律检查机关监督执纪工作规则》第二十一条第二款
8	暂存待查	因特殊情况暂时无法核实的,予以暂存,待条件成熟或者特殊情况消除后继续核查。暂存超过 3 个月的,移交案件监督管理部门。	《河南省贯彻〈中国共产党纪律检查机关监督执纪工作规则〉实施细则》第三十九条第四项
9	函询回复	被函询人应当在收到函件后 15 个工作日内写出说明材料,由其所在党委(党组)主要负责人签署意见后发函回复。	《中国共产党纪律检查机关监督执纪工作规则》第二十九条第一款
	对谈话函询件的办结	承办部门应当在谈话结束或者收到函询回复后 1 个月内写出情况报告和处置意见,按程序报批。	《中国共产党纪律检查机关监督执纪工作规则》第三十条第一款
10	初步核实	《中国共产党纪律检查机关监督执纪工作规则》无期限限制。	《中国共产党纪律检查机关监督执纪工作规则》
11	立案审批	《中国共产党纪律检查机关监督执纪工作规则》无期限限制。 《中国共产党纪律检查机关案件检查工作条例》第二十二条第二款规定:立案审批时限不得超过 1 个月。	《中国共产党纪律检查机关案件检查工作条例》第二十二条第二款

续表

序号	名称/内容	期限要求	条规索引
12	审查调查	《中国共产党纪律检查机关监督执纪工作规则》没有就审查期限作出规定	《中国共产党纪律检查机关监督执纪工作规则》
		调查职务违法或者职务犯罪案件，对被调查人没有采取留置措施的，应当在立案后一年以内作出处理决定；对被调查人解除留置措施的，应当在解除留置措施后一年以内作出处理决定。案情重大复杂的案件，经上一级监察机关批准，可以适当延长，但延长期限不得超过六个月。	《中华人民共和国监察法实施条例》第一百八十五条第二款
13	留置时间	留置时间不得超过三个月。在特殊情况下，可以延长一次，延长时间不得超过三个月。	《中华人民共和国监察法》第四十三条第二款
14	留置通知	对被调查人采取留置措施后，应当在二十四小时以内，通知被留置人员所在单位和家属，但有可能毁灭、伪造证据，干扰证人作证或者串供等有碍调查情形的除外。有碍调查的情形消失后，应当立即通知被留置人员所在单位和家属。	《中华人民共和国监察法》第四十四条
15	解除冻结	冻结的财产经查明与案件无关的，应当在查明后三日内解除冻结，予以退还。	《中华人民共和国监察法》第二十三条第二款
16	技术调查措施	批准决定应当明确采取技术调查措施的种类和适用对象，自签发之日起三个月以内有效；对于复杂、疑难案件，期限届满仍有必要继续采取技术调查措施的，经过批准，有效期可以延长，每次不得超过三个月。对于不需要继续采取技术调查措施的，应当及时解除。	《中华人民共和国监察法》第二十八条第二款
17	没收违法所得的申请	被调查人逃匿，在通缉一年后不能到案，或者死亡的，由监察机关提请人民检察院依照法定程序，向人民法院提出没收违法所得的申请。	《中华人民共和国监察法》第四十八条
18	留置折抵	留置一日折抵管制二日，折抵拘役、有期徒刑一日。	《中华人民共和国监察法》第四十四条第三款
19	补充调查	对于补充调查的案件，应当在一个月内补充调查完毕。补充调查以二次为限。	《中华人民共和国监察法》第四十七条第三款

续表

序号	名称/内容	期限要求	条规索引
20	监察对象对监察机关作出的政务处分决定不服的申诉	监察对象对监察机关作出的涉及本人的处理决定不服的,可以在收到处理决定之日起一个月内,向作出决定的监察机关申请复审,复审机关应当在一个月内作出复审决定;监察对象对复审决定仍不服的,可以在收到复审决定之日起一个月内,向上一级监察机关申请复核,复核机关应当在二个月内作出复核决定。	《中华人民共和国监察法》第四十九条
21	被调查人及其近亲属对监察处理不服申诉	受理申诉的监察机关应当在受理申诉之日起一个月内作出处理决定。申诉人对处理决定不服的,可以在收到处理决定之日起一个月内向上一级监察机关申请复查,上一级监察机关应当在收到复查申请之日起二个月内作出处理决定,情况属实的,及时予以纠正。	《中华人民共和国监察法》第六十条第二款
22	案件审理	审理工作应当在受理之日起 1 个月内完成,重大复杂案件经批准可以适当延长。	《中国共产党纪律检查机关监督执纪工作规则》第五十五条第三款
23	党纪处分宣布及执行	党纪处分决定作出后,应当在一个月内向受处分党员所在党的基层组织中的全体党员及其本人宣布,是领导班子成员的还应当向所在党组织领导班子宣布,并按照干部管理权限和组织关系将处分决定材料归入受处分者档案;对于受到撤销党内职务以上(含撤销党内职务)处分的,还应当在一个月内办理职务、工资、工作及其他有关待遇等相应变更手续;涉及撤销或者调整其党外职务的,应当建议党外组织及时撤销或者调整其党外职务。特殊情况下,经作出或者批准作出处分决定的组织批准,可以适当延长办理期限。办理期限最长不得超过六个月。	《中国共产党纪律处分条例》第四十一条、《中国共产党纪律检查机关监督执纪工作规则》第五十六条第二款

续表

序号	名称/内容	期限要求	条规索引
24	政务处分决定宣布、执行	监察机关应当将政务处分决定书在作出后一个月以内送达被处分人和被处分人所在机关、单位,并依法履行宣布、书面告知程序。 政务处分决定自作出之日起生效。有关机关、单位、组织应当依法及时执行处分决定,并将执行情况向监察机关报告。处分决定应当在作出之日起一个月以内执行完毕,特殊情况下经监察机关批准可以适当延长办理期限,最迟不得超过六个月。	《中华人民共和国监察法实施条例》第二百零三条
25	对不服处分决定的申诉复议复查	复议复查工作应当在3个月内办结。	《中国共产党纪律检查机关监督执纪工作规则》第五十九条第四款
26	问责对象对问责决定不服的申诉	问责对象对问责决定不服的,可以自收到问责决定之日起1个月内,向作出问责决定的党组织提出书面申诉。作出问责决定的党组织接到书面申诉后,应当在1个月内作出申诉处理决定,并以书面形式告知提出申诉的党组织、领导干部及其所在党组织。	《中国共产党问责条例》第二十条第一款
27	辞职退休后执业限制	监督执纪人员/监察人员辞职、退休3年内,不得从事与纪检监察和司法工作相关联、可能发生利益冲突的职业。	《中国共产党纪律检查机关监督执纪工作规则》第六十八条第二款、《中华人民共和国监察法》第五十九条第二款
28	安全事故上报	被审查调查人发生安全事故的,应当在24小时内逐级上报至中央纪委,及时做好舆论引导。	《中国共产党纪律检查机关监督执纪工作规则》第七十条第一款
29	交办及巡视等移交的违纪问题线索办理情况反馈	对于上级党组织交办以及巡视等移交的违纪问题线索,应当及时处理,并在3个月内反馈办理情况。	《中国共产党党内监督条例》第四十一条第二款

续表

序号	名称/内容	期限要求	条规索引
30	上报整改情况报告	被巡视党组织收到巡视组反馈意见后，应当认真整改落实，并于2个月内将整改情况报告和主要负责人组织落实情况报告，报送巡视工作领导小组办公室。	《中国共产党巡视工作条例》第二十七条第一款
31	巡视移交的问题或者线索办结情况反馈	有关纪律检查机关、组织部门收到巡视移交的问题或者线索后，应当及时研究提出谈话函询、初核、立案或者组织处理等意见，并于3个月内将办理情况反馈巡视工作领导小组办公室。	《中国共产党巡视工作条例》第二十九条
32	预备期	预备党员的预备期为一年。	《中国共产党章程》第七条
33	自行脱党	党员如果没有正当理由，连续六个月不参加党的组织生活，或不交纳党费，或不做党所分配的工作，就被认为是自行脱党。支部大会应当决定把这样的党员除名，并报上级党组织批准。	《中国共产党章程》第九条第三款、《中国共产党党员教育管理工作条例》第三十一条第一款第六项
34	停止党籍	对因私出国并在国外长期定居的党员，出国学习研究超过5年仍未返回的党员，一般予以停止党籍。停止党籍的决定由保留其组织关系的党组织按照有关规定作出。 对与党组织失去联系6个月以上、通过各种方式查找仍然没有取得联系的党员，予以停止党籍。停止党籍的决定由所在党支部或者上级党组织按照有关规定作出。停止党籍2年后确实无法取得联系的，按照自行脱党予以除名。	《中国共产党党员教育管理工作条例》第二十四条第二款、第三款
35	限期改正	对缺乏革命意志，不履行党员义务，不符合党员条件，但本人能够正确认识错误、愿意接受教育管理并且决心改正的党员，党组织应当作出限期改正处置，限期改正时间不超过1年。对给予限期改正处置的党员应当采取帮助教育措施。	《中国共产党党员教育管理工作条例》第三十条

续表

序号	名称/内容	期限要求	条规索引
36	除名	对违纪后下落不明的党员,应当区别情况作出处理: (一)对有严重违纪行为,应当给予开除党籍处分的,党组织应当作出决定,开除其党籍; (二)除前项规定的情况外,下落不明时间超过六个月的,党组织应当按照党章规定对其予以除名。	《中国共产党纪律处分条例》第三十五条第二项、《中国共产党党员教育管理工作条例》第三十一条第一款规定了除名的6种情形
37	主题党日	党支部应当每月开展1次主题党日,贴近党员思想和工作实际,组织党员集中学习、过组织生活、进行民主议事和开展志愿服务等。	《中国共产党党员教育管理工作条例》第十六条第二款
38	组织生活会	党支部每年至少召开1次组织生活会,也可以根据工作需要随时召开,一般以党员大会、党支部委员会会议或者党小组会形式进行。	《中国共产党党员教育管理工作条例》第十七条
39	民主评议党员	党支部一般每年开展1次民主评议党员。党支部召开党员大会,按照个人自评、党员互评、民主测评的程序,组织党员进行评议。党支部委员会会议或者党员大会根据评议情况和党员日常表现情况,提出评定意见。 民主评议党员可以结合组织生活会一并进行。	《中国共产党党员教育管理工作条例》第十八条

《中华人民共和国监察法》关于期限的规定梳理一览表

条文摘录	知识点提醒
第二十三条第二款 冻结的财产经查明与案件无关的，应当在查明后三日内解除冻结，予以退还。	3日内解除冻结与案件无关的财物。
第二十五条第三款 查封、扣押的财物、文件经查明与案件无关的，应当在查明后三日内解除查封、扣押，予以退还。	3日内解除查封、扣押与案件无关的财物。
第二十八条第一款 批准决定应当明确采取技术调查措施的种类和适用对象，自签发之日起三个月以内有效；对于复杂、疑难案件，期限届满仍有必要继续采取技术调查措施的，经过批准，有效期可以延长，每次不得超过三个月。对于不需要继续采取技术调查措施的，应当及时解除。	批准技术调查决定自签发之日起3个月以内有效。延长，每次不得超过3个月。
第四十三条第二款 留置时间不得超过三个月。在特殊情况下，可以延长一次，延长时间不得超过三个月。省级以下监察机关采取留置措施的，延长留置时间应当报上一级监察机关批准。监察机关发现采取留置措施不当的，应当及时解除。	留置时间不得超过3个月。
第四十四条第一款 对被调查人采取留置措施后，应当在二十四小时以内，通知被留置人员所在单位和家属，但有可能毁灭、伪造证据，干扰证人作证或者串供等有碍调查情形的除外。有碍调查的情形消失后，应当立即通知被留置人员所在单位和家属。	24小时以内，通知被留置人员所在单位和家属，有碍调查的除外。
第四十四条第三款 被留置人员涉嫌犯罪移送司法机关后，被依法判处管制、拘役和有期徒刑的，留置一日折抵管制二日，折抵拘役、有期徒刑一日。	在追究刑事责任的场合，留置1日折抵管制2日，折抵拘役、有期徒刑1日。

续表

条文摘录	知识点提醒
第四十七条第三款 人民检察院经审查,认为需要补充核实的,应当退回监察机关补充调查,必要时可以自行补充侦查。对于补充调查的案件,应当在一个月内补充调查完毕。补充调查以二次为限。	补充调查的案件,应当在1个月内补充调查完毕。
第四十八条 监察机关在调查贪污贿赂、失职渎职等职务犯罪案件过程中,被调查人逃匿或者死亡,有必要继续调查的,经省级以上监察机关批准,应当继续调查并作出结论。被调查人逃匿,在通缉一年后不能到案,或者死亡的,由监察机关提请人民检察院依照法定程序,向人民法院提出没收违法所得的申请。	职务犯罪被调查人逃匿,在通缉1年后不能到案,或者死亡的,由监察机关提请人民检察院依照法定程序,向人民法院提出没收违法所得的申请。
第四十九条 监察对象对监察机关作出的涉及本人的处理决定不服的,可以在收到处理决定之日起一个月内,向作出决定的监察机关申请复审,复审机关应当在一个月内作出复审决定;监察对象对复审决定仍不服的,可以在收到复审决定之日起一个月内,向上一级监察机关申请复核,复核机关应当在二个月内作出复核决定。复审、复核期间,不停止原处理决定的执行。复核机关经审查,认定处理决定有错误的,原处理机关应当及时予以纠正。	复审机关1个月内作出复审决定;复核机关2个月内作出复核决定。
第五十九条第二款 监察人员辞职、退休三年内,不得从事与监察和司法工作相关联且可能发生利益冲突的职业。	执业限制:辞职、退休3年内,不得从事与监察和司法工作相关联且可能发生利益冲突的职业。
第六十条 监察机关及其工作人员有下列行为之一的,被调查人及其近亲属有权向该机关申诉: (一)留置法定期限届满,不予以解除的; (二)查封、扣押、冻结与案件无关的财物的; (三)应当解除查封、扣押、冻结措施而不解除的; (四)贪污、挪用、私分、调换以及违反规定使用查封、扣押、冻结的财物的; (五)其他违反法律法规、侵害被调查人合法权益的行为。 受理申诉的监察机关应当在受理申诉之日起一个月内作出处理决定。申诉人对处理决定不服的,可以在收到处理决定之日起一个月内向上一级监察机关申请复查,上一级监察机关应当在收到复查申请之日起二个月内作出处理决定,情况属实的,及时予以纠正。	被调查人及其近亲属对调查措施的使用不服提出申诉的,在受理申诉之日起1个月内作出处理决定。上一级监察机关在收到复查申请之日起2个月内作出处理决定。

《中华人民共和国监察法实施条例》关于期限的规定梳理一览表

条文摘录	知识点提醒
第一百零八条 冻结财产的期限不得超过六个月。冻结期限到期未办理续冻手续的，冻结自动解除。 有特殊原因需要延长冻结期限的，应当在到期前按原程序报批，办理续冻手续。每次续冻期限不得超过六个月。	冻结财产的期限不得超过6个月。每次续冻期限不得超过6个月。
第一百三十条 查封、扣押涉案财物，应当按规定将涉案财物详细信息、《查封/扣押财物、文件清单》录入并上传监察机关涉案财物信息管理系统。 对于涉案款项，应当在采取措施后十五日以内存入监察机关指定的专用账户。对于涉案物品，应当在采取措施后三十日以内移交涉案财物保管部门保管。因特殊原因不能按时存入专用账户或者移交保管的，应当按规定报批，将保管情况录入涉案财物信息管理系统，在原因消除后及时存入或者移交。	20日内将查封、扣押涉案财物信息录入并上传监察机关涉案财物信息管理系统。 对于涉案款项，应当在采取措施后15日内存入监察机关指定的专用账户。对于涉案物品，应当在采取措施后30日内移交涉案财物保管部门保管。
第一百三十四条 对查封、扣押的财物和文件，应当及时进行核查。经查明与案件无关的，经审批，应当在查明后三日以内解除查封、扣押，予以退还。解除查封、扣押的，应当向有关单位、原持有人或者近亲属送达《解除查封/扣押通知书》，附《解除查封/扣押财物、文件清单》，要求其签名或者盖章。	查封、扣押动产的期限不得超过1年，查封不动产的期限不得超过2年。
第一百六十条第一款 监察机关接到公安机关抓获被通缉人员的通知后，应当立即核实被抓获人员身份，并在接到通知后二十四小时以内派员办理交接手续。边远或者交通不便地区，至迟不得超过三日。	涉嫌职务犯罪的被通缉人员，监察机关在接到通知后24小时以内派员办理交接手续。

续表

条文摘录	知识点提醒
第一百六十四条 限制出境措施有效期不超过三个月，到期自动解除。 到期后仍有必要继续采取措施的，应当按原程序报批。承办部门应当出具有关函件，在到期前与《延长限制出境措施期限决定书》一并送交移民管理机构执行。延长期限每次不得超过三个月。	限制出境措施有效期不超过3个月；延长期限每次不得超过3个月。
第一百六十五条 监察机关接到口岸移民管理机构查获被决定采取留置措施的边控对象的通知后，应当于二十四小时以内到达口岸办理移交手续。无法及时到达的，应当委托当地监察机关及时前往口岸办理移交手续。当地监察机关应当予以协助。	24小时内到达口岸。
第一百六十九条第一款 监察机关对于报案或者举报应当依法接受。属于本级监察机关管辖的，依法予以受理；属于其他监察机关管辖的，应当在五个工作日以内予以转送。	5个工作日内予以转送属于其他监察机关管辖的线索。
第一百七十一条 监察机关对于执法机关、司法机关等其他机关移送的问题线索，应当及时审核，并按照下列方式办理： （一）本单位有管辖权的，及时研究提出处置意见； （二）本单位没有管辖权但其他监察机关有管辖权的，在五个工作日以内转送有管辖权的监察机关； （三）本单位对部分问题线索有管辖权的，对有管辖权的部分提出处置意见，并及时将其他问题线索转送有管辖权的机关； （四）监察机关没有管辖权的，及时退回移送机关。	监察机关对于执法机关、司法机关等其他机关移送的问题线索，本单位没有管辖权但其他监察机关有管辖权的，在5个工作日内转送有管辖权的监察机关。
第一百八十五条第二款 调查职务违法或者职务犯罪案件，对被调查人没有采取留置措施的，应当在立案后一年以内作出处理决定；对被调查人解除留置措施的，应当在解除留置措施后一年以内作出处理决定。案情重大复杂的案件，经上一级监察机关批准，可以适当延长，但延长期限不得超过六个月。 被调查人在监察机关立案调查以后逃匿的，调查期限自被调查人到案之日起重新计算。	《中国共产党纪律检查机关监督执纪工作规则》删除审查调查期限限制规定。但《监察法实施条例》对调查职务违法或者职务犯罪案件办理期限作出了规定。

续表

条文摘录	知识点提醒
第二百零三条第二款 政务处分决定自作出之日起生效。有关机关、单位、组织应当依法及时执行处分决定,并将执行情况向监察机关报告。处分决定应当在作出之日起一个月以内执行完毕,特殊情况下经监察机关批准可以适当延长办理期限,最迟不得超过六个月。	政务处分决定应当在作出之日起1个月内执行完毕,特殊情况下经监察机关批准可以适当延长办理期限,最迟不得超过6个月。
第二百零六条 监察机关经调查,对没有证据证明或者现有证据不足以证明被调查人存在违法犯罪行为的,应当依法撤销案件。省级以下监察机关撤销案件后,应当在七个工作日以内向上一级监察机关报送备案报告。上一级监察机关监督检查部门负责备案工作。 省级以下监察机关拟撤销上级监察机关指定管辖或者交办案件的,应当将《撤销案件意见书》连同案卷材料,在法定调查期限到期七个工作日前报指定管辖或者交办案件的监察机关审查。对于重大、复杂案件,在法定调查期限到期十个工作日前报指定管辖或者交办案件的监察机关审查。	省级以下监察机关撤销案件后,应当在7个工作日内向上一级监察机关报送备案报告。 拟撤销上级监察机关指定管辖或者交办案件的,在法定调查期限到期7个工作日/10个工作日前报指定管辖或者交办案件的监察机关审查。
第二百一十三条第二款 上级监察机关相关监督检查部门负责审查工作。重点审核拟认定的从宽处罚情形、提出的从宽处罚建议,经审批在十五个工作日以内作出批复。	上级监察机关(相关监督检查部门)在15个工作日以内作出是否同意从宽处罚意见的批复。
第二百二十条 监察机关一般应当在正式移送起诉十日前,向拟移送的人民检察院采取书面通知等方式预告移送事宜。对于已采取留置措施的案件,发现被调查人因身体等原因存在不适宜羁押等可能影响刑事强制措施执行情形的,应当通报人民检察院。对于未采取留置措施的案件,可以根据案件具体情况,向人民检察院提出对被调查人采取刑事强制措施的建议。	监察机关在正式移送起诉10日前,向拟移送的人民检察院采取书面通知等方式预告移送事宜。
第二百二十一条第二款 监察机关一般应当在移送起诉二十日前,将商请指定管辖函送交同级人民检察院。商请指定管辖函应当附案件基本情况,对于被调查人已被其他机关立案侦查的犯罪认为需要并案审查起诉的,一并进行说明。	监察机关在移送起诉20日前,将商请指定管辖函送交同级人民检察院。
第二百三十条 监察机关认为人民检察院不起诉决定有错误的,应当在收到不起诉决定书后三十日以内,依法向其上一级人民检察院提请复议。监察机关应当将上述情况及时向上一级监察机关书面报告。	监察机关认为人民检察院不起诉决定有错误的,在收到不起诉决定书后30日内,向其上一级人民检察院提请复议。

续表

条文摘录	知识点提醒
第二百四十条 国家监察委员会派驻或者派出的监察机构、监察专员和地方各级监察委员会发现监察对象出逃、失踪、出走,或者违法所得及其他涉案财产被转移至境外的,应当在二十四小时以内将有关信息逐级报送至国家监察委员会国际合作局,并迅速开展相关工作。	发现监察对象出逃、失踪、出走,或者违法所得及其他涉案财产被转移至境外的,应当在 24 小时以内将有关信息逐级报送至国家监察委员会国际合作局。

纪检监察核心法规关键知识点梳理

《中华人民共和国宪法》

重点条文	知识点	考试概率
第二章	公民的基本权利和义务	☆☆☆☆☆
第三章	全国人民代表大会行使的职权	☆☆☆☆☆
第六十四条	宪法的修改由全国人民代表大会常务委员会或者五分之一以上的全国人民代表大会代表提议，并由全国人民代表大会以全体代表的三分之二以上的多数通过；法律和其他议案由全国人民代表大会以全体代表的过半数通过	☆☆☆☆☆
第六十七条	全国人民代表大会常务委员会的职权(22项)	☆☆☆☆☆
第七十二条	全国人民代表大会代表和全国人民代表大会常务委员会组成人员有权提出议案	☆☆☆☆
第七十七条	全国人民代表大会代表受原选举单位的监督。原选举单位有权依照法律规定的程序罢免本单位选出的代表	☆☆☆☆
第七节	监察委员会	☆☆☆☆☆

《中华人民共和国监察法》

重点条文	知识点	考试概率
第十一条	监察机关职责(监委履行监督、调查、处置职责)	☆☆☆☆
第十五条	六类监察对象	☆☆☆☆☆
第十六条、第十七条	监察机关管辖原则、指定管辖、管辖权上移等	☆☆☆☆
第二十二条	留置适用条件及审批权限、程序	☆☆☆☆☆
第二十三条	查询、冻结适用条件及审批权限、程序	☆☆☆☆

续表

重点条文	知识点	考试概率
第二十四条	搜查适用条件及审批权限、程序	☆☆☆☆☆
第二十五条	调取、查封、扣押适用条件及审批权限、程序	☆☆☆☆
第二十六条	勘验检查适用条件及审批权限、程序	☆☆☆☆
第二十七条	鉴定适用条件及审批权限、程序	☆☆☆☆
第二十八条	技术调查措施适用条件及审批权限、程序	☆☆☆☆☆
第二十九条	通缉适用条件及审批权限、程序	☆☆☆☆
第三十一条、第三十二条	从宽处罚的条件(四种情形)及程序	☆☆☆☆☆
第三十四条	互涉案件的管辖	☆☆☆☆☆
第三十九条	立案的条件以及应注意的要点	☆☆☆☆☆
第四十一条	采取讯问、询问、留置、搜查、调取、查封、扣押、勘验检查等调查措施,应注意的事项	☆☆☆☆☆
第四十三条	采取留置措施的审批主体及程序,留置期限	☆☆☆☆☆
第四十四条	采取留置措施后应履行的告知、通报程序,可以不告知的例外,留置的后果等	☆☆☆☆☆
第四十五条	监察机关根据监督、调查结果,可作出6种处置方式	☆☆☆☆☆
第四十六条	涉案款物的处置	☆☆☆☆
第四十七条	监委将被调查人移送审查起诉及退回补充调查	☆☆☆☆
第四十八条	被调查人逃匿或者死亡的处理	☆☆☆☆
第四十九条	监察对象对处理决定不服申请复审、复核	☆☆☆☆
第五十八条	回避的情形	☆☆☆☆☆
第五十九条	脱密期	☆☆☆☆
第六十条	被调查人及其近亲属提出申诉及监察机关的处理	☆☆☆
第六十一条	一案双查(监察人员严重违法的处理)	☆☆☆
第六十二条	有关单位拒不执行监察机关作出的处理决定,或者无正当理由拒不采纳监察建议的处理	☆☆☆☆
第六十七条	监察机关及其工作人员行使职权,侵犯公民、法人和其他组织的合法权益造成损害的处理	☆☆☆

《中华人民共和国公职人员政务处分法》

重点条文	知识点	考试概率
第二条	《中华人民共和国公职人员政务处分法》的适用主体及范围	☆☆☆☆
第三条	监察机关发现公职人员任免机关、单位应当给予处分而未给予,或者给予的处分违法、不当的处理方式	☆☆☆☆
第四条	给予公职人员政务处分应坚持的原则	☆☆☆☆
第五条	给予公职人员政务处分应坚持的标准	☆☆☆☆
第七条	政务处分种类	☆☆☆☆☆
第八条	政务处分的期间及生效日期	☆☆☆☆☆
第九条	公职人员共同违法的处理	☆☆☆☆
第十一条	政务处分从轻或者减轻法定情节(7种)	☆☆☆☆☆
第十二条	公职人员违法行为情节轻微的处理	☆☆☆☆
第十三条	公职人员从重处分情节(7种)	☆☆☆☆☆
第十四条	公职人员犯罪开除的法定情形,不开除的情形	☆☆☆☆☆
第十五条	公职人员有2个以上违法行为的处理	☆☆☆☆☆
第十六条至第十八条	不得重复给予政务处分和处分,组织处理与政务处分并用,被罢免、撤销、免去或者辞去领导职务的处分	☆☆☆
第十九条	公务员以及参照《中华人民共和国公务员法》管理的人员受政务处分的后果	☆☆☆☆☆
第二十条	法律、法规授权或者受国家机关依法委托管理公共事务的组织中从事公务的人员,以及公办的教育、科研、文化、医疗卫生、体育等单位中从事管理的人员受政务处分影响	☆☆☆☆☆
第二十一条	国有企业管理人员受政务处分影响	☆☆☆☆☆
第二十二条	基层群众性自治组织中从事管理的人员有违法行为的处分、处理	☆☆☆☆☆
第二十五条	公职人员违法取得的财物和用于违法行为的本人财物的处理,公职人员因违法行为获得的职务、职级、衔级、级别、岗位和职员等级、职称、待遇、资格、学历、学位、荣誉、奖励等其他利益的处理	☆☆☆☆

续表

重点条文	知识点	考试概率
第二十六条	公职人员被开除的后果，开除以外的政务处分自动解除条件	☆☆☆☆
第二十七条	已经退休的公职人员退休前或者退休后有违法行为的处理	☆☆☆☆☆
第四十二条	监察机关对涉嫌违法的公职人员进行调查基本要求	☆☆☆☆
第四十三条	监察机关对涉嫌违法的公职人员申辩权的保护	☆☆☆☆
第四十四条	调查终结后，监察机关处理方式	☆☆☆☆☆
第四十五条	政务处分决定书包括的内容	☆☆☆☆
第四十六条	政务处分决定的送达、宣布时间、范围等	☆☆☆☆
第四十七条	参与公职人员违法案件调查、处理的人员回避 4 种情形	☆☆☆☆
第四十八条	监察机关负责人的回避，其他参与违法案件调查、处理人员的回避	☆☆☆☆
第四十九条	公职人员依法受到刑事责任追究的处分，公职人员依法受到行政处罚应当给予政务处分的处分程序	☆☆☆☆☆
第五十条	对人大及其常委会、政协及其常委会选举或者决定任命的公职人员予以撤职、开除的，处分程序，人大代表、政协委员受到政务处分的通报程序	☆☆☆☆☆
第五十一条	指定管辖案件调查结束后的处理	☆☆☆☆☆
第五十二条	公职人员涉嫌违法已被立案调查后，应遵守的纪律	☆☆☆☆☆
第五十三条	公职人员受到不实检举、控告或者诬告陷害的处理	☆☆☆
第五十四条	政务处分决定书的存档及政务降级、撤职处分的执行	☆☆☆☆☆
第五十五条	政务处分决定的复审、复核	☆☆☆☆
第五十六条	复审、复核应注意的两大要点	☆☆☆☆
第五十七条、第五十八条、第六十条	政务处分决定的变更、撤销的法定情形及后果	☆☆☆☆

《中华人民共和国监察官法》

重点条文	知识点	考试概率
第三条	监察官范围	☆☆☆☆

续表

重点条文	知识点	考试概率
第九条	监察官职责(6类),重点掌握监察官在职权范围内对所办理的监察事项负责	☆☆☆☆
第十条	监察官义务(9个)	☆☆☆☆
第十二条	担任监察官应当具备7个条件	☆☆☆☆
第十三条	不得担任监察官的6种情形	☆☆☆☆☆
第十五条	选用监察官的方法	☆☆☆
第十九条	监察官的任免	☆☆☆
第二十一条	应当免去其监察官职务的6种情形	☆☆☆☆
第二十二条	监察官不得兼任的职务	☆☆☆☆
第二十三条、第二十四条	监察官的回避	☆☆☆☆
第二十五条	监察官等级分为十三级	☆☆☆
第二十七条	监察官等级的确定	☆☆☆
第三十八条	监察官年度考核等次	☆☆☆
第四十一条	监察官奖励的5种情形	☆☆☆
第四十九条	监察官离任、开除后从业禁止	☆☆☆☆
第五十一条	监察官的配偶、父母、子女及其配偶从事律师业务的限制	☆☆☆
第五十三条	暂时停止监察官履行职务的条件	☆☆☆
第五十八条	监察官遭受不实举报、诬告陷害、侮辱诽谤的处理	☆☆☆
第六十三条	监察官控告权的保障	☆☆☆
第六十五条	对监察官的政务处分、处分或者人事处理错误的纠正	☆☆☆

《中国共产党纪律检查机关监督执纪工作规则》

重点条文	知识点	考试概率
第三条	监督执纪工作应当遵循的四个原则	☆☆☆☆
第七条	监督执纪工作实行分级负责制,各级纪委管辖的对象	☆☆☆☆☆
第八条	对党的组织关系在地方、干部管理权限在主管部门的党员、干部以及监察对象涉嫌违纪违法问题管辖	☆☆☆☆☆

续表

重点条文	知识点	考试概率
第九条	指定管辖、报请管辖、管辖争议	☆☆☆☆☆
第十条	纪检监察机关应当严格执行请示报告制度,请示报告事项	☆☆☆☆☆
第十一条	监督检查部门、审查调查部门、案件监督管理部门、案件审理部门职责	☆☆☆☆
第十五条	纪检监察机关履行日常监督的方式方法	☆☆☆☆
第十七条	党员领导干部廉政档案的内容	☆☆☆☆
第二十条	信访举报部门、案件监督管理部门受理问题线索分工及范围	☆☆☆☆
第二十一条	纪检监察机关处置问题线索的4种方式(谈话函询、初步核实、暂存待查、予以了结)	☆☆☆☆☆
第二十二条	纪检监察机关处置反映同级党委委员、候补委员,纪委常委、监委委员,以及所辖地区、部门、单位主要负责人的问题线索和线索处置情况	☆☆☆☆☆
第二十七条至第二十九条	谈话、函询方式、程序以及应注意的事项	☆☆☆☆☆
第三十条	谈话结束或者收到函询回复后纪检监察机关处置	☆☆☆☆☆
第三十一条	谈话函询对象应当注意的事项	☆☆☆☆
第六章	初核的启动、审批,初核方法手段,初核报告包括哪些内容,初核结束后可以采取的处置方式(拟立案审查调查、予以了结、谈话提醒、暂存待查,或者移送有关党组织处理等方式),初核报告的审批及呈报	☆☆☆☆☆
第三十七条、第三十八条	立案的条件、立案呈批、立案审查调查决定的通报	☆☆☆☆☆
第三十九条	对涉嫌严重违纪或者职务违法、职务犯罪人员立案审查调查,纪检监察机关主要负责人,纪检监察机关相关负责人,监督检查、审查调查部门主要负责人的审批权限,审查调查组组长的职责	☆☆☆☆☆
第四十一条至第四十五条	审查调查工作应注意的要点	☆☆☆☆
第四十六条	调查取证应注意的事项	☆☆☆☆
第四十七条	查封、扣押(暂扣、封存)、冻结、移交涉案财物应注意的事项	☆☆☆☆

续表

重点条文	知识点	考试概率
第四十八条	全过程进行录音录像的情形	☆☆☆☆☆
第四十九条	对涉嫌严重违纪或者职务违法、职务犯罪问题的审查调查，监督执纪人员应注意3个不得	☆☆☆☆☆
第五十一条	违纪违法事实材料的撰写及见面，审查调查报告的形成及审批	☆☆☆☆☆
第五十五条	案件的受理及审理步骤，对给予同级党委委员、候补委员，同级纪委委员、监委委员处分的，应注意的事项，审理时限	☆☆☆☆☆
第五十六条	审理报告的审议、审批，处分决定的送达、宣布、执行	☆☆☆☆☆
第五十七条	被审查调查人涉嫌职务犯罪的处理（由案件监督管理部门协调办理移送司法机关事宜）	☆☆☆☆
第五十八条	对被审查调查人违规违纪违法所得财物的处理	☆☆☆☆
第五十九条	对不服处分决定的申诉复议复查，办结时限（3个月）	☆☆☆☆
第六十八条	监督执纪人员辞职、退休3年内从业限制	☆☆☆☆
第六十九条	纪检监察机关开展谈话应注意的事项（谈话前、谈话中、谈话后）	☆☆☆☆
第七十条	安全责任制（审查调查安全第一责任人、安全员、安全事故的及时上报，24小时内逐级上报至中央纪委）	☆☆☆☆

《中国共产党纪律处分条例》

重点条文	知识点	考试概率
第四条	党的纪律处分工作应当坚持的五大原则	☆☆☆☆
第五条	监督执纪四种形态含义	☆☆☆☆☆
第七条	违纪概念及执纪审查的三大重点	☆☆☆☆
第八条	对党员的纪律处分种类	☆☆☆☆☆
第九条	对于违犯党的纪律的党组织处理（一般违纪、严重违纪）	☆☆☆☆☆
第十条	党员受到警告处分、严重警告处分后果	☆☆☆☆☆
第十一条	党员受撤销党内职务处分后果	☆☆☆☆☆

续表

重点条文	知识点	考试概率
第十二条	党员受留党察看处分后果	☆☆☆☆☆
第十三条	党员受开除党籍处分后果	☆☆☆☆☆
第十四条	终止党代表的条件	☆☆☆☆
第十五条	受到改组处理的党组织领导机构成员的处理	☆☆☆☆
第十六条	受到解散处理的党组织中的党员的处理	☆☆☆☆
第十七条	可以从轻或者减轻处分的6种情形	☆☆☆☆☆
第十八条	对违纪党员在条例规定的处分幅度以外减轻处分程序	☆☆☆☆
第十九条	免予党纪处分的适用条件	☆☆☆☆
第二十条	应当从重或者加重处分的5种情形	☆☆☆☆☆
第二十一条、第二十二条	从轻处分、减轻处分含义及区别	☆☆☆☆
第二十三条	合并处理的适用条件	☆☆☆☆
第二十四条	想象竞合、法条竞合的处理	☆☆☆☆
第二十五条	2人以上(含2人)共同故意违纪的处理	☆☆☆☆☆
第二十六条	党组织领导机构集体作出违犯党纪的决定或者实施其他违犯党纪的行为的处理	☆☆☆☆☆
第四章	对违法犯罪党员的纪律处分	☆☆☆☆☆
第二十七条	党员违反法律涉嫌犯罪行为的处分	☆☆☆☆☆
第二十八条	党员有刑法规定的行为或者有其他违法行为的处分	☆☆☆☆☆
第二十九条	党员严重违纪涉嫌违法犯罪的,移送有关国家机关依法处理前要求	☆☆☆☆☆
第三十条	党员被依法留置、逮捕的,党组织应注意事项	☆☆☆☆☆
第三十一条	党员犯罪情节轻微,被相对不起诉或者免予刑罚、单处罚金的处分	☆☆☆☆☆
第三十二条	应当给予开除党籍处分的3种情形,因过失犯罪被判处3年以下(含3年)有期徒刑或者被判处管制、拘役的处分及例外处理	☆☆☆☆☆

续表

重点条文	知识点	考试概率
第三十三条	党员依法受到刑事责任追究的，党组织如何处理；党员依法受到政务处分、行政处罚的，如何处理；党员违反国家法律法规，违反企事业单位或者其他社会组织的规章制度受到其他纪律处分的，如何处理	☆☆☆☆☆
第三十四条	预备党员违犯党纪，情节较轻、情节较重的处理	☆☆☆☆☆
第三十五条	对违纪后下落不明的党员的处理（区分两种情况）	☆☆☆☆☆
第三十六条	违纪党员在党组织作出处分决定前死亡，或者在死亡之后发现其曾有严重违纪行为的处理	☆☆☆☆☆
第三十七条	直接责任者、主要领导责任者、重要领导责任者	☆☆☆☆☆
第三十八条	主动交代的界定	☆☆☆☆☆
第三十九条	经济损失的计算	☆☆☆☆
第四十条	对于违纪行为所获得的经济利益，职务、职称、学历、学位、奖励、资格等其他利益的处理	☆☆☆☆☆
第四十一条	处分决定的送达、宣布时间、宣布范围及执行	☆☆☆☆☆
第四十二条	处分决定的执行情况报告	☆☆☆
第六章	对违反政治纪律行为的处分	☆☆☆☆☆
第四十六条	妄议党中央大政方针的认定	☆☆☆☆☆
第五十五条	干扰巡视巡察工作或者不落实巡视巡察整改要求	☆☆☆☆
第五十六条	对抗组织审查的 5 种表现	☆☆☆☆☆
第六十二条、第六十三条	对信仰宗教的党员、组织、参加迷信活动的处理处分	☆☆☆☆
第六十七条	不履行全面从严治党主体责任、监督责任或者履行全面从严治党主体责任、监督责任不力的定性及处理	☆☆☆☆☆
第七十条	违反民主集中制原则的 4 种表现	☆☆☆☆☆
第七十三条	隐瞒入党前严重错误的处理处分	☆☆☆☆☆
第七十四条	党员领导干部违反有关规定组织、参加自发成立的老乡会、校友会、战友会等的处理	☆☆☆☆☆
第一百四十二条	从旧兼从轻的理解	☆☆☆☆☆

《中国共产党纪律检查委员会工作条例》

重点条文	知识点	考试概率
第三条	党的各级纪律检查委员会性质、主要任务	☆☆☆☆☆
第四条	党的各级纪律检查委员会开展工作应遵循的六大原则	☆☆☆☆☆
第五条	党的中央纪律检查委员会(国家监察委员会)开展工作注意要点	☆☆☆☆
第六条	党的地方各级纪律检查委员会和基层纪律检查委员会开展工作注意要点	☆☆☆☆
第九条	中央纪律检查委员会委员应履行的职责	☆☆☆☆
第十条	党的中央纪律检查委员会通过召开全体会议的方式行使的职权	☆☆☆☆
第十一条	党的中央纪律检查委员会全体会议如何召开	☆☆☆☆
第十二条	中央纪律检查委员会常务委员会行使职权(九大类)	☆☆☆☆
第十三条	中央纪律检查委员会常务委员会会议召开	☆☆☆☆
第十四条	中央纪律检查委员会办公会议(五种情形)	☆☆☆
第十七条	党的地方各级纪律检查委员会全体会议行使的职权(七大类)	☆☆☆☆
第十八条	地方各级纪律检查委员会常务委员会行使的职权(九大类)	☆☆☆☆
第十九条	地方各级纪律检查委员会委员的任职条件、履职要求,全体会议和常务委员会会议的召开、表决等	☆☆☆☆
第二十一条	党的基层纪律检查委员会可行使的职权	☆☆☆☆
第二十三条	地方纪委委员、基层纪委委员辞去、免去或者自动终止职务	☆☆☆☆
第二十六条	党的各级纪律检查委员会协助同级党的委员会推进全面从严治党(八大类)	☆☆☆☆☆
第二十九条	一体推进不敢腐、不能腐、不想腐基本方针、重要方略(细化为三种情形)	☆☆☆☆☆
第三十条	纪委强化对权力运行的制约和监督,各种监督相互统筹衔接等	☆☆☆☆
第三十一条	履行监督、执纪、问责职责,精准有效运用监督执纪“四种形态”	☆☆☆☆☆
第三十三条	政治监督(四大类)	☆☆☆☆☆
第三十四条	日常监督	☆☆☆☆☆
第三十五条	党的各级纪律检查委员会接收、处置信访举报	☆☆☆☆☆
第三十六条	党的各级纪律检查委员会初核、立案审查要点	☆☆☆☆☆
第三十七条	党的各级纪律检查委员会纪律处理、处分要点	☆☆☆☆☆

续表

重点条文	知识点	考试概率
第三十八条	党的纪律检查委员会开展问责调查要点	☆☆☆☆☆
第四十条	党的纪律检查委员会保障党员权利	☆☆☆
第四十一条	以案促改、以案促治	☆☆☆☆
第四十四条	党的中央纪律检查委员会国家监察委员会、地方各级纪律检查委员会监察委员会派驻、派出机构9类职责	☆☆☆☆☆

附录

中央纪委国家监委执纪执法指导性案例

贺某在新冠肺炎疫情防控工作中搞形式主义、官僚主义问题案

（2021 年指导性案例第 1 号，总第 1 号）

【关键词】

违反中央八项规定精神；形式主义、官僚主义；工作纪律

【执纪执法要点】

形式主义、官僚主义与党的优良传统、优良作风背道而驰，为广大干部群众所深恶痛绝。习近平总书记多次就坚决整治形式主义、官僚主义问题作出重要指示批示，强调纠正“四风”不能止步，作风建设永远在路上。2018 年 9 月和 2019 年 6 月，中央纪委办公厅先后印发《关于贯彻落实习近平总书记重要指示精神集中整治形式主义、官僚主义的工作意见》和《关于贯彻习近平总书记重要批示精神深入落实中央八项规定精神的工作意见》；2019 年 6 月，中央纪委国家监委案件审理室专门发出通知，要求在审理报告、处分决定等审理文书中，将形式主义、官僚主义问题在“违反中央八项规定精神”问题中单列表述并处理到位；2021 年 1 月，十九届中央纪委五次全会再次明确提出，要“深化整治形式主义、官僚主义顽瘴痼疾，让求真务实、清正廉洁的新风正气不断充盈”。今年是“十四五”规划开局之年，各级纪检监察机关必须锲而不舍落实中央八项规定及其实施细则精神，针对形式主义、官僚主义问题精准施治，持续释放坚定不移全面从严治党、驰而不息治“四风”树新风的强烈信号，为“十四五”开局起步提供有效保障。

工作中，对于已经造成不良影响和严重后果的形式主义、官僚主义问题，《中国共产党纪律处分条例》和《中华人民共和国公职人员政务处分法》均作出了明确的惩戒性规定；对于虽未造成不良影响和严重后果的其他各种形式主义、官僚主义问题，也必须站在讲政治的高度，运用“第一种形态”，做到抓早抓小、防微杜渐。

【基本案情及处理结果】

贺某,中共党员,某县国有农场主要负责人。2020年2月,该县为防控新冠肺炎疫情,给各单位配发了电子测温计、消毒物品等防疫物资,要求安排专人对进出人员和车辆逐一进行查证、测温和登记,对公共区域定期进行消杀,并向单位职工及时下发防疫物资。此后,贺某召开会议传达了相关要求,派人领取了防疫物资、制作了进出人员和车辆登记表,并安排2名同志在门岗处值守。贺某认为上述工作已经落实了疫情防控要求,遂不再过问具体落实情况,也未对疫情防控工作实际开展情况进行检查。2月20日晚7时前后,该县纪委监委疫情防控监督检查组在实地检查中发现,该农场存在门岗处值守人员脱岗、未在门岗处配备电子测温计和消毒防疫物品、未按规定对人员和车辆进出情况进行检查登记、带班领导对疫情防控工作要求不了解等问题,随即要求进行整改。2月21日,贺某在未认真核实整改情况、也未进行集体研究的情况下,直接签批并向县纪委监委监督检查组报送了《整改报告》,称存在问题已全部整改到位。2月26日下午5时前后,监督检查组再次进行实地检查,发现该农场仍然存在未对出入车辆和人员进行检查登记、电子测温计存放在储藏室、门岗处无人值守等问题,导致疫情防控工作存在严重隐患。5月16日,该县纪委经审查,认定贺某作为农场主要负责人,对疫情防控工作仅作一般性安排,未及时督促抓好落实,工作浮在表面、流于形式,造成不良影响和严重隐患,应负主要领导责任,决定给予其党内警告处分。

【指导意义】

1. 关于本案处理过程中两种分歧意见的辨析

认定是否属于形式主义、官僚主义行为,必须要准确把握其实质。在本案处理过程中,形成了如下两种不同意见。

第一种意见认为,贺某作为农场主要负责人,工作中不负责任,疏于管理,贯彻执行、检查督促落实上级决策部署不力,导致疫情防控工作出现严重隐患,应认定为违反工作纪律。

第二种意见认为,贺某作为农场主要负责人,虽然召开会议传达了工作要求、领取了防疫物资、制作了登记表并安排了值守人员,但仅仅是以会议落实会议、以文件落实文件,在实际工作中没有见诸行动,防疫物资未按规定保管使用,所谓的登记表、值守人员和防控措施也都是流于形式,是用形式上的"表面文章"代替扎扎实实的落实,造成严重隐患,应认定为形式主义、官僚主义。

经分析,我们同意第二种意见。形式主义、官僚主义的特点是"虚""浮",不实事求是。从本案所表现出来的现象看,贺某确实存在不正确履行职责的问题;但究其问题本质,则是不担当不作为,工作作风漂浮、不严不实,暴露出贺某政绩观错位、责任心缺失、满足于做表面文章等突出问题，是形式主义、官僚主义问题的典型表现。

2. 关于精准认定形式主义、官僚主义的问题

习近平总书记深刻指出："形式主义背后是功利主义、实用主义作祟，政绩观错位、责任心缺失，只想当官不想干事，只想出彩不想担责，满足于做表面文章，重显绩不重潜绩，重包装不重实效。官僚主义背后是官本位思想，价值观走偏、权力观扭曲，盲目依赖个人经验和主观判断，严重脱离实际、脱离群众。"我们在认定形式主义、官僚主义问题时，要深入学习领悟习近平总书记重要讲话和重要指示批示精神，善于透过现象，抓住问题本质。

实践中，除《中国共产党纪律处分条例》第一百二十二条列举的情形属于形式主义、官僚主义问题的典型表现形式外，《中国共产党纪律处分条例》第五十条、第一百一十二条、第一百一十三条、第一百一十六条、第一百一十七条、第一百三十三条等条款列举的情形，只要符合形式主义、官僚主义问题的本质特征，均可认定为形式主义、官僚主义。

需要指出的是，一般情况下，如果将违反群众纪律、工作纪律等问题认定为形式主义、官僚主义，应该在纪检监察文书的"违反中央八项规定精神"问题中予以单列表述。但如果依照《中国共产党纪律处分条例》第五十条的规定，将某一问题认定为违反政治纪律，则不宜重复认定为"违反中央八项规定精神"，但在汇总"查处违反中央八项规定精神问题"统计数据时，仍应纳入形式主义、官僚主义问题予以统计。

【相关条款】

《中国共产党纪律处分条例》(2018 年 8 月 18 日)

第一百二十二条 有下列行为之一，造成严重不良影响，对直接责任者和领导责任者，情节较轻的，给予警告或者严重警告处分；情节较重的，给予撤销党内职务或者留党察看处分；情节严重的，给予开除党籍处分：

(一)贯彻党中央决策部署只表态不落实的；

(二)热衷于搞舆论造势、浮在表面的；

(三)单纯以会议贯彻会议、以文件落实文件，在实际工作中不见诸行动的；

(四)工作中有其他形式主义、官僚主义行为的。

《中华人民共和国公职人员政务处分法》(2020 年 6 月 20 日)

第三十九条第三项 有下列行为之一，造成不良后果或者影响的，予以警告、记过或者记大过；情节较重的，予以降级或者撤职；情节严重的，予以开除：

(三)工作中有形式主义、官僚主义行为的。

夏某违规操办其子婚庆事宜案

（2021 年指导性案例第 2 号，总第 2 号）

【关键词】

违反中央八项规定精神；违规操办婚丧喜庆事宜；借机敛财；涉案财物处置

【执纪执法要点】

受长期以来形成的历史文化和社会现实等因素影响，在婚丧喜庆之际宴请宾朋，已成为司空见惯的“习惯”和“风气”。实践中，《中国共产党纪律处分条例》和《中华人民共和国公职人员政务处分法》并没有“一刀切”地禁止党员干部操办婚丧喜庆事宜，但一些党员干部却利用职权或者职务上的影响违规操办婚丧喜庆事宜。这类行为容易损害党员干部形象，败坏社会风气，必须保持严的主基调，坚持露头就打，对同时存在借机敛财行为的要从重或者加重处分。在认定和处理此类问题时，既要依据相关规定认定是否存在“利用职权或者职务上的影响”和“在社会上造成不良影响”，并依纪依法对违纪违法所得作出精准处置；又要注意把握执纪执法尺度，明确释放“越往后越严”的强烈信号；还要注意参照当地经济发展水平、民众风俗习惯以及单位同事、周边群众的认知和评价等因素，作出综合分析判断。同时，要重视通过党员干部特别是党员领导干部以身作则、率先垂范，在全面实施乡村振兴战略中，在操办婚丧喜庆事宜上切实推进移风易俗、建设文明乡风，不断改善农民精神风貌，提高乡村社会文明程度。

【基本案情及处理结果】

夏某，中共党员，某乡副乡长。2020 年 9 月，夏某在其子结婚时，邀请该乡政府 5 名下属参加婚宴，收受该 5 名下属所送礼金 2.5 万元。经查，夏某与上述 5 名下属没有礼尚往来。同时，夏某还邀请 25 名亲属参加婚宴，收取礼金 3 万元。夏某受到党内严重警告、政务记大过处分，违规收受的礼金 2.5 万元被收缴。

【指导意义】

1. 关于夏某操办其子婚庆事宜是否构成“利用职权或者职务上的影响”的认定问题

《中国共产党纪律处分条例》第九十一条所规定的“利用职权或者职务上的影响”，既包括利用本人职务上主管、负责、承办某项公共事务的职权，也包括利用职务上有隶属、制约关系的其他人员的职权，以及行为人与被其利用的人员之间在职务上虽然没有隶属、制约关系，但是行为人利用了本人职权或者地位产生的影响和一定的工作联系。判断是否属于“利用职权或者职务上的影响”,一般来说,应审查核实党员干部是否使用本单位或者下属单位、管理服务对象、业务联系单位的财物、场地、交通工具等物资,是否邀请本单位或者下属单位、管理服务对象、业务联系单位的人员参加,等等。在本案中,夏某作为副乡长,邀请与其没有礼尚往来的5名下属参加其子婚宴并收受礼金2.5万元,可以认定为“利用职权或者职务上的影响”操办婚庆事宜。需要指出的是,夏某还邀请了部分亲属参加婚宴,经审查核实,这些人和夏某之间不存在职务上的隶属、制约关系,不是其管理服务对象,所送礼金数额也没有明显超出正常的礼尚往来水平,对于这部分情节不宜认定为违纪违法。

2. 关于涉案财物的处置问题

根据《中国共产党纪律处分条例》第四十条第一款、《中华人民共和国公职人员政务处分法》第二十五条第一款的规定,在追究党纪责任时,处置涉案财物的主要方式为“收缴”和“责令退赔”;在追究监察责任时,处置涉案财物的主要方式为“没收”、“追缴”和“责令退赔”。其中,追究党纪责任时对违纪所得予以“收缴”,相当于追究监察责任时对违法所得予以“没收”和“追缴”,通常针对的是实施违纪违法行为所获得的财物及其孳息收益。具体而言,一是“没收”是指将违纪违法所得财物强制收归国有,没收的财物一律上缴国库。二是“追缴”是指将违纪违法所得财物予以追回,追缴的财物退回原所有人或原持有人,依法不应退回的则上缴国库。三是“责令退赔”通常针对的是违反规定挥霍浪费国有资产,如公款吃喝、公款旅游以及违反规定乱罚款、乱收费获得的财物等,责令被审查调查人将违纪违法所得的财物予以归还,财物已经被消耗、毁损的,应当用与之价值相当的财物予以赔偿;责令退赔的财物直接退赔原所有人或原持有人,无法退赔的上缴国库。

本案中,纪检监察机关依纪依法收缴了夏某违规收受5名乡干部所送礼金2.5万元。但在实践中,我们发现仍有一些纪检监察机关在涉案财物处置上存在问题。比如,2021年4月,某省纪委监委公开通报的某副县长借其子结婚之机敛财问题的材料显示,该副县长在为其子举办婚礼时,宴请该县部分单位公职人员并违规收受礼金。纪检监察机关在认定该副县长的行为违纪违法后,并未收缴其违纪违法所得,而是要求其将违规收受的礼金全部予以退还。这反映出在当前的执纪执法工作中,对于涉案财物处置还不够精准,各级纪检监察机关应对此引起重视。

3. 关于执纪尺度的把握问题

违规操办婚丧喜庆事宜是违反中央八项规定精神的突出表现之一,党的十八大以来各级纪检监察机关严肃查处此类违纪行为,取得了显著成效。但由于受传统习俗等各种因素的影响,个别党员干部依然心存侥幸、知错犯错、知纪违纪,导致此类问题仍然较为突出,而且出现了化整为零多次操办、"退居幕后"遥控办或者表面循规蹈矩、私下广发通知，"暗度陈仓"违规办等各种隐形变异现象。实践中，有的地方对于到现在仍不收敛、不收手的，根据具体事实、性质和情节，不再仅仅给予严重警告处分，而是作出了免职处理，有的还直接给予党纪政务重处分。上述处理方式有纪法依据。比如，《中国共产党纪律处分条例》第九十一条明确规定，对于此类违纪行为，情节严重的应给予撤销党内职务处分，有借机敛财或者其他侵犯国家、集体和人民利益行为的，从重或加重处分，直至开除党籍。《中华人民共和国公职人员政务处分法》第三十三条明确规定，对于此类违法行为，情节较重的，予以降级或者撤职；情节严重的，予以开除。据此，各级纪检监察机关要始终坚持严的主基调，对顶风违纪、屡教不改、情节恶劣的依纪依法作为"情节严重"的情形给予党纪政务处分或者从重、加重处理，并可以依照规定同时对其采取调整职务、免职等组织处理措施，点名道姓通报曝光，不断释放出整治违反中央八项规定精神问题"越往后越严"的强烈信号，发挥执纪执法工作的警示震慑作用。

【相关条款】

《中国共产党纪律处分条例》(2018 年 8 月 18 日)

第四条 党的纪律处分工作应当坚持以下原则：

(一)坚持党要管党、全面从严治党。加强对党的各级组织和全体党员的教育、管理和监督，把纪律挺在前面，注重抓早抓小、防微杜渐。

(二)党纪面前一律平等。对违犯党纪的党组织和党员必须严肃、公正执行纪律，党内不允许有任何不受纪律约束的党组织和党员。

(三)实事求是。对党组织和党员违犯党纪的行为，应当以事实为依据，以党章、其他党内法规和国家法律法规为准绳，准确认定违纪性质，区别不同情况，恰当予以处理。

(四)民主集中制。实施党纪处分，应当按照规定程序经党组织集体讨论决定，不允许任何个人或者少数人擅自决定和批准。上级党组织对违犯党纪的党组织和党员作出的处理决定，下级党组织必须执行。

(五)惩前毖后、治病救人。处理违犯党纪的党组织和党员，应当实行惩戒与教育相结合，做到宽严相济。

第二十条 有下列情形之一的，应当从重或者加重处分：

(一)强迫、唆使他人违纪的；

(二)拒不上交或者退赔违纪所得的；

(三)违纪受处分后又因故意违纪应当受到党纪处分的；

（四）违纪受到党纪处分后，又被发现其受处分前的违纪行为应当受到党纪处分的；

（五）本条例另有规定的。

第四十条第一款 对于违纪行为所获得的经济利益，应当收缴或者责令退赔。

第九十一条 利用职权或者职务上的影响操办婚丧喜庆事宜，在社会上造成不良影响的，给予警告或者严重警告处分；情节严重的，给予撤销党内职务处分；借机敛财或者有其他侵犯国家、集体和人民利益行为的，从重或者加重处分，直至开除党籍。

《中华人民共和国公职人员政务处分法》（2020 年 6 月 20 日）

第四条 给予公职人员政务处分，坚持党管干部原则，集体讨论决定；坚持法律面前一律平等，以事实为根据，以法律为准绳，给予的政务处分与违法行为的性质、情节、危害程度相当；坚持惩戒与教育相结合，宽严相济。

第十三条 公职人员有下列情形之一的，应当从重给予政务处分：

（一）在政务处分期内再次故意违法，应当受到政务处分的；

（二）阻止他人检举、提供证据的；

（三）串供或者伪造、隐匿、毁灭证据的；

（四）包庇同案人员的；

（五）胁迫、唆使他人实施违法行为的；

（六）拒不上交或者退赔违法所得的；

（七）法律、法规规定的其他从重情节。

第二十五条第一款 公职人员违法取得的财物和用于违法行为的本人财物，除依法应当由其他机关没收、追缴或者责令退赔的，由监察机关没收、追缴或者责令退赔；应当退还原所有人或者原持有人的，依法予以退还；属于国家财产或者不应当退还以及无法退还的，上缴国库。

第三十三条第一款第二项 有下列行为之一的，予以警告、记过或者记大过；情节较重的，予以降级或者撤职；情节严重的，予以开除：

（二）利用职权或者职务上的影响为本人或者他人谋取私利的。

王某组织公款吃喝并违规接受宴请案

（2021 年指导性案例第 3 号，总第 3 号）

【关键词】

违反中央八项规定精神；公款吃喝；接受可能影响公正执行公务的宴请；涉案财物处置

【执纪执法要点】

公款吃喝、违规接受宴请等行为除浪费国家资财或者可能影响公正执行公务外，还严重破坏党风政风和社会风气，损害党和政府的形象。实践中我们发现，有的党员干部虚列开支公款报销违规吃喝费用，这是典型的违反中央八项规定精神隐形变异问题，性质恶劣，应加大查处力度，予以严肃处理。各级纪检监察机关要提高发现问题的能力，加大惩处力度，将严肃处理违规吃喝问题作为纠"四风"、树新风的重点，扭住不放、露头就打，严防反弹回潮、死灰复燃。在涉案财物处置上，则要注重区分不同情况，作出精准处置。

【基本案情及处理结果】

王某，中共党员，某县住房和城乡建设局局长。2021 年 2 月 19 日晚，王某召集本单位 5 名干部在该县某酒店聚餐，要求按照人均 1000 元的标准安排餐饮，所花费的 6000 元以公车加油费、维护保养费等名目列入该局"三公"经费中予以报销。3 月 21 日晚，王某在该县房地产开发商张某经营的日本料理店接受宴请，享受每人定价 1888 元的套餐。王某受到党内严重警告处分，被责令退赔公款吃喝费用 1000 元，被收缴接受可能影响公正执行公务的宴请费用 1888 元。同时，参加公款吃喝的其他 5 名干部受到了批评教育，并被责令退赔相关费用 5000 元。

【指导意义】

1. 关于王某违规吃喝行为的性质认定和处理

本案中，王某的违规吃喝问题主要表现在两个方面：一是按照《中国共产党纪律处分条例》第一百零三条的规定，王某"违反有关规定组织、参加用公款支付的宴请"；二是按照《中国共产党纪律处分条例》第九十二条的规定，王某"接受可能影响公正执行公务的宴请"。实践中，对于这两个问题都应认定为违反中央八项规定精神。在涉案财物处置上，纪检监察机关根据具体案情，在准确认定王某应负担的公款吃喝费用和接受私营企业主宴请时所对应的餐饮费用的基础上，责令王某退赔公款吃喝的相关费用 1000 元，收缴王某接受私营企业主宴请的费用 1888 元；同时，参加公款吃喝的其他 5 名干部受到了批评教育，并被责令退赔相关费用。上述处理区分了党员领导干部和普通党员干部在违规吃喝问题中的责任大小,对王某作为党员领导干部的处理力度更重,既体现了执纪工作的精准性,又对其他 5 名干部起到了教育警示作用,取得了较好的执纪效果。

2. 关于违规吃喝问题中的涉案财物处置

涉案财物处置事关案件质量和处理效果,必须严格依规依纪依法作出精准处置。实践中,纪检监察机关在处理违规吃喝问题的涉案财物时,经常会遇到一些更为复杂的情形,应坚持实事求是原则,区分具体情况,作出精准处置。

一是对于"违反有关规定组织、参加用公款支付的宴请"问题,根据《中国共产党纪律处分条例》第一百零三条的规定,对于公款吃喝行为,无论组织者还是参加者,都构成违纪。以本案为例,王某和其他 5 名干部都被责令退赔了相关费用。实践中,纪检监察机关应根据案件具体情况,全面审查餐饮清单、报销凭证等书证,并结合相关人员的交代,准确认定参加宴请者所应负担的费用,并依规依纪责令其退赔相关费用。需要指出的是,对于《中国共产党纪律处分条例》第一百零三条规定的"用公款购买赠送或者发放礼品、消费卡(券)等"的问题,或者收受公款购买的礼品、消费卡(券)等的问题,经查证属实后,应按规定责令本单位接受礼品、消费卡(券)等的党员干部予以清退或者折价退赔,对于本单位之外的党员干部收受礼品、消费卡(券)等的应按规定予以清退或者收缴。

二是对于"接受可能影响公正执行公务的宴请"问题,如果接受的是公款支付的宴请,依照《中国共产党纪律处分条例》第二十四条第一款关于"一个违纪行为同时触犯本条例两个以上(含两个)条款的,依照处分较重的条款定性处理"的规定,适用《中国共产党纪律处分条例》第一百零三条之规定予以定性处理。如果接受的是私营企业主、下属等管理服务对象个人支付费用的宴请,且能准确认定被审查人所对应的宴请费用,则应依规依纪予以收缴。同时,对于因时间久远、书证缺失或仅有相关人员交代等原因无法准确区分餐饮费用,且被审查人自愿主动上交相关餐饮费用的情形,实践中可按主动登记上交处理。

【相关条款】

《中国共产党纪律处分条例》(2018 年 8 月 18 日)

第四十条第一款 对于违纪行为所获得的经济利益,应当收缴或者责令退赔。

第九十二条 接受、提供可能影响公正执行公务的宴请或者旅游、健身、娱乐等活动安排,情节较重的,给予警告或者严重警告处分;情节严重的,给予撤销党内职务或者留党察看处分。

第一百零三条 违反有关规定组织、参加用公款支付的宴请、高消费娱乐、健身活动,或者用公款购买赠送或者发放礼品、消费卡(券)等,对直接责任者和领导责任者,情节较轻的,给予警告或者严重警告处分;情节较重的,给予撤销党内职务或者留党察看处分;情节严重的,给予开除党籍处分。

《中华人民共和国公职人员政务处分法》(2020年6月20日)

第二十五条第一款 公职人员违法取得的财物和用于违法行为的本人财物,除依法应当由其他机关没收、追缴或者责令退赔的,由监察机关没收、追缴或者责令退赔;应当退还原所有人或者原持有人的,依法予以退还;属于国家财产或者不应当退还以及无法退还的,上缴国库。

第三十四条第二款 向公职人员及其特定关系人赠送可能影响公正行使公权力的礼品、礼金、有价证券等财物,或者接受、提供可能影响公正行使公权力的宴请、旅游、健身、娱乐等活动安排,情节较重的,予以警告、记过或者记大过;情节严重的,予以降级或者撤职。

第三十五条第三项 有下列行为之一,情节较重的,予以警告、记过或者记大过;情节严重的,予以降级或者撤职:

(三)违反规定公款消费的。

张某退休后违规接受宴请案

(2021年指导性案例第4号,总第4号)

【关键词】

违反中央八项规定精神;退休后接受宴请;可能影响公正执行公务

【执纪执法要点】

吃喝问题绝非小事小节,而是关系党在人民群众心目中形象的"大政治",对退休党员干部也不例外。党的十八大以来,各级纪检监察机关重拳出击,"舌尖上的腐败"得到有效遏制。在持续高压态势下,一些党员领导干部在职期间有所收敛,但在退休后又故态复萌,肆无忌惮接受各种宴请,成为"四风"问题隐形变异的新表现。对于此类问题,一些纪检监察机关在定性处理上产生了分歧,有的认为不宜认定为违纪,有的则认为应从严执纪。我们认为,中央八项规定精神是"长期有效的铁规矩",党员领导干部无论退休与否,都应该严格遵循党规党纪和中央八项规定精神。各级纪检监察机关要从政治上深刻认识违规吃喝问题的危害性,坚持严的主基调,坚决防反弹回潮、防隐形变异、防疲劳厌战,持续释放整治违反中央八项规定精神问题"越往后越严"的强烈信号。

【基本案情及处理结果】

张某,中共党员,某县生态环境局党组成员、副局长,2018年10月退休。2019年1月以来，张某在春节、端午节、中秋节和生日期间，先后10余次接受该县私营企业主王某、李某、赵某等人（均系张某任生态环境局党组成员、副局长期间的管理服务对象）安排的宴请，并饮用年份茅台酒等高档酒水，食用高档菜肴。2021年3月，张某受到党内警告处分。

【指导意义】

在本案处理过程中，形成了如下两种不同意见。

第一种意见认为，张某已经退休，不再具有公职人员身份，其接受私营企业主的宴请不属于"接受可能影响公正执行公务的宴请"，不宜认定为违纪。

第二种意见认为，张某虽已退休，但仍具有党员身份，特别是曾经担任过领导职务，在当地仍具有一定的影响力，更应带头严于律己，严格遵守党的纪律和中央八项规定精神。张某的退休时间在党的十九大之后，中央对于严格落实中央八项规定精神、毫不松懈纠治"四风"的要求已经非常明确，但其仍然不知敬畏，多次接受退休前管理服务对象的宴请。为严肃党的纪律，应将张某的上述行为认定为违反中央八项规定精神。同时，鉴于张某已经退休，不再具有公职人员身份，可适用《中国共产党纪律处分条例》第一百一十一条（廉洁纪律兜底条款）之规定予以定性处理。

经分析，我们同意第二种意见。我们在工作中发现，有的党员领导干部在退休后放松了纪律约束，认为一旦不再担任公职，就可以不再遵守党规党纪和法律法规，随心所欲地接受宴请，甚至实施违纪违法行为。对此，纪检监察机关要始终坚持严的主基调，对违反中央八项规定精神问题毫不妥协、露头就打，持续释放"越往后越严"的强烈信号。

此外，我们在工作中还发现，一些党员领导干部在退休后不仅违规接受宴请，还收受退休前管理服务对象的礼品礼金，有的甚至借助于"攒饭局"等方式，利用原职权或者地位形成的便利条件，大搞所谓的"居中协调"，通过其他国家工作人员职务上的行为，为请托人谋取不正当利益，索取或者收受请托人数额较大的财物。对于党员领导干部在退休后违规收受礼品礼金的问题，同样应适用《中国共产党纪律处分条例》第一百一十一条（廉洁纪律兜底条款）之规定予以定性处理，并依规依纪收缴其违纪所得；对于涉嫌受贿犯罪或者利用影响力受贿犯罪的，则应适用《中国共产党纪律处分条例》第二十七条这一纪法衔接条款的规定，依纪依法予以严肃处理。

【相关条款】

《中国共产党纪律处分条例》（2018年8月18日）

第二十七条 党组织在纪律审查中发现党员有贪污贿赂、滥用职权、玩忽职守、权力寻租、利益输送、徇私舞弊、浪费国家资财等违反法律涉嫌犯罪行为的，应当给予撤销党内职务、留党察看或者开除党籍处分。

第一百一十一条 有其他违反廉洁纪律规定行为的，应当视具体情节给予警告直至开除党籍处分。

某区纪委监委环保问责简单泛化案

（2021年指导性案例第5号，总第5号）

【关键词】

问责简单泛化；规范问责；精准问责

【执纪执法要点】

以习近平同志为核心的党中央将问责作为全面从严治党利器，推动失责必问、问责必严成为常态。《中国共产党纪律处分条例》《中国共产党问责条例》等党内法规对问责的主体、程序、情形等作出了明确规定，党中央印发《中国共产党问责条例》的通知也强调"针对实践中出现的问责不力、泛化简单化等问题，着力提高党的问责工作的政治性、精准性、实效性"。各级纪检监察机关要深刻认识到，能否做到规范精准问责，考验的是政治站位、工作作风和执纪执法能力，体现的是党组织的权威和公信。在开展问责工作时，一定要做到调查取证细之又细、定性处理慎之又慎、自我约束严之又严，防止出现问责不力或者问责泛化、简单化等问题，力求取得问责一个、警醒一片、促进一方工作的良好效果。同时，上级纪检监察机关要加强督促指导，及时纠正问责不精准、处理不平衡等问题，确保问责质效。

【基本案情及处理结果】

2021年1月，某省生态环境保护督察组（以下简称督察组）在A市开展环保督察期间，该市B区纪委监委根据督察组移交的问题线索，在未按程序报请区委主要负责人批准的情况下，对A市生态环境局B分局（系B区政府组成部门）党组书记、局长张某等人启动问责调查，共处置问题线索20批90件，问责88人次。其中，B区纪委监委认定，张某对督察组移交、群众反映的2020年5月以来某企业污水扰民、某餐馆油烟污染、某店铺严重噪声污染等问题整治不力，应负领导责任，决定以谈话方式给予其诫勉问责；A市生态环境局B分局时任党组成员、副局长王某分管上述工作，应负领导责任，在1个月内因上述同类事由先后给予其6次问责（通报问责3次、书面诫勉问责1次、党内警告处分1次、免职问责1次）；对于2020年3月以来一直在外脱产学习、未实际协管上述工作的三级主任科员郑某、李某和四级主任科员邓某，仅依据各自岗位职责，决定给予该3人党内严重警告、政务记大过处分。B区纪委监委在给予上述人员处理、处分前,未形成事实材料与其见面核对并听取其陈述和申辩。

此后,省委巡视组在有关专项巡视中发现上述问责存在简单泛化,未履行处理、处分所依据的事实材料应当同本人见面的程序等问题,并移交A市纪委监委处理。A市纪委监委按程序核查后,责令B区纪委监委及时依规依纪依法予以纠正。

【指导意义】

1. 坚决防止和纠正问责不规范、不精准等问题

本案中,B区纪委监委对张某、王某、郑某、李某、邓某等人的问责主要存在以下问题:

一是工作程序不规范。一方面是启动问责调查程序不规范,区纪委监委违反《中国共产党问责条例》第九条第一款之规定,在未报请区委主要负责人批准的情况下,即对A市生态环境局B分局党组书记、局长张某先行启动问责调查。另一方面是处理、处分程序不规范,区纪委监委在给予相关人员处理、处分前,未履行处理、处分所依据的事实材料同本人见面的程序,违反了《中国共产党章程》第四十三条、《中国共产党问责条例》第十一条第一款、《中国共产党党员权利保障条例》第三十五条第二款、《中国共产党纪律检查机关监督执纪工作规则》第五十一条第一款、《中华人民共和国公职人员政务处分法》第四十三条等规定。

二是责任划分不精准。区纪委监委在认定张某、王某2人责任时,笼统定性为"负有领导责任",未结合各自的岗位职责,准确区分应负主要领导责任还是重要领导责任。

三是问责简单泛化。区纪委监委在1个月内对王某进行了6次"凑数式"问责,对在污染问题发生前即已在外脱产学习、并未实际协管相关工作的郑某、李某、邓某滥用问责,存在重复问责、简单问责、泛化问责的问题,损害了执纪执法的权威性和严肃性。

2. 进一步推动问责工作规范化、精准化

执纪执法工作中,应当规范精准问责,坚决防止出现以下问责泛化、简单化问题:一是在问责对象上,问下不问上,过多指向基层干部;二是在问责程序上,求快不求准,随意简省调查流程;三是在问责处理上,简单粗暴,搞"一刀切";四是在问责效果上,只问责不管理,依赖问责推动工作。实践中,有的纪检监察机关机械理解和执行上级督办转办件"快查快处"要求,实施问责时责任不明、轻重不分,没有做到因事、因责而异。各级纪检监察机关要充分认识到,严格依规依纪依法规范精准问责,是推动纪检监察工作高质量发展的应有之义和必然要求。纪检监察机关在开展执纪执法工作时,应当严格执行《中国共产党问责条例》等规定,既要查清具体事实、分清责任、严肃问责;又要区别情况、体现政策,做到规范精准问责。实践中,要把握好以下两个方面的核心要求:

一是要坚持实事求是。必须以事实为依据，以纪法为准绳，不得因上级领导作出指示要求或者上级部门提出处理建议，就不进行审查调查、不尊重客观事实，简单机械地按照上级要求或处理建议进行问责，甚至出现生拉硬拽、刻意拔高等问责不规范、不精准情形。问责决定作出后，发现问责事实认定不清楚、证据不确凿、依据不充分、责任不清晰、程序不合规、处理不恰当，或者存在其他不应当问责、不精准问责情况的，应当及时予以纠正，这也是执纪执法工作坚持实事求是原则的具体体现。本案中，B 区纪委监委在依规依纪依法纠正上述问责简单泛化问题时，对于不应给予党纪、政务处分的人员，按程序作出了撤销处分的决定；对于不应通报问责的，作出了撤销通报问责的决定，并在原来的通报范围内予以纠正和澄清；对于不应予以诫勉问责的，按照原来采取诫勉问责的方式予以纠正（其中，书面诫勉问责的，按程序作出撤销诫勉问责的决定；以谈话方式给予诫勉问责的，也采取了书面方式予以纠正）；对于诫勉问责已通报同级党委组织部门的，在作出撤销诫勉问责决定时及时通报了该组织部门。

二是要准确认定责任。按照“权责一致、错责相当”的原则，依据纪法规定、岗位职责，精准界定哪些人应负责任、应负什么责任，分清主要领导责任和重要领导责任，区分相关责任人任职期间是履职尽责、还是不履职或不正确履职，避免畸轻畸重、尺度不一。对于没有造成恶劣影响或严重后果，未达到问责程度的，可给予提醒、批评教育等处理，不能简单以问责代替管理。

此外，对于受到问责的党员领导干部提出申诉的办理时限问题，我们认为应当从以下两个方面把握：一是对于采取非纪律处分方式实施问责的，作出问责决定的党组织接到书面申诉后，应当在 1 个月内作出申诉处理决定，并以书面形式告知提出申诉的领导干部及其所在党组织等单位；二是对于采取纪律处分方式实施问责的，按照党章和有关党内法规规定的权限、程序执行，即应当按照《中国共产党纪律检查机关监督执纪工作规则》第五十九条等规定，在受理申诉后 3 个月内作出复议复查决定，并告知提出申诉的领导干部及其所在党组织等单位。

【相关条款】

《中国共产党章程》（2017 年 10 月 24 日）

第四十三条　党组织对党员作出处分决定，应当实事求是地查清事实。处分决定所依据的事实材料和处分决定必须同本人见面，听取本人说明情况和申辩。如果本人对处分决定不服，可以提出申诉，有关党组织必须负责处理或者迅速转递，不得扣压。对于确属坚持错误意见和无理要求的人，要给以批评教育。

《中国共产党纪律处分条例》(2018 年 8 月 18 日)

第三十七条 违纪行为有关责任人员的区分:

(一)直接责任者,是指在其职责范围内,不履行或者不正确履行自己的职责,对造成的损失或者后果起决定性作用的党员或者党员领导干部。

(二)主要领导责任者,是指在其职责范围内,对直接主管的工作不履行或者不正确履行职责,对造成的损失或者后果负直接领导责任的党员领导干部。

(三)重要领导责任者,是指在其职责范围内,对应管的工作或者参与决定的工作不履行或者不正确履行职责,对造成的损失或者后果负次要领导责任的党员领导干部。

本条例所称领导责任者,包括主要领导责任者和重要领导责任者。

《中国共产党问责条例》(2019 年 8 月 25 日)

第三条 党的问责工作应当坚持以下原则:

(一)依规依纪、实事求是;

(二)失责必问、问责必严;

(三)权责一致、错责相当;

(四)严管和厚爱结合、激励和约束并重;

(五)惩前毖后、治病救人;

(六)集体决定、分清责任。

第六条第一款 问责应当分清责任。党组织领导班子在职责范围内负有全面领导责任,领导班子主要负责人和直接主管的班子成员在职责范围内承担主要领导责任,参与决策和工作的班子成员在职责范围内承担重要领导责任。

第九条第一款 发现有本条例第七条所列问责情形,需要进行问责调查的,有管理权限的党委(党组)、纪委、党的工作机关应当经主要负责人审批,及时启动问责调查程序。其中,纪委、党的工作机关对同级党委直接领导的党组织及其主要负责人启动问责调查,应当报同级党委主要负责人批准。

第十一条第一款 查明调查对象失职失责问题后,调查组应当撰写事实材料,与调查对象见面,听取其陈述和申辩,并记录在案;对合理意见,应当予以采纳。调查对象应当在事实材料上签署意见,对签署不同意见或者拒不签署意见的,调查组应当作出说明或者注明情况。

第十二条 问责决定应当由有管理权限的党组织作出。

对同级党委直接领导的党组织,纪委和党的工作机关报经同级党委或者其主要负责人批准,可以采取检查、通报方式进行问责。采取改组方式问责的,按照党章和有关党内法规规定的权限、程序执行。

对同级党委管理的领导干部，纪委和党的工作机关报经同级党委或者其主要负责人批准，可以采取通报、诫勉方式进行问责；提出组织调整或者组织处理的建议。采取纪律处分方式问责的，按照党章和有关党内法规规定的权限、程序执行。

第二十条 问责对象对问责决定不服的，可以自收到问责决定之日起1个月内，向作出问责决定的党组织提出书面申诉。作出问责决定的党组织接到书面申诉后，应当在1个月内作出申诉处理决定，并以书面形式告知提出申诉的党组织、领导干部及其所在党组织。

申诉期间，不停止问责决定的执行。

第二十一条第一款 问责决定作出后，发现问责事实认定不清楚、证据不确凿、依据不充分、责任不清晰、程序不合规、处理不恰当，或者存在其他不应当问责、不精准问责情况的，应当及时予以纠正。必要时，上级党组织可以直接纠正或者责令作出问责决定的党组织予以纠正。

《中国共产党党员权利保障条例》(2020年12月25日)

第三十五条第二款 处理、处分所依据的事实材料应当同本人见面。处理、处分的决定应当向本人宣布，并写明党员的申诉权以及受理申诉的组织等内容。事实材料和决定应当由本人签署意见，对签署不同意见或者拒不签署意见的，应当作出说明或者注明情况。

《中国共产党纪律检查机关监督执纪工作规则》(2018年12月28日)

第五十一条第一款 查明涉嫌违纪或者职务违法、职务犯罪问题后，审查调查组应当撰写事实材料，与被审查调查人见面，听取意见。被审查调查人应当在事实材料上签署意见，对签署不同意见或者拒不签署意见的，审查调查组应当作出说明或者注明情况。

第五十九条 对不服处分决定的申诉，由批准或者决定处分的党委（党组）或者纪检监察机关受理；需要复议复查的，由纪检监察机关相关负责人批准后受理。

申诉办理部门成立复查组，调阅原案案卷，必要时可以进行取证，经集体研究后，提出办理意见，报纪检监察机关相关负责人批准或者纪委常委会会议研究决定，作出复议复查决定。决定应当告知申诉人，抄送相关单位，并在一定范围内宣布。

坚持复议复查与审查审理分离，原案审查、审理人员不得参与复议复查。

复议复查工作应当在3个月内办结。

《中华人民共和国公职人员政务处分法》(2020年6月20日)

第四十三条 作出政务处分决定前，监察机关应当将调查认定的违法事实及拟给予政务处分的依据告知被调查人，听取被调查人的陈述和申辩，并对其陈述的事实、理由和证据进行核实,记录在案。被调查人提出的事实、理由和证据成立的,应予采纳。不得因被调查人的申辩而加重政务处分。

第五十五条第二款 监察机关发现本机关或者下级监察机关作出的政务处分决定确有错误的,应当及时予以纠正或者责令下级监察机关及时予以纠正。

崔某骗领财政惠民惠农补贴资金案

（2021 年指导性案例第 6 号,总第 6 号）

【关键词】

群众身边腐败;基层群众性自治组织中从事管理的人员;党纪政务处分匹配

【执纪执法要点】

群众身边腐败和不正之风,严重破坏党和政府在群众心目中的形象,蚕食群众获得感幸福感,侵蚀党心民心。习近平总书记在十九届中央纪委五次全会上明确指出,"要持续整治群众身边腐败和作风问题,让群众在反腐'拍蝇'中增强获得感"、要"紧盯扶贫环保等领域腐败和不正之风,解决好群众的'急难愁盼'问题,让人民群众感受到公平正义"。执纪执法工作中,对于基层群众性自治组织中从事管理的人员的贪腐问题,纪检监察机关应严格依规依纪依法予以整治处理,坚决纠正漠视和侵害群众利益的问题,注重党纪和政务处分精准匹配,确保执纪执法综合效果。

【基本案情及处理结果】

崔某,中共党员,某乡某村原党支部书记、村民委员会主任。2019 年 3 月至 2020 年 9 月,崔某在协助县、乡人民政府发放本村财政惠民惠农补贴资金中的退耕还林还草直补退耕农户资金的过程中,以其女儿的名义,弄虚作假,编造退耕还林还草亩数,骗领财政补贴资金 8000 元并据为己有。同时,崔某在担任村党支部书记、村民委员会主任期间,借逢年过节之机,收受 3 名村集体经济合作社成员礼金 1.2 万元。2021 年 6 月,崔某受到撤销党内职务处分,对其违纪违法所得 2 万元予以收缴;建议乡人民政府责令其辞去该村村民委员会主任职务,拒不辞职的,依法罢免其村民委员会主任职务,停止发放其补贴、奖金。2021 年 7 月,崔某辞去了该村村民委员会主任职务。

【指导意义】

1. 准确区分个人贪腐与优亲厚友

本案处理过程中,关于崔某收受 3 名村集体经济合作社成员礼金 1.2 万元的问题,应当依照《中国共产党纪律处分条例》第八十八条第一款和《中华人民共和国公职人员政务处分法》第三十四条第一款之规定予以定性处理,对此没有争议。但对于崔某骗领8000元财政补贴资金的问题,则形成了如下两种不同意见:

第一种意见认为,崔某利用协助县、乡人民政府从事相关行政管理工作的职务便利,将其女儿虚报为退耕还林还草补贴对象,非法获取了财政惠民惠农补贴资金,应当认定为在发放财政惠民惠农补贴资金工作中优亲厚友,属于违反群众纪律性质。

第二种意见认为,崔某作为基层群众性自治组织中从事管理的人员,利用其协助县、乡人民政府从事相关行政管理工作的职务便利,以其女儿的名义骗领财政惠民惠农补贴资金并占为己有,该行为的最终受益人是崔某自己。因此,崔某的行为构成贪污,属于职务违法,不属于违反群众纪律性质。

经分析,我们同意第二种意见。一是通常来看,"优亲厚友"主要是指一些从事社会保障、政策扶持、扶贫脱贫、救灾救济款物分配等事项的党员在执行公务过程中,不按照民主决策程序办理,不能正确处理亲属、朋友与群众的关系,厚此薄彼,侵害群众利益;不按照规定标准执行,使不该享受的人员享受了相关的待遇,应该享受的人员享受不到或者比规定的标准享受得低,明显不公平、不公正。从本案来看,崔某骗领财政补贴资金行为"优""厚"的是自己,也未导致本村应该领取财政资金补贴的人员领取不到或者比规定的标准领取得低,不属于违反群众纪律性质。二是根据2000年4月29日第九届全国人大常委会第十五次会议通过的《关于〈中华人民共和国刑法〉第九十三条第二款的解释》规定,村民委员会等村基层组织人员协助人民政府从事相关行政管理工作时,利用职务上的便利,非法占有公共财物,构成犯罪的,适用《中华人民共和国刑法》第三百八十二条和第三百八十三条。崔某的上述行为虽未达到刑事追诉标准,但本质上属于刑法规定的贪污行为,应当追究其纪律责任和监察责任,按照《中国共产党纪律处分条例》第二十八条和《中华人民共和国公职人员政务处分法》第三十三条第一款第一项之规定予以严肃处理。

2. 关于党纪政务处分匹配问题

本案处理过程中,关于对崔某的处分问题,形成了如下两种不同意见:

第一种意见认为,崔某具有党员身份,同时又是基层群众性自治组织中从事管理的人员,其骗领财政惠民惠农补贴资金的行为既涉嫌违反党的纪律又涉嫌职务违法,同时还存在违规收受礼金行为,合并处理应当给予其撤销党内职务、政务记大过处分。

第二种意见认为,结合本案具体情况,应当给予崔某撤销党内职务处分。同时,鉴于《中华人民共和国公职人员政务处分法》第二十二条第一款规定,"基层群众性自治组织中从事管理的人员有违法行为的，监察机关可以予以警告、记过、记大过”，未规定可给予降级、撤职、开除处分，因此在给予崔某党纪重处分的同时，无法匹配适用撤职等政务重处分。综合上述情形，可考虑给予崔某撤销党内职务处分；同时建议乡人民政府责令其辞去该村村民委员会主任职务，拒不辞职的，依法罢免其该村村民委员会主任职务。

经分析，我们同意第二种意见。十九届中央纪委五次全会工作报告指出，要持续整治群众身边腐败和不正之风，促进社会公平正义、保障群众合法权益，严肃查处贪污侵占等行为。崔某的行为正是发生在群众身边的贪污侵占腐败行为，本应在给予其党纪重处分的同时，依法给予其撤职等政务重处分。但依照《中华人民共和国公职人员政务处分法》第二十二条规定，对于崔某只能给予警告、记过、记大过等政务轻处分。如按照第一种意见，给予崔某撤销党内职务、政务记大过处分，则会出现党纪重处分匹配政务轻处分的情况，既不符合该违法行为应当给予政务重处分的实际，也影响了执纪执法工作效果。因此，应当在给予崔某撤销党内职务处分的同时，依照《中华人民共和国村民委员会组织法》《农村基层干部廉洁履行职责若干规定（试行）》等规定，建议乡人民政府责令其辞去该村村民委员会主任职务，拒不辞职的，依法予以罢免；同时，由乡人民政府明确其不再享受补贴、奖金，以增强惩戒效果。

实践中，对于具有中共党员身份的公职人员既违纪又违法的行为，在匹配适用党纪、政务处分时，通常按照以下情形把握：

一是应当给予重处分的情形。受到撤销党内职务、留党察看、开除党籍等党纪重处分的，如果仍担任公职，应当依法给予其撤职等政务重处分，即党纪重处分和政务重处分相匹配。对于有严重违法行为的公职人员，依法给予开除处分的，在党纪上应当依纪给予其开除党籍处分。对于严重违反党纪、严重触犯刑律的公职人员，依纪依法给予其开除党籍、开除公职处分，将其涉嫌犯罪问题移送司法机关依法处理。对于基层群众性自治组织中从事管理的人员等不适用政务重处分的公职人员，可不再给予其政务处分，而是依照《中华人民共和国公职人员政务处分法》《农村基层干部廉洁履行职责若干规定（试行）》等规定，作出降低薪酬待遇、调离岗位、解除人事关系或者劳动关系、责令辞职、依法罢免等处理。

二是应当给予轻处分的情形。党纪轻处分是指警告、严重警告，政务轻处分是指警告、记过、记大过、降级。实践中，党纪轻处分和政务轻处分在何种情形下同时适用、何种情形下单独适用，需根据具体案情综合把握。一般而言，在已达到惩戒目的和效果的情况下，在给予党纪轻处分时，可不再同时给予政务轻处分；对于在行政管理工作中发生的违法行为，在给予政务轻处分时，也可不再同时给予党纪轻处分。需要注意的是，如果给予党纪轻处分或政务轻处分的后果存在实质性差异，或者有其他影响案件处理效果的情形，为准确区分责任轻重、体现惩戒效果，可考虑同时给予党纪、政务轻处分。同时适用党纪、政务轻处分的，党内警告处分一般匹配政务记过处分，党内严重警告处分一般匹配政务记大过或者降级处分；但对于本应给予撤销党内职务处分，因本人没有担任党内职务而给予党内严重警告处分的，则应匹配给予其撤职等政务重处分。

3. 关于基层群众性自治组织中从事管理的人员受处分的后续处理问题

我们在工作中发现，对基层群众性自治组织中从事管理的人员的处分，尤其是受到党纪、政务轻处分的，对其职务、利益影响较小，导致违纪违法成本较低，有的人员在受处分后甚至继续违纪违法。目前，《中华人民共和国公职人员政务处分法》《农村基层干部廉洁履行职责若干规定（试行）》等规定对受处分村干部的后续处理规定较为原则，为提升纪律惩戒效果，强化纪律约束，县（市、区、旗）党委、政府应当切实履行主体责任，依照《中华人民共和国公职人员政务处分法》《农村基层干部廉洁履行职责若干规定（试行）》等规定，抓紧建立健全村干部受到党纪政务处分和诫勉等处理后的补贴、奖金减发或者扣发办法，切实提升对村干部的纪律惩戒效果。县（市、区、旗）纪委监委应当协助同级党委做好基层群众性自治组织中从事管理的人员受处分后的相关处理工作，以严肃监督执纪问责，推动全面从严治党不断向基层延伸。比如，山东省日照市莒县纪委监委制定了《关于推行农村干部处分与业绩考核奖励报酬挂钩的办法（试行）》，经报县委同意后，以县委办公室名义印发施行；广东省广州市白云区纪委监委联合区委农村工作办公室和区民政局共同起草了《村社干部处分（处理）决定薪酬执行工作指引》并报经区委同意后，以区委农村工作办公室名义印发施行，这些地方的实践探索可供各地参考借鉴。

【相关条款】

《中国共产党纪律处分条例》（2018 年 8 月 18 日）

第十一条第一款 撤销党内职务处分，是指撤销受处分党员由党内选举或者组织任命的党内职务。对于在党内担任两个以上职务的，党组织在作处分决定时，应当明确是撤销其一切职务还是一个或者几个职务。如果决定撤销其一个职务，必须撤销其担任的最高职务。如果决定撤销其两个以上职务，则必须从其担任的最高职务开始依次撤销。对于在党外组织担任职务的，应当建议党外组织依照规定作出相应处理。

第二十八条 党组织在纪律审查中发现党员有刑法规定的行为，虽不构成犯罪但须追究党纪责任的，或者有其他违法行为，损害党、国家和人民利益的，应当视具体情节给予警告直至开除党籍处分。

第四十条第一款 对于违纪行为所获得的经济利益，应当收缴或者责令退赔。

第八十八条第一款 收受可能影响公正执行公务的礼品、礼金、消费卡和有价证券、股权、其他金融产品等财物，情节较轻的，给予警告或者严重警告处分；情节较重的，给予撤销党内职务或者留党察看处分；情节严重的，给予开除党籍处分。

第一百一十四条 在社会保障、政策扶持、扶贫脱贫、救灾救济款物分配等事项中优亲厚友、明显有失公平的，给予警告或者严重警告处分；情节较重的，给予撤销党内职务或者留党察看处分；情节严重的，给予开除党籍处分。

《中华人民共和国监察法》(2018年3月20日)

第十五条第五项 监察机关对下列公职人员和有关人员进行监察：

(五)基层群众性自治组织中从事管理的人员。

《中华人民共和国公职人员政务处分法》(2020年6月20日)

第二十二条 基层群众性自治组织中从事管理的人员有违法行为的，监察机关可以予以警告、记过、记大过。

基层群众性自治组织中从事管理的人员受到政务处分的，应当由县级或者乡镇人民政府根据具体情况减发或者扣发补贴、奖金。

第二十三条 《中华人民共和国监察法》第十五条第六项规定的人员有违法行为的，监察机关可以予以警告、记过、记大过。情节严重的，由所在单位直接给予或者监察机关建议有关机关、单位给予降低薪酬待遇、调离岗位、解除人事关系或者劳动关系等处理。

《中华人民共和国监察法》第十五条第二项规定的人员，未担任公务员、参照《中华人民共和国公务员法》管理的人员、事业单位工作人员或者国有企业人员职务的，对其违法行为依照前款规定处理。

第二十五条第一款 公职人员违法取得的财物和用于违法行为的本人财物，除依法应当由其他机关没收、追缴或者责令退赔的，由监察机关没收、追缴或者责令退赔；应当退还原所有人或者原持有人的，依法予以退还；属于国家财产或者不应当退还以及无法退还的，上缴国库。

第三十三条第一款第一项 有下列行为之一的，予以警告、记过或者记大过；情节较重的，予以降级或者撤职；情节严重的，予以开除：

(一)贪污贿赂的。

第三十四条第一款 收受可能影响公正行使公权力的礼品、礼金、有价证券等财物的，予以警告、记过或者记大过；情节较重的，予以降级或者撤职；情节严重的，予以开除。

《农村基层干部廉洁履行职责若干规定(试行)》(2019年4月4日修订)

第二十一条 村党组织领导班子成员有违反本规定第二章所列行为的，视情节轻重，由有关机关、部门依照职责权限给予警示谈话、责令公开检讨、通报批评、停职检查、责令辞职、免职等处理。

应当追究党纪责任的,依照《中国共产党纪律处分条例》给予相应的党纪处分。

涉嫌犯罪的,移送司法机关依法处理。

第二十二条 村民委员会成员有违反本规定第二章所列行为的,视情节轻重,由有关机关、部门依照职责权限给予警示谈话、责令公开检讨、通报批评、取消当选资格等处理或者责令其辞职,拒不辞职的,依照《中华人民共和国村民委员会组织法》的规定予以罢免。

对其中的党员,应当追究党纪责任的,依照《中国共产党纪律处分条例》给予相应的党纪处分。

涉嫌犯罪的,移送司法机关依法处理。

第二十三条 农村基层干部违反本规定获取的不正当经济利益,应当依法予以没收、追缴或者责令退赔;给国家、集体或者村民造成损失的,应当依照有关规定承担赔偿责任。

第二十四条 村党组织领导班子成员和村民委员会成员受到本规定第二十一条、第二十二条处理的,由县(市、区、旗)或者乡镇党委和政府按照规定减发或者扣发绩效补贴(工资)、奖金。

沈某公车私用、私车公养案

(2021 年指导性案例第 7 号,总第 7 号)

【关键词】

公车私用;私车公养;贪污侵占

【执纪执法要点】

随着公车改革的深入推进,各地公车管理制度不断规范,"公车私用"问题得到了有力遏制,但"私车公养"问题开始抬头。"私车公养"问题通常涉案金额不大,但本质是化公为私、贪污侵占的腐败问题,与"公车私用"不同,已经由风变腐。执纪执法工作中,纪检监察机关一方面要坚持严的主基调,对此类问题作出准确认定和严肃处理,以杜绝"车轮上的腐败",另一方面也要坚持实事求是,对实践中的不同情况认真加以区分,作出精准处置。

【基本案情及处理结果】

沈某,中共党员,某市委组织部常务副部长(正县级)。2018 年 12 月至 2020 年 8 月,沈某在已领取公务交通补贴的情况下,先后多次要求司机驾驶公车接送其打网球、接送其在外省上大学的女儿往返学校与家中等。2020年1月至2021年3月，沈某利用单位公务加油卡未绑定公车的漏洞，借驾驶公车开展公务之机，多次使用公务加油卡为其2辆私车加油，累计花费5500元。2021年8月，沈某受到党内严重警告和政务降级处分，违纪违法所得5500元予以追缴并返还该市委组织部；同时，给予其调整职务处理。

【指导意义】

1. 准确把握“私车公养”问题的性质认定及处理

实践中，“私车公养”问题存在多种表现形式，如“私油公供”“私车公修”“私票公报”等，每种表现形式又分化出多种不同的违纪违法手段。如“私油公供”可表现为利用管理和使用公车的职务便利，使用公务加油卡为本人的私车加油，或者加完油后以公车的名义在本单位报销，也可表现为将本人使用私车所产生的油费交由下属单位支付、报销等。

“公车私用”违反了中央八项规定精神，应当依照《中国共产党纪律处分条例》第一百零七条和《中华人民共和国公职人员政务处分法》第三十五条第二项规定予以处理。“私车公养”行为本质上已不属于作风问题，而是将公款据为已有的贪污侵占、化公为私的腐败行为。对于“私车公养”所涉金额尚未达到刑事追诉标准的，应当依照《中国共产党纪律处分条例》第二十八条、《中华人民共和国公职人员政务处分法》第三十三条第一款第一项之规定，追究其纪律责任和监察责任；所涉金额已达到刑事追诉标准，涉嫌职务犯罪的，在依照《中国共产党纪律处分条例》第二十七条、《中华人民共和国公职人员政务处分法》第三十三条第一款第一项之规定追究其纪律责任和监察责任的同时，还应当移送司法机关追究其刑事责任。

2. 精准甄别“私车公养”问题

“私车公养”行为构成违纪违法甚至涉嫌职务犯罪，但实践中还存在一些看似“私车公养”行为，却不宜按违纪违法行为认定的情形。比如，在一些边远地区或者交通不便地区，所在单位根据公务出行距离等因素核定了公务交通补贴标准，使用私车执行公务的可按标准用公务加油卡加油；又如，县乡基层工作人员虽按规定领取了公务交通补贴，但因下村入户等超出了保障范围，相关单位可以根据规定对公务交通补贴标准进行适度调整，或者按程序制定公务交通补贴标准并按标准予以计发；再如，对一些重大抢险救灾、事故处理或者突发事件处置等不可预测的特殊事项，临时使用私车开展公务活动，在此过程中产生的用车费用、损耗甚至损毁，可根据相关应急预案，给予适当补偿补助等。

此外，各级党组织要切实履行主体责任，按照中共中央办公厅、国务院办公厅《关于全面推进公务用车制度改革的指导意见》（中办发〔2014〕40号）和中央公车改革领导小组办公室《关于完善配套政策持续巩固公车改革成果的通知》（发改电〔2016〕757号）等规定，从实际出发及时解决公车改革中的新情况新问题，有序衔接公务交通补贴等相关政策，主动探索采取多种方式保障公务出行，尤其是县乡基层工作人员的公务出行。比如，支持地方提高公务交通补贴统筹比例，且统筹比例可考虑不设上限，重点保障出行任务重的岗位和人员；在交通不便地区制定相关管理办法，采取按距离远近按次包干发放交通费，等等。同时，各级纪检监察机关应当以强有力的监督措施作为保障，在切实保障公务出行的前提下，避免出现以交通费补助名义变相发放福利等问题。

3. 充分发挥组织处理作用

组织处理是教育干部、管理干部的必备手段，是全面从严治党的重要措施。纪检监察机关在执纪执法工作中，认为被审查调查人不宜担任现职或者有必要先行给予组织处理的，应当按照《中国共产党组织处理规定（试行）》第六条之规定给予其相应组织处理。本案中，沈某作为组工干部，其素质品质直接关系到干部选拔任用工作能否做到公道正派。因此，从加强组工干部建设的角度出发，对沈某同时作出调整职务的组织处理，以充分发挥警示作用，强化组工干部政治纪律和政治规矩教育，确保组工干部在政治上绝对可靠、对党绝对忠诚，进一步涵养政治生态。

【相关条款】

《中国共产党纪律处分条例》（2018 年 8 月 18 日）

第二十七条 党组织在纪律审查中发现党员有贪污贿赂、滥用职权、玩忽职守、权力寻租、利益输送、徇私舞弊、浪费国家资财等违反法律涉嫌犯罪行为的，应当给予撤销党内职务、留党察看或者开除党籍处分。

第二十八条 党组织在纪律审查中发现党员有刑法规定的行为，虽不构成犯罪但须追究党纪责任的，或者有其他违法行为，损害党、国家和人民利益的，应当视具体情节给予警告直至开除党籍处分。

第一百零七条 违反有关规定配备、购买、更换、装饰、使用公务交通工具或者有其他违反公务交通工具管理规定的行为，对直接责任者和领导责任者，情节较重的，给予警告或者严重警告处分；情节严重的，给予撤销党内职务或者留党察看处分。

《中华人民共和国公职人员政务处分法》（2020 年 6 月 20 日）

第三十三条第一款第一项 有下列行为之一的，予以警告、记过或者记大过；情节较重的，予以降级或者撤职；情节严重的，予以开除：

（一）贪污贿赂的。

第三十五条第二项 有下列行为之一，情节较重的，予以警告、记过或者记大过；情节严

重的,予以降级或者撤职:

(二)违反规定,在公务接待、公务交通、会议活动、办公用房以及其他工作生活保障等方面超标准、超范围的。

《中国共产党组织工作条例》(2021年5月22日)

第四十一条 组织部门应当强化政治机关意识,带头发扬党的光荣传统和优良作风,带头增强"四个意识"、坚定"四个自信"、做到"两个维护",坚持以党的政治建设为统领,深入推进从严治部、从严律己、从严带队伍,努力建设讲政治、重公道、业务精、作风好的模范部门,让党中央放心、让党员干部人才信赖、让人民群众满意。

加强组工干部队伍建设,强化政治纪律和政治规矩教育,严守组织人事纪律和保密纪律,坚持清正廉洁,着力提升专业化能力,确保政治上绝对可靠、对党绝对忠诚。

《中国共产党组织处理规定(试行)》(2021年3月19日)

第六条 党委(党组)及其组织(人事)部门按照干部管理权限履行组织处理职责。

有关机关、单位在执纪执法、日常管理监督等工作中发现领导干部存在需要进行组织处理的情形,应当向党委(党组)报告,或者向组织(人事)部门提出建议。

第七条第十五、十七项 领导干部在政治表现、履行职责、工作作风、遵守组织制度、道德品行等方面,有苗头性、倾向性或者轻微问题,以批评教育、责令检查、诫勉为主,存在以下情形之一且问题严重的,应当受到组织处理:

(十五)违反中央八项规定精神、廉洁从政有关规定的;

(十七)其他应当受到组织处理的情形。

第八条 组织处理可以单独使用,也可以和党纪政务处分合并使用。

《组工干部"十严禁"纪律要求》(2008年8月22日)

八、严禁利用职务之便为本人、亲友或特定关系人谋取特殊照顾或私利。

组工干部有违反上述纪律要求的,情节较轻的进行批评教育或诫勉谈话;情节较重的要调离组织部门并依照有关规定给予党纪政纪处分。